高校跳绳教学训练与基本技术分析

奚彩莲　许淑萍　杨建灵　杜新雨◎主编

中国纺织出版社有限公司

图书在版编目（CIP）数据

高校跳绳教学训练与基本技术分析 /奚彩莲等主编.
北京 : 中国纺织出版社有限公司, 2024. 12. -- ISBN
978-7-5229-2477-9

Ⅰ. G898.12

中国国家版本馆CIP数据核字第20256SR248号

责任编辑：张 宏　责任校对：王惠莹　责任印制：储志伟

中国纺织出版社有限公司出版发行
地址：北京市朝阳区百子湾东里 A407号楼　邮政编码：100124
销售电话：010—67004422　传真：010—87155801
http://www.c-textilep.com
中国纺织出版社天猫旗舰店
官方微博 http://weibo.com/2119887771
河北延风印务有限公司印刷　各地新华书店经销
2024年12月第1版第1次印刷
开本：710×1000　1/16　印张：21
字数：293千字　定价：98.00元

凡购本书，如有缺页、倒页、脱页，由本社图书营销中心调换

前言
PREFACE

跳绳是我国一项历史悠久的体育运动，直到现在，跳绳也是大众喜闻乐见的体育游戏和健身项目。以跳绳为基础发展而来的花样跳绳，操作简单，形式多样，不仅对场地要求不高，而且还能达到健身效果，因此受到广大群众的喜爱和认可。

花样跳绳是我国古老跳绳运动的新时代产物，要想充分挖掘该项目的文化底蕴，就必须采用现代新兴包装手段和创新方式，拓展模式，广泛传播，让更多的人认识它、了解它、喜爱它并逐渐传播开来，这将成为推广花样跳绳运动的理想途径和有利发展趋势。

将花样跳绳运动引入高等教育，不仅可以丰富课内和课外体育活动，而且有助于学生个性和身体素质的发展。它是一项集运动性、趣味性和竞技性于一体的体育项目，不仅体现了我国优秀的传统文化和体育运动的精髓，还能强身健体、陶冶性情，追求和谐健康，对人的情感教育和审美教育有着独特的作用；跳绳可以锻炼力量，提高身体的协调性和敏捷性，增强人的反应能力，燃烧体内多余脂肪，达到强身健体、美容减肥的效果；跳绳融入体操、武术、拳击、街舞、健美操等运动中，具有很强的装饰性和竞技价值；跳绳表现出的力量、速度、难度和团队协作能力，往往能给观众带来极大的视觉冲击和视觉享受。

为了提高广大跳绳运动爱好者以及跳绳运动员的跳绳技术水平，编者在参考了大量的相关资料后，编写了《高校跳绳教学训练与基本技术分析》一书。本书共六章。第一章主要介绍跳绳的基础理论知识，其中包括跳绳的定义、国内外跳绳的起源与发展，花样跳绳的分类、特点与发展以及绳具的术语与跳绳运动的术语等，让读者能够充分了解跳绳的相关理论知识，对日后的学习有一定的辅助作用。第二章介绍花样跳绳的教学训练与竞赛规则，主要包含跳绳项目介绍以及跳绳评分办法、花样跳绳的教学与训练三部分内容。第三章是有关跳绳动作套路创编的内容，分别从花样赛以及表演赛两大方向进行分析，探索主要依据与原则，分析主要创编要素。第四章主要针对跳绳运动技术训练进行分析，讲解不同类型的花跳形式，并通过图片与文字描述，能够更加细致地了解并掌握动作要领。第五章主要讲解身体素质专项训练，其中包括协调素质、灵敏素质、速度素质、耐力素质、力量素质以及功能性六种专项训练。第六章主要介绍跳绳后的调整与突发事件处理，分别从体能恢复方法、安全健康饮食、跳绳运动常见损伤以及突发事件有效预防四个部分进行讲述。

  本书由华北电力大学奚彩莲、许淑萍、杜新雨老师和北京交通运输职业学院杨建灵老师共同撰写完成，全书共29万字。其中奚彩莲老师撰写第二章的内容共7万字，许淑萍老师撰写第五章、第六章的内容共10万字，杨建灵老师撰写第一章、第三章的内容共6万字，杜新雨老师撰写第四章的内容共6万字。本书在整个撰写和出版的过程中，作者广泛汲取和借鉴了多位跳绳业界学者关于花样跳绳的理论与实践研究成果，在此对所涉及的专家、学者表示衷心的感谢。由于时间和精力以及作者的能力所限，虽然在书写的过程中力求完美，仍然或存不足与疏漏，欢迎业界专家和广大读者及时指正，以使本书更加完善。

奚彩莲
2024年5月

目录
CONTENTS

第一章　概述 ······ 001

第一节　跳绳的定义 ······ 002

第二节　国内外跳绳的起源与发展 ······ 003

第三节　花样跳绳的分类、特点与价值 ······ 010

第四节　跳绳的场地、绳具、服装的选择 ······ 018

第五节　绳具的术语与跳绳运动基本术语 ······ 021

第六节　跳绳运动的前期准备与基本要求 ······ 028

第二章　花样跳绳的教学训练与竞赛规则 ······ 033

第一节　花样跳绳的教学与训练 ······ 034

第二节　跳绳项目介绍 ······ 053

第三节　跳绳评分办法 ······ 055

第三章　跳绳动作套路创编分析 ······ 095

第一节　花样赛套路创编的依据与原则 ······ 096

第二节　表演赛套路创编的依据与原则 ······ 100

第四章　跳绳运动技术训练分析 ······ 113

第一节　花样跳绳的基本功分析 ······ 114

第二节　个人花样 ······ 124

第三节　双人单绳 ······ 151

第四节　车轮跳 …………………………………………… 160

　　第五节　交互跳 …………………………………………… 170

　　第六节　长绳花样 ………………………………………… 178

第五章　身体素质专项训练 …………………………………… 185

　　第一节　协调素质训练 …………………………………… 186

　　第二节　灵敏素质训练 …………………………………… 191

　　第三节　速度素质训练 …………………………………… 198

　　第四节　耐力素质训练 …………………………………… 237

　　第五节　力量素质训练 …………………………………… 254

　　第六节　功能性训练 ……………………………………… 284

第六章　跳绳后的调整与突发事件处理 ……………………… 319

　　第一节　体能恢复方法与安全健康饮食 ………………… 320

　　第二节　跳绳运动常见损伤与突发事件有效预防 ……… 324

参考文献 …………………………………………………………… 328

第一章
概述

跳绳是一种非常高效的有氧运动。除了运动的一般益处，它还有许多独特的益处。它不仅能在半小时内燃烧四百卡路里，还对心肺系统的各项器官有着一定的帮助作用。跳绳花样可简可繁，随时可做，有一定的易学性，尤其适合在气温较低的季节作为训练运动。本章主要介绍跳绳的基础理论知识，其中包括跳绳的定义、国内外跳绳的起源与发展、花样跳绳的分类、特点与发展以及绳具的术语与跳绳运动的术语等，让读者能够充分了解跳绳的相关理论知识，对日后的学习有一定的辅助作用。

第一节　跳绳的定义

一、传统跳绳的定义

绳子与我们的生活密切相关，在远古时代，我们的祖先用它作为记事的工具，捆扎物品，搬运东西，或用来驱使牛、马等家畜，由此可见，绳子是人类生产生活中一件非常重要的工具。而在孩童的眼中，绳子则是一件简易而又有趣的玩具，跳绳是孩子们童年生活中一项不可缺少的活动。那么什么是跳绳呢？《中国大百科全书》中对跳绳概念的阐述是："跳绳是一种在环摆的绳索中做各种跳跃动作的体育游戏"[1]，这个概念反映了20世纪大多数人对跳绳的理解和认识。

那么，现代人们的跳绳运动和过去人们的跳绳运动有什么不同呢？传统的跳绳，跳法单一，缺乏趣味性。个人短绳的跳法基本只包括单脚跳、双脚跳、挽花跳、多摇跳；长绳的跳法除单、双脚跳外，还会加入转身、摸地等较简单的花样动作。现代花样跳绳，在传统跳绳的基础上又发展出了多种跳法，花样繁多，趣味性较强。

二、现代跳绳的定义

随着现代跳绳运动的发展，跳绳的内涵在不断地变化和丰富。花样跳绳作

---

[1] 总编辑委员会.中国大百科全书[M].北京：中国大百科全书出版社，2009.

为一项新兴的运动项目，与以往我们了解的常规跳绳具有很大的不同。首先，它的外在表现形式越来越多样化。以往人们跳绳都只是单纯地绕绳做上下跳跃的运动，现代花样跳绳打破了以往摇跳方式的局限性，创造了摆（甩）、绕、缠、放等多种形式的技术动作，另外还加入了许多新兴元素，如街舞、武术、杂技、体操等，然后搭配音乐、灯光、服饰等展现出来，是一项非常具有艺术性、观赏性和比赛性的项目。其次，目前世界上很多国家有正式的跳绳比赛，如比利时、美国、英国、日本、韩国等。世界五大洲都成立了跳绳联盟，五大跳绳联盟同属于世界跳绳联盟。世界跳绳联盟每两年举行一次世界跳绳锦标赛，参赛的国家和运动员人数不断增加，跳绳运动已经发展成为一个有组织的世界性运动项目，从本质上脱离了"体育游戏"这个范畴。再次，跳绳的参与人群不断扩大，跳绳的花样繁多，使学习者在很快掌握更多跳绳技术的同时，又感受到乐趣，受到了各种年龄层次的人的喜欢，从小孩到老人、从普通民众到运动员都参与到花样跳绳运动中，现代跳绳运动具有广泛的群众基础。总之，跳绳这项古老的体育活动依旧在放射出新的光彩。

第二节　国内外跳绳的起源与发展

一、现代跳绳运动的起源和发展

（一）花样跳绳的起源

从人类起源开始，人类就本能地具有跳跃的能力，同时这种能力也是人类为适应不断变化的环境所必需的。作为一种条件反射，跳跃是人类最自然的运动能力之一，可能是为了逃避危险的动物，或者是为了表演的舞蹈动作，也可能是为了从树上摘取食物等。更重要的是，跳跃是一种自然的条件反射，同时也可以发展成为一项个人的优势技能，对当时人类的生存有着至关重要的作用。

随着时间的推移，在同自然界的相处中，人们开始将这种上下跳跃的运动与自然界的物体结合起来。比如，最早的古埃及和澳大利亚土著居民，他们会用丛林中植物的藤蔓或者竹条来跳跃。有一种说法认为，跳绳运动是模仿纺织工人纺线时在线绳间跳来跳去的动作。世界上最早的关于跳绳的记录是欧洲中世纪时期的一张油画，绘制的是儿童在鹅卵石的街道上滚铁圈和跳绳的画面。

在我国，跳绳是一项广为流传的民间体育活动，至今已有一千多年的历史，唐、宋、明、清等朝代都有相关记载。唐朝称跳绳为"透索"，每年八月十五以"透索"为戏。明代称跳绳为"跳白索"。明代《帝京景物略》一书有跳绳的记载："二童子引索略地，如白光轮。一童跳光中，曰跳白索。"这段话的意思是二童摇绳配合得很熟练，把长绳摇得犹如一轮白色光轮，在中间跳绳的孩童就好像在光轮中跳，非常形象地将两人摇长绳、一人中间跳绳的情景刻画出来（如图1-1所示）。清代人形象地把跳绳称为"绳飞"，至今我国很多体育教师、跳绳爱好者及研究者仍把跳绳中的单摇跳、双摇跳分别叫作"单飞"和"双飞"。现代跳绳运动发展迅速，正在成为一项世界性的体育项目，除传统的单人跳、集体单绳跳外，又发展出双人跳、多绳集体跳、多摇跳、单人花样跳、车轮跳、交互绳跳以及网绳等新式跳法。今天，跳绳运动已经成为一项流行的有氧健身运动。

图1-1 古代儿童的跳绳游戏

第一章　概述

（二）我国跳绳运动的发展

在中华人民共和国成立初期，我国民间跳绳爱好者就开始致力于跳绳运动的开展。1954年12月，我国第一部关于跳绳的书——《跳绳》出版，但其内容主要是描写一些简单的直摇与交叉摇动作，技术较为简单。此外，在该时期大多数著作中，跳绳只是作为一种儿童游戏或者体能训练的辅助手段。

陕西省被誉为我国"跳绳的故乡"，掀起多次跳绳热潮。1959年，为了促进跳绳运动快速科学地发展，陕西师范大学开办了"跳绳培训班"，这是我国第一个有组织的跳绳培训活动，对我国民间跳绳运动的发展具有一定的推动作用。此后由于种种原因，我国民间跳绳的发展受到了严重的影响，直至20世纪80年代，跳绳运动的发展才逐步走入正轨。

1988年，全国高等院校《体操》普修教材将跳绳作为轻器械体操的教学内容之一，全国体育院校《大众艺术体操》教材也将其作为主要内容。

1992年5月2日，陕西省举办了"西安首届跳绳大赛"，800多人参赛，标志着跳绳运动开始进入体育竞赛领域。

1993年12月27日，在西安师范大学成立了全国第一个"跳绳协会"，有力地推动了民间跳绳运动的发展。

2000年4月，国家体育总局群体司制定并实施《国民体质测定标准》，把两分钟跳绳列入《国民体质测定标准》成年人部分。

2002年5月教育部基础教育司把跳绳作为选学教学内容的具体实例编入《体育与健康课程标准解读》中。

教育部办公厅2004年下发的"体育、艺术2+1项目"通知中将跳绳作为其中重要内容。通知中说："跳绳之所以能够成为中小学生普遍喜爱的一种体操健身活动，就在于跳绳不仅运动方便、经济、便于携带，而且健身和娱乐并存。通过跳绳练习，不仅能有效地增强练习者的腿部力量，提高体能，增强弹跳力、灵敏性、协调能力和耐久力，对于促进运动器官和心血管系统的机能有着良好的作用，而且在双人和多人协同练习过程中，可以培养学生协调能力和顽强拼搏精神"。从此，跳绳运动重新在我国掀起热潮。

2007年10月，为了规范跳绳运动，国家体育总局社体中心组织相关专家审订了我国第一部跳绳竞赛规则——《中国跳绳竞赛规则》，2007年12月7日，在广州市举行的中国首届跳绳公开赛就使用了该规则。同年10月，河南洛阳举办了首届河洛跳绳节。

2008年7月，受国家体育总局的指派，河南洛阳洛龙区第二实验小学的河洛跳绳队和广东广州番禺区石基镇沙涌小学的跳绳队代表内地参加了三地（内地、香港、澳门）跳绳精英赛。

2009年7月，在四川阆中举办了第二届全国跳绳公开赛。同月在中国香港举办的第五届亚洲跳绳锦标赛，洛阳市跳绳运动协会代表中国参加了本次比赛，并为中国实现了跳绳赛事零金牌的突破。

2010年7月，国家体育总局社会体育指导中心在成都体育学院组织召开了《跳绳竞赛规则》编写会，总结了2007版规则和参照国际跳绳规则，使我国跳绳运动发展与国际跳绳发展顺利接轨。宣布本规则从2011年1月1日起执行，同年8月在成都双流举办了中国跳绳公开赛，12月在山东潍坊举办了全国跳绳精英赛。

2012年在河南洛阳举办了全国跳绳教练员、裁判员培训班。2011版规则修订后，由国家体育总局社会体育指导中心主办的第一期全国跳绳教练员、裁判员培训班，吸引了全国各地跳绳爱好者参与。跳绳项目实行竞赛的轮廓和具体办法就大体形成，跳绳比赛步入了正规化的轨道，结束了跳绳只是民间体育活动的历史。此后，我国每两年举办一次全国跳绳公开赛，大大推动了跳绳运动在我国的发展。

2013年由国家体育总局社体中心、安徽省体育局、池州市人民政府主办，安徽省社体中心、池州市教育体育局承办，第三届全国绿色运动健身大会跳绳比赛（2013年中国跳绳公开赛）8月21日至23日在安徽省池州市举办，来自全国不同地区的34支运动队参加了比赛。此次赛事是池州市继2011年以来，连续第三次举办。

第一章 概述

2015年5月15日，"培林杯"2014—2015年全国跳绳联赛总决赛在市体育中心体育馆开幕。共有来自全国六大分赛区、80余支队伍的近千名运动员获得了大连总决赛的资格，他们在速度跳、车轮跳、交互跳、大众推广套路、表演赛、趣味跳绳、跳绳对抗等项目中展开角逐，并争夺代表中国参加2015年亚洲跳绳锦标赛的资格。

2016年，为期5天的荔波国际跳绳公开赛暨全国跳绳联赛分站赛日前在贵州省荔波县圆满落幕。共有来自世界各地12个国家和地区，114名外籍运动员，国内近20个省市，共计56支参赛队伍，700余名运动员参赛。此次跳绳比赛项目繁多，大项有个人赛、团体赛、表演赛和个人强心挑战赛等，在公开赛中，一共产生77个冠军，其中中国队获得46个冠军。在众多比赛项目中，30分钟单摇强心挑战赛是最具挑战性的比赛，有"跳绳界的马拉松"之称。经过激烈的角逐，来自重庆市九龙坡区西彭镇第一小学校的李雪莲成为最终的赢家，她同时还获得了30秒单摇和3分钟单摇赛双冠军。

2019年10月10日至13日，中国（固安）国际跳绳公开赛暨2019—2020年全国跳绳联赛（固安站）在固安大湖花园天地举行。来自中国内地、中国香港、新加坡、马来西亚、泰国、韩国、日本、印度、德国、法国、捷克、斯洛伐克、美国、加拿大、南非共计15个国家和地区的300余名国际跳绳精英汇聚一堂，共同参与此次国际赛事。

2020年12月25日，第一届中国跳绳文化节暨"蒸烩煮杯"2020年全国跳绳联赛总决赛在广州开幕。广州市花都区新华中学岑小林、花东中学张崇杨、浙江建设职业技术学院段中飞、郑州市第七十六中学绳舞社团杜婷婷等4位世界跳绳冠军在30秒单摇跳中展开巅峰对决。最终，"光速少年"岑小林以30秒单脚109.5个一战成王。

各级重大体育赛事的成功承办，带动了全民健身运动蓬勃发展，拉动社会经济持续、快速、健康发展。跳绳项目的发展上，深入学校考察调研，对七星小学、花东中学为代表的一批弱小和条件欠缺学校大力帮扶，促进其不断发展壮大，勇攀跳绳高峰，以点带面，促进区域全面发展。

2022年8月4日，2022年亚洲跳绳锦标赛中国跳绳国家队授旗仪式在北京举行。近年来，在体育总局社体中心全国跳绳推广委员会推动下，参与跳绳的人群越来越广泛，随着跳绳规则修订、全国大众跳绳等级锻炼标准创编等工作的进行，跳绳运动理论和实践水平也得到大幅提升。

2023年11月5日，2023年全国跳绳联赛总决赛发布会暨中国速度挑战跳绳世界纪录在花都区跳绳基地——花都体育馆举行。本次比赛为期3天，在与国际赛事接轨的同时，保留了中国民间传统特色项目，设置计数赛、花样赛、小型表演赛、规定赛、DDC交互绳大赛、传统特色项目等6个大项37个小项。同时，本次比赛所有项目均采用在线评分系统，裁判仅需一台平板，即可录入所有项目评分，并通过现场LED大屏实时显示速度赛竞赛成绩。

由于跳绳具有很强的锻炼价值，而且动作简单易学、观赏性强，现代跳绳在我国已发展成为一项普及性很强的体育运动，尤其受到了广大中小学生的喜爱，成为很多中小学运动会重要的表演和比赛项目。跳绳在我国虽然很普及，但大众跳绳的整体水平却落后于西方一些发达国家和地区。

二、世界跳绳运动的发展

目前，全世界的跳绳运动发展很快，跳绳已经发展成为一个世界性的体育项目。1996年，国际跳绳联盟（International Rope Skipping Federation，IRSF）成立，总部在加拿大蒙特利尔，理事会设在欧洲比利时首都布鲁塞尔。国际跳绳联盟是一个世界性跳绳组织，成员从最初的欧美7个国家发展到现在已有的48个国家和地区。各大洲均已成立了各自的跳绳协会，负责组织开展洲内跳绳运动，包括欧洲跳绳组织（ERSO）、非洲跳绳组织（ARSO）、大洋洲跳绳联盟（ORSF）、泛美跳绳联合会（PARSF）和亚洲跳绳联盟（ARSF）。国际跳绳联盟每两年举行一次世界跳绳锦标赛，时间在7月份，至今国际跳绳联盟已举办过十四届世界跳绳锦标赛，参赛人数从最初的120人发展到如今的1200多人。历届世界跳绳锦标赛举办国家及地点，如表1-1所示。

第一章 概述

表1-1 历届世界跳绳锦标赛举办国家及地点

届次	时间	举办国家	举办地点
第一届	1997	澳大利亚	悉尼
第二届	1999	美国	圣路易斯
第三届	2001	韩国	汉城（今首尔）（仅大师赛）
第四届	2002	比利时	根特（仅团体赛）
第五届	2004	澳大利亚	黄金海岸
第六届	2006	加拿大	多伦多
第七届	2008	南非	开普敦
第八届	2010	英国	伦敦
第九届	2012	美国	佛罗里达州
第十届	2014	中国	香港
第十一届	2016	瑞典	马尔默
第十二届	2018	中国	上海
第十三届	2020	加拿大	渥太华
第十四届	2023	美国	科罗拉多

欧洲跳绳组织在每年7月的最后一周，举办全欧洲跳绳大赛——欧洲跳绳冠军赛，这也是除世界跳绳锦标赛外，在全世界最有影响的跳绳大赛。

亚洲跳绳联盟成立于2001年，联盟规定每两年举行一次亚洲地区跳绳锦标赛，迄今已举办十一届。第一届亚洲跳绳锦标赛于2001年在韩国汉城（今首尔）体育大学举行，第二届亚洲跳绳锦标赛于2004年在泰国曼谷大学举行，第三届亚洲跳绳锦标赛于2005年在马来西亚吉隆坡举行，第四届亚洲跳绳锦标赛于2007年在印度新德里举行，第五届亚洲跳绳锦标赛于2009年在我国香港举行，第六届亚洲跳绳锦标赛于2011年在韩国首尔举行。第七届亚洲跳绳锦标赛于2014年在新加坡举行，第八届亚洲跳绳锦标赛于2015年在马来西亚举行，第九届亚洲跳绳锦标赛于2017年在韩国仁川举行，第十届亚洲跳绳锦标赛于2019年在我国香港荃湾体育馆举行，第十一届亚洲跳绳锦标赛于2024年在日本川崎举行。

第三节 花样跳绳的分类、特点与价值

一、花样跳绳的内容与分类

花样跳绳在国际上称为Fancy Rope Skipping，国内称为花样跳绳（花式跳绳），是一项速度（计时计数）与花样技巧（结合音乐的自由式花样）结合的优秀运动项目。

国际速度类跳绳包括个人绳速度和交互绳速度，国内速度赛中还有一项具有中国特色的长绳绕"8"字速度跳项目。个人绳速度通常分为考验最快速度的30秒单摇跳和30秒双摇跳，考验速度耐力的3分钟单摇跳，考验力量耐力的连续三摇跳。交互绳速度一般分为40秒、45秒和60秒单摇跳三个类别，如表1-2所示。跳绳是由"跳"和"摇"两个元素组成，所有类别的跳绳动作必须至少包含"跳绳"和"摇绳"两个元素中的一个，在"跳"和"摇"上分别衍生出很多花样。如个人花样中"跳"的动作包括步法、转体等动作，"摇"的动作包括摇绳方向、手臂位置、摇绳圈数等；交互绳中"跳"的动作包括步法和技巧花样，"摇"的动作包括特殊手臂、摇绳圈数、放绳等，"跳"和"摇"综合变化可以衍生出更多的花样。

表1-2 花样跳绳的内容分类

分类	项目	动作结构	主导因素	特点
计数类	30秒单摇跳	单一	体能	速度性
	30秒双摇跳	单一	体能	速度性
	3分钟单摇跳	单一	体能	耐力性
	连续三摇跳	单一	体能	力量耐力性
	45秒交互绳单摇跳	单一	体能	速度性

续表

分类	项目	动作结构	主导因素	特点
花样类	个人花样	多元	技能	难美性
	同步花样（2人、4人、多人）	多元	技能	难美性
	车轮跳（2人、3人、多人）	多元	技能	难美性
	交互绳（3人、4人、多人）	多元	技能	难美性
	绳中绳	多元	技能	难美性
	绳网绳阵	多元	技能	难美性

二、花样跳绳运动的基本动作分类

花样跳绳动作根据不同的分类标准有不同的分类方法。

根据绳子的长短，可以将花样跳绳分为以下几类：第一，短绳类，适合1~2人练习，绳子长短根据跳绳者身高决定，一般不超过3米；第二，中长绳类，适合3~5人练习，两人摇绳，1~3人在绳中跳跃，一般长度为5米左右；第三，长绳类，适合多人练习，长度根据同时在绳中跳跃人数决定，一般为7米左右。

根据参与跳绳的人数，可以将花样跳绳分为个人跳绳、双人跳绳、三人跳绳、四人跳绳和多人跳绳（5人及以上）。

根据跳绳时使用绳子的数量，可以将花样跳绳分为单绳类、双绳类和多绳类（至少使用3根绳子）。

根据跳绳技术特点和动作结构，可以将花样跳绳分为个人花样、朋友跳、车轮跳、交互绳、长绳类。

（一）个人花样

个人花样是指一名跳绳者运用一根个人绳，按照跳绳运动的基本规律，合理运用身体姿势的变化或人绳之间的配合，做出各种各样的花样动作，全面展示个人跳绳的技巧性和艺术性。按照动作结构及动作特点，结合国际跳绳比赛个人花样（Single Rope Freestyle）的评分标准，个人花样分为摇绳花样、转体花样、交叉花样、双摇花样、体操型花样和放绳绳花样6个类别。

（二）双人单绳

双人单绳是指两位跳绳者利用一根绳子，在摇动侧打绳的同时，跳绳者在绳中或绳外完成各种转体、跳跃、力量动作，以展现个人高超的绳技和两人协同默契配合的跳绳动作。双人单绳是花样跳绳中一种特殊的元素种类，在比赛项目中没有该动作，但又是表演项目中不可缺少的版块，双人单绳训练中通常会作为车轮跳的辅助练习，对学习车轮跳难度动作很有帮助。

（三）车轮跳

车轮跳，又名中国轮，英文名为Wheels或Chinese Wheels，它是一种两人或两人以上相互配合轮流进行跳绳的新型跳绳方法，由于是轮流进行跳绳，从侧面看就像车轮在转动，故得其名。

（四）交互绳

世界跳绳联盟比赛规则中这样描述交互绳：两名摇绳者分别握住两根绳子的末端，两根绳子向相同或相反方向依次打地，同时跳绳者在绳子中做出各种技巧，跳绳者和摇绳者可以相互转换。

（五）长绳花样

长绳是花样跳绳中所需绳具及人数最多的项目，一根或多根短绳与一根或多根长绳的组合，绳中有绳，变化万千，精彩纷呈，是表演赛中最精彩的一部分。长绳跳属于集体项目，要求参加者动作协调统一，齐心协力，考验跳绳者之间的协作精神。跳长绳对于摇绳者的技术要求较高，如果摇绳者技术水平高，跳绳者会比较轻松。因此，长绳要求摇绳的人注意力集中，注意摇绳的速度、节奏，主动配合跳绳者。长绳花样可以分为单长绳花样、多长绳花样、长短绳花样。

三、花样跳绳运动的特点

（一）简便易行

花样跳绳简便易行的特点主要体现在场地、器材、实施条件的便利性和经济性。花样跳绳项目不受场地的限制，街头巷尾、田间地头或是社区学校、厂矿乡野，只要是地面平整、无安全隐患的空间，即可成为花样跳绳的练习场地。花样跳绳器材简单便宜、小巧便携，仅用一根绳子就能展示出所有令人眼花缭乱的花样。花样跳绳活动灵活多样，不受人数、性别及年龄的限制，是一项适合儿童、青少年、中年、老年参与的大众体育运动项目。参加花样跳绳活动既可以多人组合，培养团队的协作能力，又可以单人单绳，精于技巧的提高，专于花样的完善。花样跳绳在场地、器材、实施条件方面简便易行的特点，是发展跳绳的前提条件。

（二）花样繁多

在个人花样、车轮跳、交互绳、绳网绳阵等各类花样跳绳中都有近百种跳法，每种跳法又可以衍生出更多的跳法。花样跳绳创意无穷，练习者可根据自身特点选择练习适合自己的动作，激发自己的创编灵感，创造出新的花样。练习者每成功掌握一个新动作，都会体验到一种成就感和满足感，这种成就感和满足感反过来也会推动练习者继续开拓新的花样，不断超越自我。

（三）安全性高

花样跳绳运动量可大可小，锻炼强度也可自由掌握。花样跳绳中没有直接的身体对抗，器材简单安全，跳绳者可以根据自身能力完成不同难度的花样动作，即使动作失败也不容易受伤，强度小的跳绳还可以用来作为其他运动项目的热身活动。

四、花样跳绳的价值

（一）花样跳绳的健身价值

花样跳绳能满足少儿、青壮年、中老年等不同年龄和群体的健身需求。儿童早期教育中可以使用花样跳绳作为练习手段，促进儿童的健康发育，构建数字概念，提高记忆能力，培养儿童平衡感和节奏感，确立时间概念和方位感觉。另外，花样跳绳还非常适合中老年健身。花样跳绳对人体体质健康起到全面促进的作用，具体表现在形态、素质、机能三大方面。

1. 改善身体形态

跳绳运动能够改善身体成分，表现为减少体脂和增加骨量等。跳绳时会消耗大量的热量，所以减肥作用也十分显著，它既可以结实全身肌肉，消除臀部和大腿上的多余脂肪，使锻炼者的形体健美，又能使动作敏捷、重心稳定。

跳绳运动还能增加骨量，增大骨密度，花样跳绳的主要动作为原地跳动和双手及手臂摇动，该运动能使前臂肌肉得到充分的锻炼，桡骨和尺骨能受到充分的肌肉牵拉，从而产生应变，增加骨量。花样跳绳运动对腰椎产生的运动负荷主要为地面的反作用力以及维持身体运动平衡有关肌肉的牵拉力等。跳绳运动虽然由于上体动作简单，腰部只需较小的力就能维持身体的运动平衡，但其运动过程中每次的跳动，腰椎总是受到地面相应爆发性向上的反作用力，使腰部受到强烈的生理压力，从而使腰椎受到一定的运动负荷而产生应变，增加骨量。另外，跳绳时双脚或单脚落地后，身体自重对下肢骨骼有一定的压力，从而能刺激骨质增长，促进儿童骨骼的成长发育。

2.提高身体素质

跳绳虽看似简单，却是一项全身性的运动，不但能增强机体的有氧代谢功能，还可以使力量、速度、灵敏、耐力等各项身体素质全面提高。跳绳运动对身体素质的影响在协调性和力量方面更为突出。经常参加各种跳绳活动，可以让青少年儿童的身体素质得到全面发展，如快速跳练速度、负重跳练力量、计时跳练耐力、花样跳练灵敏度等。所以，目前在各中小学体育教学中，常用跳绳作运动前的辅助练习。国外在运动员训练中也大多用跳绳来作为发展弹跳力，提高身体素质的一种重要手段。

3.改善身体机能

跳绳促进体质发展，体现在对心血管疾病的干预和防范方面。跳绳对心脏机能有良好的促进作用，它可以让血液获得更多的氧气，使心血管系统保持强壮和健康。跳绳运动是一项有益的体育锻炼方法，单纯性肥胖且血脂高的青少年儿童，可以通过跳绳运动，达到减轻体重，降低血胆固醇、甘油三酯（三酰甘油）、载脂蛋白B100的目的。

跳绳能增强人体心血管、呼吸和神经系统的功能，促进人体器官发育，有益于身心健康，能强身健体、开发智力、丰富生活。跳绳时的全身运动及手握绳对拇指穴位的刺激，会大大增强脑细胞的活力，提高思维能力和想象力，因此跳绳也是健脑的最佳选择。研究证实，花样跳绳是全身运动，人体各个器官和肌肉以及神经系统同时得到锻炼和发展，所以长期跳绳可以预防糖尿病、关节炎、肥胖症、骨质疏松、高血压、肌肉萎缩、高血脂、失眠症、抑郁症和更年期综合征等多种疾病。

（二）花样跳绳的健心价值

跳绳运动能降低焦虑和抑郁，使情绪积极，改善心境，有利于心理健康。有专家研究参加花样跳绳锻炼后的大学生，其匹兹堡睡眠质量指数与锻炼前相比有显著的差异，焦虑和抑郁分值显著低于锻炼前，中等强度的有氧跳绳锻炼能显著提高大学生的睡眠质量，有效地改善大学生焦虑和抑郁症状，提高学习能力和判断力，增强想象力和创造力，培养顽强的意志和奋发向上的精神以及强化自我形象等，对大学生的心理健康起到积极的作用。

另有文献指出，经常跳绳的绝经期老年女性其骨密度较高、骨量较多，并且情绪更积极、心理更健康。除此之外，跳绳运动尤其符合女性的生理和运动特点，对哺乳期和绝经期妇女来说，跳绳更是兼有放松情绪的积极作用，因而也有利于女性的心理健康。鉴于跳绳对女性的独特保健作用，法国健身专家莫克专门为女性健身者设计了一种"跳绳渐进计划"。初学时，仅在原地跳1分钟，3天后即可连续跳3分钟，3个月后可连续跳上10分钟，半年后每天可实行"系列跳"：如每次连跳3分钟，共5次，直到一次连续跳上半小时。跳绳半小时，相当于慢跑90分钟的运动量，是标准的有氧健身运动。

（三）花样跳绳的观赏、竞技价值

跳绳常被拳击、羽毛球、田径、健美操和艺术体操等竞技体育项目作为专项训练的辅助手段，以促进身体素质和运动成绩的提高。花样跳绳展现的速度、力量、难度及团队配合技巧等给观众带来极大的视觉冲击；舞台化、艺术化的跳绳就是一场文艺演出，可以给观众带去美的享受和心灵的震撼，具有极强的观赏性，有较高的竞赛和表演价值。

（四）花样跳绳的休闲娱乐价值

娱乐作为人的本能需求，是体育产生的原因之一。跳绳从其萌芽开始就与人们的娱乐活动有着密切的关系，游戏性是跳绳的重要特征之一，尤其是对儿童。跳绳花样无限，不管是跳绳初学者，还是跳绳老手，丰富的跳绳技术及难易兼具的跳绳技巧都会给人带来无限创意和挑战；无论是新发明的跳法，还是不同的花样组合，花样跳绳从来不会让人觉得枯燥乏味，只要肯动脑筋，并努力去做，随时可以体验到成功和进步的乐趣。娱乐是使人有一种愉快的心理或精神体验，它是人类生活中不可或缺的重要内容。跳绳的娱乐性具有两重性：

"娱己"和"娱人","娱己"是指跳绳者的自娱自乐;"娱人"则是指跳绳运动给观众带来观赏娱乐性,使观者在"观"与"赏"之间体味"乐",满足娱乐的心理需求。娱乐是我国跳绳运动发展的主导价值取向,游戏、竞技是其娱乐性的根本体现,跳绳融入中小学课程之中使其娱乐性得以充分展现,表演化的跳绳又使其"娱人"功能得到进一步的发挥。

(五)花样跳绳的社会价值

随着社会的高速发展,人民的生活水平日益提高,文化生活越来越丰富,又因为花样跳绳简便易学、灵活有趣、易于推广,为社区体育发展注入活力,促进和谐社会中个体的健康发展,协调社会生活感情,有利于营造公平、公正的社会氛围。它也是有中国特色的全民健身体系中的重要部分,是学校体育改革发展的必然方向。跳绳运动对建立社会关系的积极作用在国内外得到认同。美国迪斯尼电影公司在2007年拍摄的跳绳主题励志电影——《跃动青春》(Jump In),在创造票房佳绩的同时,鼓励青少年追求梦想、实现梦想,营造融洽和睦的家庭氛围、邻里关系和校园环境,通过跳绳技艺的沟通和传播,促进和谐人际关系的建立和保持。另一方面,跳绳活动对矫正破坏社会和谐稳定的行为以及消除不和谐社会隐患也有不可估量的作用。

综上可知,花样跳绳不但可以减肥、健美形体,更能改善心血管、呼吸和神经系统,预防各种疾病,调节情绪,利于心理健康,还具有竞技表演、休闲娱乐的功能,可以进一步促进和谐社会关系的建立。[1]

---

[1] 张永茂.现代高校花样跳绳理论与实践探究[M].北京:中国水利水电出版社,2019.

第四节　跳绳的场地、绳具、服装的选择

一、绳具的选择

（一）绳的长度

对跳绳者来说，合适的绳长是非常重要的，如跳短绳，合适的绳长可以让手臂处于正确的位置，实现"力量节省化"，从而跳出更多更难的花样动作。初学者短绳长度可以用以下方法确定：以两脚并拢踩在绳子中间，两腿伸直，两手握绳拉直，绳柄于胸部最合适。

绳的长度还要根据所跳花样及不同技术阶段来进行调节，如花样绳一般比速度绳稍长。随着跳绳者动作熟练程度及跳绳水平的不断提高，可以选用稍短一点的绳子，以便跳得更快及跳出更难的花样动作。

朋友跳、车轮跳等两人或多人配合类单绳一般比个人绳稍长，以朋友跳为例，这类绳子的长度可以用以下方法确定：两人并排站立，每人外侧手各持一绳柄，两人伸出内侧脚踩住绳子中间，绳柄达到两人胸部位置为佳。三人交互绳长度一般为3.6~4.0米，4人交互绳长度一般为4.2~4.8米，长绳类可根据跳绳者人数及动作来选择绳长。

（二）是否卷曲

选择绳子另外一个非常重要的因素就是需要考虑绳子是否容易卷曲。好的绳子不容易打卷，摇动时能够保持饱满的弧度，同时给跳绳者最大的跳跃空间，不容易缠脚，可以减少失误。

（三）绳柄设计

最后一个需要考虑的重要因素就是绳柄的设计。绳柄的长短、粗细应适

中，外观漂亮，手感舒适；另外，绳柄与绳体的连接处旋转要顺畅，容易控制绳子的速度及形状；最后，绳柄应容易拆卸，方便调整绳子长度。

二、服装的选择

跳绳时最好穿一些轻便舒适、透气性较好的运动服装，为避免影响跳绳时动作的灵活性，服装不能太过宽松。初学者可以穿长裤及长袖服装，以防动作失误时绳子打到自己的身体。另外，女士练习跳绳时最好穿适合运动的内衣。跳绳时最好穿软底、高帮、鞋底不容易挂绳、弹性较好的运动鞋，不可以穿高跟鞋和坡跟鞋。头发过长易缠到绳子，将头发扎起来为宜。

三、音乐的选择

音乐跳绳时，应选用一些节奏感较强的音乐，如现代舞音乐、摇滚乐、街舞音乐或健美操音乐。但无论选择哪种音乐，能跟着音乐的节拍跳绳才是最重要的，跳绳是一项节奏感很强的运动，音乐可以使跳绳更具有韵律性和艺术性。

初学者可以选用每分钟120~125拍的音乐；中等水平的跳绳者可以选用每分钟125~130拍的音乐；高水平跳绳者可以选用每分钟130~135拍的音乐，更优秀的运动员，可以选用每分钟160拍的音乐。不同水平的跳绳者最好选用速度适合的音乐，不过快也不过慢，音乐速度适中，以能够跟随音乐"与绳共舞"为佳。

四、场地的选择

普通跳绳对场地要求不高，只要能摇开绳子，地面平坦、柔软即可，但是要练习难度较高的花样跳绳，最好选择塑胶或木质地板等地面有弹性的场地，这样可以减少运动损伤。硬质水泥地不适宜长时间跳绳，尤其是青少年，跳绳者可以选择使用跳绳垫（如瑜伽垫）或做简易跳绳台，来保护身体和室内地板免受损害。跳绳垫的大小根据练习动作而定，动作幅度较小的动作可以选择面积较小的跳绳垫，如基本单摇跳步法花样，可以使用1.2米×1.2米的跳绳垫；动作幅度较大的动作可以选用面积较大的跳绳垫，如俯卧撑花样，可以使用2米×2米的跳绳垫。

儿童简易跳绳台可使用长1.8米、宽0.9米、厚2.2~2.6厘米左右的木板，两侧再制作5厘米高的脚。成人则使用长2.4米、宽1.2米、厚2.8~3.3厘米的木板。

五、呼吸要求

呼吸方式在跳绳过程中是非常重要的，但对呼吸方式的要求很容易被忽略。跳绳时应注意动作与呼吸的配合，保持呼吸通畅，不可憋气，也不可长时间大口喘气，憋气会因呼吸不畅而导致缺氧，大口喘气会使身体水分过快流失。

良好的跳绳节奏有助于呼吸的调节，跳绳时要尽量动作配合呼吸节奏，保持呼吸均匀通畅。不要紧张，紧张会引起心跳过快，进而导致呼吸节奏紊乱，影响练习效果。长时间或高强度跳绳后不要马上停下来，更不可马上躺下或坐下。跳绳使人体所有肌肉都得到活动，跳完后应使身体慢慢放松下来，可以选择放松走动，等心率恢复后做一些拉伸动作。

六、跳绳安全

对于任何一项运动，安全都是最重要的。建议初学者在从事一项运动之前先进行体质测试，以确定是否适合做此项运动，特别是老人及小孩以及曾经受过伤或有病史的初学者。

温馨提示：跳绳虽简单易学，但也需要一定的技术含量，存在一定的风险，因此，在活动之前做好准备活动也是十分必要的。活动时，对脚腕、手腕

第一章　概述

和肩关节、肘关节要加以强化，因为这些部位是跳绳活动的有力执行部位。

选择合适的场地。有细小硬物、布满灰尘或凹凸不平的硬地都不能作为跳绳的场地，因为这些地面极易造成足部扭伤或略伤，而且一旦跌倒，身体也容易擦伤，最好选择有弹性的PU场地或由木板铺成的地面。

穿着合适的服装。跳绳时，最好着运动装或宽松的衣物，着软底鞋或弹性较好的运动鞋，这样可以尽量减少束缚感，而且动作轻便，不易受伤。

循序渐进的练习。初学者在练习跳绳时，要做到循序渐进，动作由慢到快，由易入难。可以先从单人跳绳动作开始学起，再逐渐过渡到较为复杂的多人跳或团体跳绳动作中，这样不会感到吃力，学习起来也很轻松，保持身心的愉悦，才能取得较大的进步。

注意活动时间。运动时间不设限，但为了避免身体出现不适，最好在饭前或饭后休息半小时后再进行跳绳活动。

第五节　绳具的术语与跳绳运动基本术语

一、绳具的术语

花样跳绳术语是说明花样跳绳动作的专门用语。学习了解和正确使用花样跳绳术语不仅有助于花样跳绳教学和训练的顺利进行，而且对于花样跳绳的传播交流以及促进这项运动的规范化和标准化都具有极其重要的意义。本节主要讲的是绳具的术语。

绳具即为跳绳时使用的器具，花样跳绳的绳具种类较多，根据不同的分类原则可以分为以下几种类别：根据绳子的长短可以分为短绳、中长绳和长绳；根据绳具的材质可以分为棉绳、塑料绳、珠节绳、钢丝绳等；根据绳具的功能可以分为计数绳、计时绳、卡路里绳等；根据绳具的用途可以分为速度绳、花样绳等。

绳具一般由绳柄、绳体及绳柄与绳体之间的连接装置三部分组成。绳柄为人手与绳子的接触部位，是绳具中重要的组成部分，在花样跳绳中具有非常重要的作用。绳柄可以保护使用者手部免受磨损，同时有利于花样动作的完成。绳柄有长短之分，短绳柄一般用于动作较单一，两手打开于腰间及手部位置较为固定的动作，如单摇步法类动作；长绳柄一般用于动作较为复杂的花样动作，特别是手臂有交叉的动作，因为长绳柄延长了手臂长度，无形中缩短了手臂交叉幅度，从而提高了动作完成度。某些绳柄还添加了一些特殊装置，如机械计数器、电子计数器、电子计时器、能量测试仪等，从而丰富了绳具功能。绳体是绳具的主体部分，决定了绳具的长短及使用效果。绳体的中间部位与地面接触，最好选用耐磨材料制作，且要保持绳体的平滑及重量均匀，一般不可在绳体上打结。绳柄与绳体之间的连接装置也是绳具的重要组成部分，它可以保证力量的有效传递，从而提高绳子的控制能力和绳体运行的完美弧度。

目前国内国外绳具种类繁多，外形各式各样，功能各有不同，根据绳具的制作材料可以分为棉绳、塑料绳、珠节绳、钢丝绳等，下面对其做简单介绍：

（一）棉绳

棉绳（如图1-2所示）是使用最早的绳具，它取材简便，价格便宜，外形普通，一般无绳柄，跳速度时较为笨重，并且容易卷曲。棉绳较易磨损，阻力较大。

图1-2 棉绳　　　图1-3 塑料绳

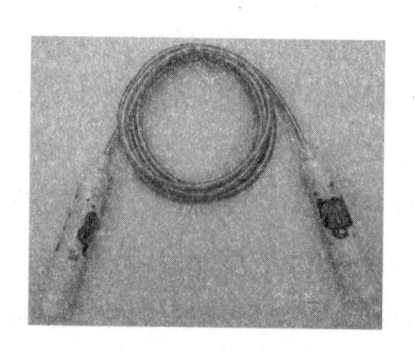

第一章 概述

（二）塑料绳

塑料绳（如图1-3所示）是用含有PVC或TPU成分的塑料制成的，直径一般为3.0~5.0毫米，优点是绳子价格便宜，重量较轻，适用于多种跳绳速度和花样，缺点是当绳子速度较快时，绳体会变形拉长，并且容易卷曲，特别是天气较冷时，塑料绳容易变硬折断，使用前可用放入热水中浸泡，擦干后再使用。

（三）珠节绳

珠节绳（如图1-4所示）是用多个直径为2.5~3.0毫米的塑料珠节串在一起组成的绳子，也叫"拍子绳"，优点是外观绚丽，轻重适中，手感舒适，不容易卷曲，可用于个人花样、车轮跳、交互绳等各类花样跳绳，绳子打地及珠节空隙与空气摩擦会发出声音，表演效果较好，是新手入门的最佳选择。

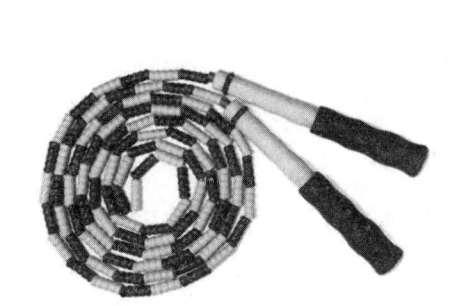

图1-4 珠节绳 　　图1-5 钢丝绳

（四）钢丝绳

钢丝绳（如图1-5所示）是专门用来跳速度的，里面是很多根缠在一起直径为0.6~0.8毫米的细钢丝，外面是一层很薄的塑料，是为防止训练失误时抽伤身体，正式比赛时会把外面塑料刮掉，柄上有一个特制的转轴，转动非常灵活。世界跳绳速度类项目比赛中，大多数选手都会选用钢丝绳。

除上面介绍的几种跳绳外，还有一些多功能跳绳，如计数跳绳、计时跳绳、卡路里跳绳、练习力量的加重跳绳等。

二、跳绳运动的基本术语

（一）动作方向的术语

1.基本方向

一般以人体直立时来确定基本方向。以下为基本方向的术语。

前——胸部所对的方向。

后——背部所对的方向。

侧——肩侧所对的方向。

上——头顶所对的方向。

下——脚底所对的方向。

前上——臂前举与上举之间45°的方向。

前下——臂前举与下垂之间45°的方向。

后上——臂后举与上举之间45°的方向。

后下——臂后举与下垂之间45°的方向。

侧上——臂侧举与上举之间45°的方向。

侧下——臂侧举与下垂之间45°的方向。

2.动作的方向

动作的方向主要是指身体和身体各部位运动的方向，一般是根据人体直立时的基本方向确定的。以下为动作方向的术语。

向前——向胸部所对的方向运动。

向后——向背部所对的方向运动。

向侧——向肩侧所对的方向运动。（必须指明左右）

向上——向头顶所对的方向运动。

向下——向脚底所对的方向运动。

此外，四肢运动的方向还有向内、向外两种。

向内——四肢开始做动作时由两侧向人体中线运动。

向外——四肢开始做动作时由人体中线向两侧运动。

（二）动作之间相互关系术语

1.同时和依次

同时——指在单个动作中，身体各部位动作或身体与器械动作在同一时间内完成。

依次——指在单个动作中，两臂或两腿先后连续完成相同动作。

2.接

接——两个单个动作之间要求连续完成时，用"接"字把它们连接起来。

3.由、经、至、成

由——指身体某部位动作开始时的位置。

经——指身体某部位在完成某一动作时通过某方向。

至——指身体某部位运动时所到达的终点位置。

成——动作结束时，身体各部位构成的某种姿势。

（三）人与器械关系术语

1）正绳——当绳摇转向跳绳人时，绳是从上向下转的，称为正绳。

2）反绳——当绳摇转向跳绳人时，是从下向上摇转的，称为反绳。

3）正入——正摇绳时跳入叫正入。

4）反入——反摇绳时跳入叫反入。

5）正出——向正入方向跳出叫正出。

6）反出——向反入方向跳出叫反出。

7）近绳——跳双长绳时，在绳子静止不动平行放置时，距跳入者近的绳叫近绳。

8）远绳——跳双长绳时，在绳子静止不动平行放置时，距跳入者远的绳叫远绳。

（四）跳绳动作术语

1）摇荡绳——指绳子左右摆荡，其倾斜不超过45°。

2）摇转绳——指绳子按圆弧转动。分为前摇绳与后摇绳，对应前摇跳与后摇跳。根据练习者身体部位，摇短绳时由后经上向前摇绳叫前摇绳；由前经上向后摇绳叫后摇绳。

3）单摇——每向上跳跃一次，使绳子从脚下通过一次叫单摇跳。

4）双摇——每向上跳跃一次，使绳子从脚下通过两次叫双摇跳（亦称"跳双飞"）。

5）多摇——每向上跳跃一次，使绳子从脚下通过三次以上叫多摇跳（如三摇跳、四摇跳等）。

6）正摇——跳长绳时，绳向练习者由上而下摇转为正摇。

7）反摇——跳长绳时，绳向练习者由下而上摇转为反摇。

8）侧摇——绳子在身体两次摇动，不经过脚下和头顶。

9）放绳——在个人跳、交互绳中，摇绳者单手或双手短时间放开绳柄，使绳子在惯性下自由转动。

10）抛绳——通过身体某部位主要是手的动作，使绳子离开身体，飞向空中的动作。

11）接绳——指将运动着的绳停落在身体某一部位的动作。

12）缠绳——将绳子绕在身体某一部位的动作。

13）停绳——跳绳结束时，将绳子停留在脚下叫停绳。

14）交接绳——跳长绳时，跳绳者和摇绳者在绳子不停顿的情况下，互换角色的过渡动作。跳绳者从绳端跳出的同时，从摇绳者手中接过正在摇转的绳子继续摇绳。

15）飞——在跳绳中，身体跳跃腾空即为"飞"，单摇跳即单飞，双摇跳即双飞，三摇跳即三飞，以此类推。

16）交叉——摇绳时，手臂与手臂或手臂与肢体的交叉，也称为编花，编花中快花、扯花、凤花、龙花为4个基本编花动作：①快花——手臂动作一次直摇接一次交叉；②扯花——手臂动作一次交叉接一次直摇；③凤花——两手臂保持在体前交叉挽花；④龙花——两手臂保持在体前交叉挽花，每一次过脚两手臂都上下换位一次。

在这4种基本挽花动作中，根据不同的组合，三飞又可延伸出三直飞、三扯花、快扯花、扯快花、三快花、三凤花、扯凤花、快凤花、扯龙花、快龙花、龙凤花、凤龙花和大龙花十三个基本动作，四飞又可延伸出四直飞、四扯花、四快扯花（两种）、四快花、四扯快花、叠扯花、叠快花、四凤花、四扯凤花（两种）、四快龙花和叠龙花共十三个基本动作，另外还有五飞，动作难度更大，需要很好的弹跳力和爆发力。

（五）队列队形术语

不管是在花样跳绳的教学还是比赛表演中，体育教师都要注意学生队列队形的组织。在体育教学中，良好的组织可以为教学创造良好的教学环境和教学气氛，有助于学生较快地学习和掌握动作。在比赛表演中，良好的组织是学生精神风貌的外在表现，也是比赛评分的一个重要方面。以下是关于队列队形的术语。

1）列——学生左右并列成一排称为列。

2）路——学生前后重叠成一行称为路。

3）横队——学生左右并列组成的队形叫横队。在横队中队形的宽度大于队形的纵深或相等。

4）纵队——学生前后重叠组成的队形叫纵队。在纵队中队形的纵深大于队形的宽度或相等。

5）翼——队形的左右端叫翼。右端为右翼，左端为左翼。

6）排头——位于纵队之首或横队右翼的学生（一个或数个学生）叫排头。

7）排尾——位于纵队之尾或横队左翼的学生（一个或数个学生）叫排

尾。排头与排尾，是随着队形方向变换而相应改变的，当纵队和横队向后转后，原来的排头就变为排尾、排尾就变为排头。

第六节　跳绳运动的前期准备与基本要求

一、绳子长度的测量方法

绳子长度的测量方法有三种，三种测量方法分别适合不同的学习阶段或跳法。

（一）单脚踩绳中间，双手拉绳至腋下

因为绳子稍长，其转动半径较大，摇跳的速度稍慢，当绳子摇至头顶上方时，绳子的最高点距离头顶大约有30厘米的剩余高度，所以绳子的开度大，不容易出错，更适合初学者。初学者可以采用这种长度的绳子学习本书中所述的跳绳入门动作、基本步法花样及交叉花样。当练习者基本掌握跳绳的技术，单摇跳速度达到1分钟约200跳左右时，如果需要提高跳绳的速度，则可以适当缩小绳子的长度，使绳子最高点到头顶的距离在15~25厘米之间。缩短绳子时可以采用在绳头打结的方式，不要直接将多余的绳子剪断，这样的话如果你不适应缩短的长度时，需要加长绳子时就无法加长了。

（二）单脚踩绳中间，双手拉绳至胸前

当练习者基本掌握跳绳技术，连续跳绳不容易出错，需要进一步提高花样跳绳技术及能力时，可以缩短绳子的长度到胸前。采用这种长度后，你会发现绳子的摇转速度变快了，绳子打地的时间缩短了。这种长度是最常用的，是大多数跳绳爱好者喜欢的长度，适合练习花样动作。

（三）单脚踩绳中间，双手拉绳至腰间

这种测量方法，绳子比较短，绳子上下基本没有多余的空间，这就要求跳绳者具有高超的技术，一般只有专业跳绳者才使用这种长度的绳子。由于绳子长度较短，摇转的半径较小，所以摇速很快，一般竞速跳绳比赛使用这种长度。这种长度不适合花样跳绳，花样跳绳中动作变化较多，需要稍长一点的绳子来完成各种身体动作。

二、掌握正确的摇绳和跳绳方法

（一）掌握正确的握绳、摇绳方法

在购买跳绳时，尽量选择有手柄的跳绳，手柄的粗细以自己能够较舒服的摇绳为标准，避免握绳太紧，握绳太紧需要花费多余的力气，还会使手、腕、手臂及肩部肌肉过于紧张。掌握正确的握绳、摇绳方法要记住以下几点：

1）用大拇指和食指握住绳子手柄的末端，其余三指紧挨食指，握住绳子，切忌握得太紧。

2）保持手臂的舒适和放松，手腕不宜过于紧张。

3）摇绳时用手腕的转动带动绳子，两手心不可朝上，尽量向下或者相对，手腕的转动直径约为5厘米。

4）保持大臂靠近身体两侧，紧贴肋骨，肘关节外展，与身体约成30°夹角。

5）双手保持在同一高度，双手不低于臀部以下5厘米。

6）摇绳时，两个手柄与地面基本平行。

用正确的握绳、摇绳方法，可以减小手腕和手指摇绳时的压力。摇绳时手腕的转动半径越小，绳子的摇动会越快，越有利于锻炼手腕、手指灵活性，增强手掌的握力，提高跳绳技术。

（二）掌握正确的跳绳姿势

正确的跳绳姿势可以减少肌肉和关节不必要的用力，降低运动损伤的风险。准备跳绳时，将绳子置于腿后，上体正直，双眼平视前方，膝盖微屈，双脚的开度不能大于肩宽，一般要求双脚并拢，身体的重心在两脚之间。当绳子摇至双脚下时，双脚立即起跳，待绳子通过脚下，双脚便自然落地，起跳和落地都用前脚掌，膝盖微屈，切记不能用脚后跟着地，否则长时间跳跃会损伤大脑、脚踝和脊柱等。前脚掌落地、膝盖微屈可以缓和膝盖和脚踝与地面接触时的冲撞，避免膝关节、踝关节受损伤，也起到保护大脑不受震动的作用。跳起后双眼应直视前方，身体姿势自然放松，上体不可前倒，双腿向前或向后微屈均可。停绳时，继续摇绳至体前，一脚伸出，前脚掌离地，脚跟着地使绳停在脚掌下，另一脚原地站立，掌握正确的跳绳姿势需要记住以下几点：

1）上体保持正直，双眼平视前方。

2）起跳时，前脚掌蹬地起跳，腾空后保持上体正直以维持身体平衡。

3）落地时，用前脚掌落地，膝盖微屈，以减轻身体落地的冲击力。

三、跳绳前的热身运动

跳绳前要做好热身运动。热身有两个重要作用：一是为运动做好心脏肌肉准备；二是伸展骨骼、肌肉和韧带。因此，热身练习也就可分为"心血管热身练习"和"骨骼肌热身练习"，前者有助于心脏尽快地从常态进入负荷工作状态；后者则是提高骨骼肌的伸展性及关节的灵活性，以适应大强度的身体运动。研究显示，突然的剧烈运动对大多数人来说，心脏和肌肉的血流量不可能立刻得到满足。实验表明，运动前做热身练习的人，不会出现心电图异常；而未做热身的人，则会出现明显的心电图异常。

心血管的热身一般采用慢跑、快走等方式，可以帮助心率逐步加快，促进血液循环，使身体各器官逐步进入大负荷状态，骨骼、肌肉的热身准备主要包

第一章 概述

括参与运动的主要肌肉群的静力性拉伸和关节的转动。很多损伤的发生就是因为运动之前没有热身或者没有科学地热身,在肌肉还没有充分活动开的时候,做了过度的运动,轻则肌肉拉伤、扭伤,重则肌肉深度拉伤、扭伤、撕裂、断裂。

一般我们在进入跳绳练习之前,可以先不使用绳具,徒手跳跃或者慢速跳绳达到心血管和肌肉的预热目的,之后再进行主要肌肉群的静力性拉伸练习和关节的活动。下面介绍的方法能有效拉伸参与跳绳运动的主要肌肉群,活动各个关节,达到热身的目的。

(一)跳绳运动主要肌肉拉伸练习

1.腿部肌肉拉伸

(1)前弓步压腿

左脚向前一大步,脚尖微内扣,左腿屈膝半蹲,大腿接近水平,膝关节与脚尖垂直;右腿膝盖伸直,脚尖内扣,两脚全脚着地。上体直立正对前方,两眼平视前方,双手扶髋或膝,上体向下振压,并逐渐增大振压幅度。左右脚交替练习,各做4个8拍。

(2)侧弓步压腿

腰腹部肌肉拉伸左脚向侧迈一大步,大约2个肩宽,左腿屈膝全蹲,脚尖外展,开胯,右腿膝盖伸直脚尖内扣,两手分别抓握两脚外侧,臀部向下振压,尽量贴近地面。左右腿交替进行,各做4个8拍。

2.腰腹部肌肉拉伸

(1)上体侧屈

两脚左右分开站立,稍比肩宽,上体向左侧和右侧弯屈到最大限度,重复3组,每组停顿8~10秒,或振压10~15次,左右侧交替进行。

(2)上体拧转

两脚左右分开站立,稍比肩宽,上体向左侧充分转体,转体方向大于90°,拉伸腰侧肌肉,重复8~10次,换向右侧,动作相同。

3.肩部肌肉拉伸

两脚左右分开站立，与肩同宽，左手伸直贴于右肩，拉伸左肩肌肉，右臂屈肘托左臂，辅助左臂向右拉伸，持续30秒，拉伸肩部肌肉，左右臂交替进行。

（二）跳绳运动主要关节灵活性练习

1.持绳转肩

根据自身身体条件，将绳子折到适合的长度，双手虎口相对在体前握住绳子的两端，身体直立，双脚与肩同宽，然后双臂直臂上抬经头顶转至背后，呈双手体后握绳姿势。在完成整个动作过程中，肘关节始终保持自然伸直状态。注意控制好转动的速度，以免拉伤肩部肌肉，来回转8~10次。

2.膝关节转动

双脚并拢，微微下蹲，双手按住双膝，顺时针或逆时针转动膝关节，旋转幅度要大，尽量让双腿由弯曲到伸直，再由伸直到弯曲，顺时针和逆时针各转动2个8拍。

3.踝关节转动

一脚站立支撑，另一脚脚尖点地，以脚尖为轴心顺时针和逆时针转动踝关节，顺时针和逆时针各转动2个8拍，然后再换脚练习，动作相同，只是方向相反。❶

---

❶ 杨帆.教你跳绳[M].天津：天津科学技术出版社，2019.

第二章

花样跳绳的教学训练与竞赛规则

花样跳绳的动作可简单也可复杂，训练辅助教学也有很多。在花样跳绳的训练组织中，需要正确理解和运用训练原理，灵活运用教学方法，科学合理地调整教学内容，所以对体力和脑力的发展起到促进的作用。此外，如果能够按照比赛规则进行专业训练，运动员就能掌握花样跳绳比赛规则，在花样跳绳比赛中取得好成绩。本章主要介绍花样跳绳的教学训练与竞赛规则，主要包含花样跳绳的教学与训练、跳绳项目介绍以及跳绳评分办法三大内容。

第一节　花样跳绳的教学与训练

一、花样跳绳的教学

（一）花样跳绳教学原则

1.学生主体性原则

学生主体性教学原则是指在花样跳绳教学过程中学生始终是学习的主体。教学内容主体决定了教师的一切活动应根据学生主体的需要和特点来安排。学生主体应在教师的指导下积极主动地参与教学活动，充分发挥学生主体的自主性。主动性和创造性是学生主体性原则的依据，也是贯彻学生主体性原则的基本要求。

2.技能教学为主原则

技能教学为主原则是指在体育学习过程中根据体育学科的特点，即学生一般是以训练活动来掌握体育运动技能，在此过程中进行体育能力的技能培养。花样跳绳技术动作丰富多样，主要由摇绳的方向、摇绳的圈数、手臂的变化、脚步的变化及身体姿势的变化等动作要素组成。在花样跳绳教学中仅用语言描述是很难使学生建立完整动作概念、正确理解技术，因此必须采用多种方法帮助学生理解和学习，这些方法要简洁直观、生动形象，注重形象思维，启发学生感知。在花样跳绳教学过程中，教师要尽可能地调动学生的各种感官去感知动作，然后根据想象进行模仿。

3. 兴趣先导实践强化原则

兴趣先导实践强化原则是指在体育教学过程中首先要着力培养学生的体育兴趣。只要学生对体育学习产生了兴趣，这种驱动力就会成为学生学习的动力源泉，然后学生会在体育实践中有意进行强化，不断维持和加强这种动力，使体育学习顺利进行。"兴趣是最好的老师"，因此，培养学生的兴趣，调动学生的自觉积极性非常重要。

4. 快乐学习原则

在进行跳绳教学过程中，教师应以鼓励为主，当学生达到一定的教学要求时，要及时肯定其成绩，使他们感到自己总是在进步，帮助他们树立起学习的信心、努力的方向和目标，从而不断进取，更加自觉积极地学习。跳绳花样繁多，任何一个基本动作都可以通过动作叠加（如后摇或侧打或胯下或多摇或转身等）而转变为其他花样，教师要注意学生任何微小的进步，及时肯定学生的创意（如学生对基本动作的改编），给他们信心和鼓励，不断引导和培养学生对跳绳运动的兴趣，激发学生的学习动机，促使学生能够积极思考、刻苦学习。

（二）花样跳绳的教学方法

教学方法是指在教学过程中，教师与学生为了实现教学目标，完成教学任务而采取的教与学的方式、途径和手段的总称。花样跳绳教学方法实际上是体育教学方法在花样跳绳教学中的具体应用，但花样跳绳教学有自己的特殊性，在教学中应根据自身的特点，创造性地加以应用。

花样跳绳教学是教师与学生的互动过程，在运用教学方法时，应考虑到教师通过何种途径向学生传递教学信息，学生又是通过何种感觉器官和方式来接收教学信息的。根据信息传递的途径、方式及接收器官的不同，花样跳绳教学方法可以分为直观法、语音法和练习法三类。

1. 直观法

直观法是指花样跳绳动作的示范，通过模型演示、图解、图像等方式将动作的过程演示出来，让学生直观地了解动作外部的运动学特征。教师的示范、教具的演示、图解的表达及各种形式影像的放映，能够将动作过程的信息通过光波传递给学生的视觉器官，视觉器官感知这些信息后，传递给大脑，大脑通过加工整理后形成了动作表象。当前花样跳绳教学中常采用的直观法有示范法和图像法。

（1）示范法

示范法是指示范者通过自身完成动作，将动作全貌展示给学生，让学生直接了解动作的一种方法。示范法是花样跳绳教学中最常用的方法，这是因为其最为简便、真实、具有感染力。它不但可以帮助学生建立正确的动作表象，还能激发学生的学习热情，使之产生跃跃欲试的冲动，起到鼓舞和激励学生学习的作用。另外，教师优美的示范动作，还有利于提高教师威信。

①示范的种类

由于花样跳绳教学内容较多，因此示范的方式也较多，常用的有完整示范法、分解示范法、慢速示范法、对比示范法等。

完整示范法：是指对单个动作、联合动作和成套动作，从头到尾进行示范。对一些动作不复杂、难度小或不能分解的动作和组合可采用完整示范法。其优点是可以将动作全过程展示给学生看，让学生建立起完整的动作印象，达到提高教学效率的目的。

分解示范法：花样跳绳教学内容中有难度较大、路线较复杂的动作，教学中必须将它们分解开来学习，将这些动作分解成若干部分来示范的方法就是分解示范法。

慢速示范法：是指人为地延长完成动作的时间，使动作的速度明显慢于正常速度。放慢动作的速度可使学生更清楚地看到动作的过程，有利于学生观察和模仿动作。但慢速示范法只能应用于难度较小的动作。

对比示范法：是指针对学生在学习中出现的常见错误，相继示范正确的动作和典型的错误动作，以此引导学生对动作正误进行比较和鉴别，弄清错误之所在，强化对正确动作的理解。运用对比示范法时，应注意避免哗众取宠，过分夸张地展示错误动作；也不要过多地重复错误动作，以免造成相反的效果。

②示范的运用

运用示范法应注意以下几个方面。

进行示范时应精神饱满，具有感染力，动作应准确优美，既能给学生建立起正确清晰的视觉形象，又能使学生感受到花样跳绳的美感，激发他们的学习热情。

教师应根据教学的不同阶段，有针对性地进行示范。在教学的第一阶段，应做正确完整的示范，并配合精炼、生动、形象的讲解，让学生建立起完整的动作概念；第二阶段除完整示范外，还应针对学生学习中出现的问题做分解示范或对比示范，有利于预防和纠正错误动作，改进和提高动作技术；第三阶段可少做示范，着重改进动作技术的细节，提高动作的质量。

正确地选择示范位置和示范面。示范位置是指示范者与学生之间的空间关系，其距离多远、位置多高应根据学生的队伍和人数来决定，选择的位置应确保全体学生都能看清楚。对于花样跳绳动作教学，一般采用正面与侧面示范两种形式，采用哪一种示范面，则要看动作结构的特点和教学的需要。

（2）图像法

图像法是指运用图解、电影、录像和多媒体等手段展示动作完成的过程，使学生了解动作的运动学特征。图像法虽不如示范法那么真实，但它却有显示动作的功能。现代化教学技术，尤其是计算机技术，可以从更多角度展现动作；可以任意地控制动作完成的时间，可快可慢；还可以定格在某一时段，将其固定在屏幕上，便于分析其技术，起到示范法起不到的效果。运用摄影技术还可以将学生的动作拍摄下来，并放映给学生看，使学生真正认识到自己动作存在的问题。另外，还可以采用计算机技术，在各种软件提供的三维动画平台上，制作出各种教学需要的动画；采集学生的动作图像，并用数码技术输入计算机进行比较分析；制作出各种花样跳绳教学课件，利用课件的互助作用，让学生自主地进行分类学习、插入学习、比较学习、连接学习和互动问答等。

运用现代图像法时应当注意以下几点：要根据不同时段的教学需要；要针对不同教学内容的特点；要掌握好运用的时机；要注意与其他教学方法手段

的有机结合；要考虑学生的需要和观察的效果；要考虑实际条件和可行性。总之，随着现代教育技术的不断提高，更加先进的教学手段将逐渐进入花样跳绳教学课堂，为花样跳绳教学改革提供更为有效的手段。但是，需要指出的是，应用的各种手段应当有明确的目的性和针对性，绝不能盲目使用。图像法教学毕竟只是一种辅助教学手段，只有与其他手段合理地配合，才能取得更佳的教学效果。

2. 语音法

语音法是指教学中由教师（或音响）发出有关花样跳绳动作的语音信息，通过声波传递给学生的听觉器官，由听觉器官接收语音信息并传递给大脑的方法。语音法可以启发学生积极思考，加深对动作的理解，培养学生分析问题的能力。花样跳绳教学中常用的语音法有讲解、提问、提示和评价等环节。

（1）讲解

讲解是以语言描述的方式向学生说明动作的名称、要领、要求及动作的基本原理、结构和关键技术，解释技术的内在联系，以加强学生对动作的理解。运用讲解法时应注意以下几点：要有明确的目的性和针对性，应根据知识讲解动作的基本原理，让学生加深对动作的理解；语言要精炼，能突出重点，提倡运用术语、口诀等方式进行讲解；要形象生动，能激发学生的想象力与联想力；要注意讲解与示范的合理配合，必要时可以边示范边讲解。

（2）提问

提问是指在教学过程中教师向学生提出问题，并要求学生做出回答的教学方式。运用提问法可以培养学生分析问题和解决问题的能力。运用提问法应注意：要把所提的问题用简练的语言讲清楚；所提问题要根据学生的实际水平，难易适中，应当是学生经过短时间思考即能回答的；在学生难以回答问题时应给予必要的提示。

（3）提示

提示是指在学生练习过程中，用短促有力的词语提示动作的方向、用力的时机和部位及关键的技术，以此强化正确的技术，避免错误的动作。例如，在完成侧甩提前异侧胯下交叉直摇（SCIO）时，完成过程中不断地提示"前腿太高、手腕要主动发力摇绳"，提醒学生"起跳分腿、下手快"。

（4）评价

花样跳绳教学中的评价是指对学生完成动作的质量给予简明的口头评定。教学中应在学生完成动作后立即给予口头的评定，如"很好""不错"等。对学生完成动作的质量评价，不仅可以让学生明白之前练习的实际效果，还可以激起学生的成就感，调动学生学习的积极性。当然，对于学生学习中存在的问题必须明确指出，但要注意用词，避免打击学生的积极性。

3.练习法

花样跳绳是典型的开放式运动技能，这种运动技能需要通过反复练习才能掌握。因此，练习法是花样跳绳教学中最常用的教学方法。其主要包括完整与分解法、重复练习法、变换练习法、游戏与比赛法。

（1）完整与分解法

①完整法

完整法是将单个动作或组合动作视为一个整体，学生一开始学习就进行完整动作的练习。此方法一般用于学习较简单或无法分解的动作。其优点是不会人为地将动作的技术结构分割开，能够保持动作的完整性，有利于学生通过练习建立完整的动作概念，局限性在于不适合某些较难、较复杂动作的学习。

②分解法

分解法是指将单个动作或联合动作分为几个有机联系的部分进行教学。待学生通过练习掌握了各部分的技术后，再将各部分组合起来进行完整的练习。它的优点是可以将所学的动作简化，集中精力学习某些较难的技术环节，使学生更容易上手并较快地掌握动作技术；不足之处是容易割裂各部分之间的内在联系，破坏动作之间的结构，不利于学生形成完整的动作概念。

为了达到提高教学效果的目的，运用分解法时应注意：对于一些较简单的动作，不必刻意将它们分解开进行学习，而导致学习效率降低；在采用分解法以前，应深入分析动作的技术结构，以便科学地将动作进行分解；分解练习的时间不宜过长，否则将造成被分解的某些部分形成较强的动力定型而导致完整练习时技术不连贯；分解法的最终目的还是让学生掌握完整的动作，因此运用分解法时应注意与完整法的合理配合，使二者互相促进，相得益彰。

（2）重复练习法

重复练习法是指在相对固定的条件下，不改变动作的结构，按照动作要领反复练习。这种方法在单个动作和成套动作练习中均可使用。重复练习法还可以分为连续重复练习法和间歇重复练习法。

①连续重复练习法

连续重复练习法是指练习之间没有间歇、连续不断地做相同的一个动作或成套动作，如在一套个人花样成套动作中，将组合一：SOO+SCO+SOC+SCC+SEO+SEC完成后不休息，接着完成第二个组合：体操前手翻+俯卧撑。在花样跳绳教学中，一般在复习课或技术较简单动作的学习时采用此方法。运用连续重复练习法不仅可以促进动作技能的巩固和提高，还可以发展学生的专项素质，增强学生体质。

②间歇重复练习法

间歇重复练习法是指在重复练习的过程中有相对固定的间歇时间，间断性地反复进行一个动作或一套动作的练习。此种方法有利于对动作的技术进行精雕细刻，在动作学习的第一阶段，一般采用间歇重复练习法。

连续重复练习法和间歇重复练习法各有长处，也都有一定的局限。在花样跳绳教学中，应当根据不同的教学阶段、不同的动作特点及学生的实际情况加以选择和搭配。运用重复练习法时应注意：防止错误动作的重复，一旦出现错误动作应立即给予纠正，甚至可以停止练习，否则错误动作一旦定型就很难改正过来；在初学阶段一般不采用连续重复练习法，以免影响正确技术的掌握；运用连续重复练习法时，应按学生的实际能力确定连续的次数，连续次数过多，不仅影响动作技能的巩固，还可能伤害学生的身体健康。

（3）变换练习法

变换练习法是指在不改变动作性质的前提下，合理地改变动作时间和空间要素或外部条件,以达到提高花样跳绳学习效果的练习方法。运用变换练习法,可使动作变得相对容易,有利于初学者由易到难、循序渐进地学习动作技术,也可以使动作变得相对较难,促使学生在掌握动作的基础上进一步提高动作质量;还可以使练习者的动作灵活多样,增加练习的新鲜感,激发学生练习的兴趣和积极性。花样跳绳的变换练习法主要包括改变动作时间、改变动作空间和改变动作外部条件三类。

①改变动作时间

任何一个花样跳绳动作都有自己的时间特征,改变动作的时间就是根据教学需要,打破常规的时间特征,人为地延长或缩短完成动作的时间,使动作更容易或更难。延长动作时间,实际上就是以比通常更慢的速度来完成动作。对于有些花样跳绳动作,延长时间就会增加其完成的难度,促进学生提高完成动作的能力。例如,完成一些异体位的交叉动作(C_1,C_2,E_1,E_2)需要将用力动作的完成速度适当放慢,平衡动作的时间适当延长,这样可以提高身体的控制能力,促进肌肉力量的增加。缩短动作的时间,实际就是以高于正常的速度来完成。例如,完成体前异侧胯下交叉+同侧体前胯下交叉(C_1+C_2)时,动作可稍微快些,以便更好地掌握动作的发力。

②改变动作空间

通过改变动作的空间位置和路径来创造多样化的效果。这可以包括向上、向下、向左、向右、旋转等方向的移动和转变,以及不同的路径和轨迹。通过在表演或锻炼过程中巧妙地运用这些变化,可以使动作更加有立体感和吸引力。

③改变动作外部条件

从花样跳绳动作技术结构角度看,以上两类变换练习法是改变动作的内部因素及其相互关系,而改变动作外部条件则指附加某些完成动作的条件以促进动作顺利完成,如外部的助力和附加某些帮助动作完成的辅助器械。花样跳绳教学离不开外部的帮助。

（4）游戏与比赛法

①游戏法

游戏法是指在花样跳绳教学中，结合教学的需要，采用游戏的形式组织学生练习的教学方法。游戏法的特点是具有趣味性、模仿性、竞赛性和创造性。通过游戏可使一些枯燥的花样跳绳练习变得妙趣横生，这样不仅可以达到活跃课堂气氛和调动全体学生积极参与活动的目的，还可以培养学生的团队精神和良好的心理素质。游戏一般安排在课程准备部分或结束部分，以游戏的方式达到使学生活动身体、集中注意力或放松的目的。

丰富的花样跳绳内容可供老师创编出各种各样受学生喜欢的游戏。例如，利用吊绳、横绳、爬竿、助木、云梯等器械，组合成"过河""探险"等游戏；把双人操练习变为各种互顶、互拉、互相破坏对方平衡的游戏；利用短绳、长绳、实心球等轻器械练习组合成游戏；将"抬木头""推小车""爬倒立"等提高身体素质的练习演变成游戏或比赛；将学过的花样跳绳动作组合成游戏，如做完前滚翻后侧手翻接力跑等，还可以将不同的器械组合成游戏。

在花样跳绳教学中，教师可发挥自己的创编性，针对所要完成的教学任务，创编出有特色的游戏，但在游戏的创编与实践中要注意以下几个方面：

游戏创编要有明确的目的性，要有助于教学任务的完成，注意选择可利用基本教材进行的一些辅助性练习作为游戏内容。

创编时应制订好简单明了的规则。游戏进行前必须讲明规则与要求，游戏中应监督学生执行规则，游戏一结束就应当立即宣布结果，并马上兑现奖惩办法。

要注意游戏的安全性，游戏所选用的活动内容一般应是学生已掌握的较简单的动作，游戏的路线、方向、距离应合理，防止游戏中的相互碰撞等安全事故的发生，使用器械时应事先检查器械的安全性。

游戏要有创新性，有创新的游戏才能更好地引起学生的兴趣，过多地重复单一游戏，学生将失去对游戏的新鲜感和游戏本身的趣味性。

②比赛法

比赛法是指以比赛的形式组织教学的一种方法，其主要特点是竞争性和趣味性，运用此法，可使学生情绪高涨，促进学生最大限度地挖掘身心潜能，并且能够培养学生的集体主义精神和顽强拼搏的意志品质。

花样跳绳教学中运用比赛法的形式多种多样，可以是游戏比赛，也可以是教学比赛、测验比赛等；可以是个人与个人比赛，也可以是小组与小组比赛、班级与班级比赛。根据不同阶段教学任务的不同，花样跳绳教学比赛可分为比完成率、比动作质量和比完成次数等形式。

比完成率，即比较比赛完成动作的程度。例如，把学生分成人数均等的若干组，每组同时派出一个学生做同一个动作，动作完成则得分，完不成不得分，每位学生都必须上场，最后得分高的一方胜。用此法进行比赛，可激发出学生的练习热情，充分调动他们的积极性，提高动作的成功率。

比动作质量，花样跳绳教学的目的不仅仅是让学生学会动作，还要求学生做好动作。教学中往往有一部分学生只满足于会做动作，而对动作质量不在乎，因此，在学习的第二阶段可采用比动作质量的形式促进学生互相纠正错误，提高动作质量。比动作质量一般采用评分的办法，通常可采用10分制，为了便于计分，教学比赛中还可采用低分值评分法，如1分制，2分制……以此类推。

比动作数量，花样跳绳教学中比数量主要是为了发展花样跳绳专项素质，比赛的内容一般都是学生已掌握的、比较简单的动作。例如，连续双摇的时间、连续双摇个数、连续三摇跳的次数等。比赛内容要针对学生素质存在的薄弱环节进行选择，但切忌选择可能危害学生身体健康的较难动作。动作数量的比赛同样既可以采用个人赛的形式，也可用小组赛的形式。

设计组织花样跳绳教学比赛应注意以下事项：比赛的设计与实施应紧密结合教学目标，为达成教学目标服务；比赛内容的选择应考虑学生体能和技能掌握的实际情况，并确保不危害学生的身体健康；比赛的规则要简明扼要，易于操作，要向学生讲明规则并加强监督；比赛结果的判断要迅速果断，公正准确，比赛后要进行总结性评价，提出改进的方向；比赛的组织要合理严密，避免拖拉而影响课程的进度，分组比赛时应注意调整各组的实力，使各组的实力大致相等，提高竞争的激烈程度；比赛过程应注意安全，要采取必要的保护措施，防止伤害事故的发生。

二、花样跳绳的训练

根据参加花样跳绳训练目的的不同，训练类型可以分为：竞技类和健身类。竞技类训练是指以参加比赛获得优胜为目的，而采用各种训练手段达到提高身体素质和专项技能的训练；健身类训练是指在平时根据自身身体状况，以提高身体健康水平、保持良好的身体状态为目的，制订的各种计划并贯彻执行的训练。

（一）花样跳绳训练的基本特点与原则

花样跳绳训练目的的不同，其遵从的原则也有所差异，但其自身存在着一定的规律，只有严格按照这些规律实施训练，才能达到训练的效果，最终取得成功。

1.花样跳绳训练的特点

（1）简单易行

花样跳绳训练对时间要求不高，不一定需要固定的长时间段。上班人士可以利用上下班前后的空余时间练习，学生可以利用大课间、放学后（或业余时间）进行花样跳绳训练。

花样跳绳训练对场地的要求也较低，跳绳只需要一块平整开阔地就能够完成个人的花样跳绳。走廊、操场、车间、健身房等日常生活场所均能够满足需求。

无论是业余健身训练还是专业竞技训练要想达到最佳效果，都应制定长期训练目标，明确发展方向和长远计划，同时制订阶段训练计划，包括训练内容安排、采取的方法和手段等，以保证长期训练目标的实现。

（2）内容丰富

花样跳绳内容丰富，融入了体操、武术、舞蹈以及音乐等各种流行的元素，演变出了很多的跳绳花样，既能达到很好的健身效果，同时又能够吸引更多的青少年参加锻炼。

花样跳绳主要分为速度和花样两大类型。速度项目以体能为主导，主要比拼运动员的体能储备；花样赛考验的是运动员对跳绳技术动作的掌握情况，体现的是以技能为主导的运动形态，两者又包含了众多项目。例如，正式比赛共有42项，还有许多趣味的竞赛项目可供锻炼者进行选择。

2.花样跳绳训练的基本原则

花样跳绳内容较多，主要分为以体能主导类的速度赛及以技能主导类的花样赛。

（1）速度项目训练原则

①互补性原则

速度是指在单位时间内完成动作的速率。在速度训练中，练习手段的效果是特异性与非特异性的统一。速度训练的整体最优效果取决于不同练习手段对身体特异性与非特异性影响的互补。每一种练习手段都有本身的局限性，只有合理科学地选择练习手段，才能够更加科学有效地提高效果，达到提高速度的目的。

②主变性原则

在速度训练过程中，身体素质是主变因素，专项技术是辅变因素。目前普遍认为，技术训练始终从属于身体训练，身体素质的发展变化是推进整个训练过程向前发展的真正动力。主变性原则认为身体训练才是速度训练的制高点，技术与成绩的演变过程实际上就是对身体素质尤其是专项身体素质的控制过程。在日常速度训练的过程中，身体素质训练才是主要的核心训练版块。

③集约化原则

通常随着训练过程的发展，在训练水平逐渐提高的条件下，身体训练的内容、方法及练习负荷的取值范围都相对集中地朝着某一方向发展，这就是训练过程中的集约化原则。速度训练也是如此，在速度训练不断提高的过程中，训练方法、内容和负荷也都在趋向于集约化发展。

（2）花样项目训练原则

①区别对待，因人而异

"区别对待，因人而异"原则是指在花样项目的训练过程中，根据训练对象的个人特点（年龄、性别、身体条件、训练水平、特长、文化水平和心理品质等方面），有针对性地、科学地确定训练任务、内容、方法、手段和运动负荷，以期达到最佳的训练效果。训练水平越高，个人的特点就越突出，因此更应贯彻"区别对待，因人而异"原则。

②合理负荷原则

合理负荷原则是指在花样跳绳运动训练过程中，以运动员的身体素质状况、健康水平及训练水平为依据，根据训练周期分段目标，合理安排运动负荷、适当增减运动量以达到训练目标。

在进行花样训练时，需要大量的重复，但是身体极限的重复会造成机体的疲劳甚至形成运动损伤，因此合理的运动负荷是花样跳绳训练的重要部分。

③速度与花样相互促进原则

速度训练是花样跳绳训练中的基础训练，花样训练是速度训练的高级形式。要想花样跳得好，必须抓好速度训练，很多花样动作的完成都需要速度作为基础。例如，个人花样中的多摇跳花样，交互绳花样中的快速步法等都要求快速地移动，如果没有速度的基础，是很难做出精彩的花样来的。

在训练初期，应该以速度训练为主，注重基本绳速和绳感练习，加快绳子的摇动速度，打好扎实的基本功。当速度达到一定水平后（如30 s单摇达到150~160次）就可以逐步增加花样的训练内容，同时还应加强节奏和绳速的练习，以提高对绳子的控制能力。

（二）花样跳绳训练内容

花样跳绳项目众多，因项目特性的不同，采用的训练方法也有很大的差异。速度类项目以体能为主导，训练方法主要以大强度间歇训练法为主；花样类项目以技能为主导，训练方法主要以循环训练方法为主。

第二章 花样跳绳的教学训练与竞赛规则

1.速度类项目训练

（1）身体素质训练

速度类项目要求运动员在规定时间内动作频率越快越好。在平常训练过程中重点加强运动员的各项身体素质，包括力量、耐力、速度和协调等。

①力量训练

练习者任何技术动作的表现都是通过肌肉工作来实现的，力量素质是身体训练水平的重要指标。力量素质与其他身体素质有着极为密切的关系，影响着练习者肌肉耐力的增长、灵敏素质的发展和速度素质的提高等，因而被称为基本的运动素质。跳绳是全身运动项目，需要全身协调发力，因此，上肢摇动力量、腰腹核心控制力量、下肢弹跳和快速力量缺一不可。

上肢摇绳力量训练。在初期接触跳绳训练时，要养成正确的摇绳习惯，形成正确的摇绳发力方式。摇绳时手的动作姿态要求手臂自然下垂，稍微向外打开，手掌外展，拳心不可向上，用大拇指和食指发力，起绳时小臂摇起，之后向下点手腕，绳子摇起保持在身侧，且与地面垂直，与身体的矢状面平行。采用的方法有以下两种：

一种是，将绳子一端固定，将一支手柄滑动至距离另一支30~45厘米处，然后计时在规定时间内完成空摇绳次数，练习时间及次数，如表2-1所示；另一种是，选用粗细不同的绳子进行练习。选择绳体时应先粗后细、先重后轻，并且应持之以恒，循序渐进。绳子的粗细轻重对速度的影响非常大，用重绳练习主要是为了提升跳绳者的耐力，耐力提升后，才能保证后程冲刺的速度。

表2-1 空摇时间及次数对照表

时间	10秒		20秒		30秒		45秒		60秒	
	男生	女生	男生	女生	男生	女生	男生	女生	男生	女生
次数	≥55	≥55	≥115	≥105	≥170	≥160	≥240	≥220	≥300	≥280

注 在初期练习摇绳动作时，要在保障技术动作正确的情况下竟可能多摇。在后期达到较高训练水平时，在完成30秒摇绳的基础上多做45秒、60秒摇绳，以增强上肢速度耐力，为3分钟项目做好准备。

腰腹核心控制力量训练。速度项目是以身体素质为基础的项目，核心控制能力是身体各项素质的中心连接段。核心控制能力在跳绳力量速度训练中体现得特别突出，较好的核心控制能力能够将上下肢很好地协同起来联合发力，核心控制能力偏弱时则会出现上下肢不协调、动作不够稳定等情况。训练方法主要有：腹背肌训练、平板支撑及利用瑜伽球进行平衡训练。

下肢弹跳和快速力量训练。跳绳是以下肢力量为核心的运动项目，90%的动作都是依靠下肢力量完成的，所以下肢力量的训练就尤为关键。在速度项目中需要提高的是下肢发力的速度，即"步频"。跑台阶是训练30秒单摇跳的一种很好的辅助训练，但是跑台阶的方法要正确，首先要选择高度适合的台阶，每阶高度在15厘米左右，台阶平面宽度约30厘米左右，阶面不要太光滑，以免摔倒。在向上跑的过程中，每步只上一阶，以髋关节为轴，上体前倾下压，大腿要主动向上抬起，上体保持放松，不能摆臂，一旦摆臂动作就会僵硬，下台阶时同样一步一阶，身体姿态不变，小腿放松，频率加快。动作熟练之后，则需要一定量的积累，以40梯的台阶为准，5个上下算一组，每次做3~5组，半个小时内完成。如在参加大型比赛前，可加到8~10组，一小时内完成。腿部力量差的需小腿绑沙袋进行练习，沙袋重量根据个人情况来定。

②耐力素质训练

耐力速度是指机体坚持长时间运动的能力。按人体生理系统分类，耐力素质分为：有氧耐力和无氧耐力。有氧耐力也叫肌肉耐力，是指机体在氧气供应比较充足的情况下，坚持长时间工作的能力；无氧耐力也叫速度耐力，它是指机体在以无氧代谢为主要供能形式的情况下，坚持较长时间工作的能力。

速度项目中的30秒项目、45秒项目、3分钟项目属于有氧和无氧结合的耐力训练，除需要出色的爆发力外还需要超强的速度耐力。速度耐力训练是速度项目训练的重中之重。耐力素质训练中主要采用高强度间歇训练法。例如，台阶训练时，为了提高运动员的耐力素质，可寻找阶数较多的台阶，不要低于150阶（要求在30秒之内能够完成）。在进行30秒项目训练时，就可直接安排3组训练：3趟为一组，每组间歇不超过一分钟；进行3分钟项目训练时，就可安排多趟往返训练，3趟一组连续完成，各组间歇充分。根据项目特点的不同，同种辅助练习的要求也会不一样，但都要使辅助练习的功能系统和肌肉发力尽可能地接近工作原型，从而达到最好的训练效果。

③速度素质训练

速度素质是指人体快速运动的能力，包括人体快速完成动作的能力、对外界信号刺激快速反应的能力及快速位移的能力。

速度素质是速度项目的核心，跳绳速度项目主要是依靠脚完成，因此下肢频率决定了跳绳速度的快慢。速度素质训练主要就是以提高下肢快速运动的能力为核心。提高下肢频率的方法主要的训练方法有：跑楼梯（着重要求下楼梯时脚下的频率）、原地快频跑等。30秒单摇所采用的快频跑辅助练习，与上面跑台阶的方式是一样的，同样的要求以髋关节为轴，上体前倾下压，直背，两手放松自然下垂，上体同时也要放松。但是这项辅助练习要求原地做，不能移动，在做的过程中，要求踝关节立起来，双脚前脚掌发力交换向上抬起，小腿不能向前踢也不能向后勾，在交换的过程中不要有腾空的动作，且始终保持上体平稳，不能有上下起伏和左右晃动，但是身体的轻微抖动是允许的。应每天在练习速度跳之前先练习高抬腿，一组30秒，共5组，每组至少要达到200次，其间每组间隔时间为2分钟，这2分钟内还要做1分钟摇绳。

（2）基本技术训练

①上肢摇绳技术训练

在速度跳绳项目中摇绳的技术占据了非常重要的位置，起着巨大的作用，上肢摇绳技术的训练就非常重要。速度摇绳技术是指在上臂、小臂尽可能固定不动的情况下，利用手腕的转动使手柄快速摇动从而带动绳体转动的技术。常用的训练方法有专门摇绳器练习、单边原地空摇绳练习、双边原地空摇绳练习、10分钟连续跳练习、快慢速度结合变化练习等，具体方法与作用，如表2-2所示。

表2-2 上肢技术动练习方法及作用

练习名称	练习作用及功效	组织方法
专门摇绳器练习 单边原地空摇绳练习 双边原地空摇绳练习	养成正确的发力习惯，形成正确的肌肉发力顺序	以单位时间为限，要求单位时间内在控制技术动作没有出现变形的情况下尽可能多的摇动。例如，30秒平均成绩是160个，那么在训练时要求在30秒内要完成到185个以上
10分钟连续跳练习	培养绳感	要求在10分钟内保持65%~70%速度，前6分钟不允许失误。每次练习的次数不要超过3组
快慢速度结合变化练习	增强手腕对绳体运动的控制能力	方法一：初期可采用快四慢四的节奏，四个八拍一组。有一定控制能力后，可采用快20次慢20次，100次为一组。此方法可以与10分钟连续跳相结合。如：前六分钟匀速，后四分钟变速 方法二：10秒慢速10秒加速。采用此方法就必须要严格控制高低速的个数。例如，慢10秒不限个数，快速10s要求达到60次，可反复练习

专门摇绳器练习、单边原地空摇绳练习、双边原地空摇绳练习这三种方法主要是用来培养跳绳者正确的发力习惯，形成正确的肌肉发力顺序。

10分钟连续跳练习一般会放在开始部分作为热身练习，或放在最后作为放松练习。要求跳绳者能够体会正确的技术动作，"该放松的地方放松，该紧张的地方紧张"，大臂放松自然下垂、小臂自然向前伸展、手腕主动发力转动。

快慢速度结合变化练习是最考验跳绳者手感的练习，在高速的跳绳过程中控制绳体的速度是很难的。在运用这种方法进行教学训练时要注意：以个数为标准的训练主要以培养节奏感为目标，以时间为标准就要严格要求个数。例如，快四慢四，四个八拍一组，就可以要求跳绳者节奏清晰；10秒快10秒慢，在慢速时只要不失误就可以，快速时要达到极速。

②下肢跳动技术训练

下肢跳动技术是指在绳体摇动的圆周内，连续跳动的技术动作，是下肢力量的集中体现，同时也是基本技术动作的直观反映。完成技术动作要求练习者

第二章 花样跳绳的教学训练与竞赛规则

在完成连续跳跃动作时上体要基本保持不动，没有明显的起伏和晃动，左右脚的用力要均匀，没有明显的间歇。常用训练方法有原地徒手快频跑练习、下跑楼梯训练等。

原地徒手快频跑练习形式要求如下：以10人训练为例，10人为一列横队，间隔五人双手自然下垂拿住手柄远端，同时向下指向并紧贴大腿外侧，使绳体连成一线，在连线中的人先开始练习，30秒或1分钟为一次完成，完成一次或两次交换一次，交换3次为一组，一次训练最多完成不要超过5组。

下楼梯练习，楼梯不要低于50阶，要求练习者每步只能完成一阶，以最快的速度下到楼梯的底端。在下楼梯的过程中练习者为了提高速度肯定会上体前倾、前脚掌着地，这与完成速度训练的基本动作姿态非常相近。楼梯训练时的动作十分接近跳绳基本技术动作，花样跳绳多采用此种训练方法。

2.花样类项目训练

（1）体能训练

体能是完成一切技术动作的基础，所有的高难度动作都是在一定体能基础保障之上完成的。体能训练的内容包括运动素质训练、身体机能训练和专项所需的身体形态训练等。跳绳运动要求跳绳运动员在体能训练中不仅要有突出的身体素质，还要有体能的发展和储备条件。体能训练是一种多因素、多层次、动态的训练，只有充分认识，才能科学地把握其实质，并在训练中取得实效。

力量素质是指肌肉在用力过程中克服或对抗阻力的能力。跳绳运动员的力量素质主要包括：相对力量（在完成体操和力量动作时尤为重要）、速度力量（个人花样项目中的多摇动作就要求在跳起后尽可能多的完成动作）、力量耐力（连续完成力量动作）。

速度素质包括反应速度、动作速度、移动速度。花样类项目中三种速度素质的表现都比较显著，完成体操动作的同时做各种跳绳动作，要求反应速度非常快；完成多摇动作时，在仅有的腾空时间里要尽可能多的完成摇绳动作，充分体现了动作速度；规则要求在完成花样跳绳套路是必须要充分利用全场，体现了移动速度。

耐力速度是指有机体坚持长时间运动的能力。跳绳运动员的专项耐力是指运动员克服跳绳专项运动过程中产生的疲劳的能力。花样跳绳竞技比赛是一项以无氧功能为主的运动。年纪小的运动员一般耐力训练的比例较大，随着年龄的增长和水平的提高，专项耐力的比例逐年增加。

灵敏素质是指人体在突然变换的条件下，快速、协调、敏捷、准确地完成动作的能力。它是人的运动技能、神经反应和各种身体素质的综合表现，跳绳中训练灵敏素质主要采用固定组合反复练习、随机抽选动作练习等方法。

（2）基本技术训练

花样跳绳项目繁多，其中个人花样跳绳技术、交互绳花样技术是所有技术的核心和基础。

①个人花样技术

个人花样跳绳基本技术包括：直摇摇绳技术、交叉摇绳技术、异体位交叉摇绳技术、多摇摇绳技术等，各种复杂动作都是由不同的基本技术动作组合叠加而成的。在进行个人花样基础动作技术训练时，要以基本的技术动作为元素，随意组合然后进行反复练习。

常见的组合有以下几种：

单摇组合一：OOCC+COCO+SOCO+SCOC；

单摇组合二：SOSC+SEST+OTOT；

单摇组合三：SEOO+SECC+SEOC+SECO；

双摇组合：OO+CC+OC+CO；C1O+C2O+C3O+OT2。

每个组合连续完成三遍为一组，每次完成三组。

②交互绳花样技术

交互绳花样技术包括：摇绳者技术和跳绳者技术。摇绳者技术从摇绳方向分为：正向向内摇绳和反向向外摇绳；从摇绳者手柄所在的体位可分为：正常体位摇绳和特殊体位摇绳（异体位摇绳），特殊体位摇绳又可分为：单手受限和双手受限（这里单双手限制是以一根绳子的两端来定的）。摇绳者练习内容有直摇手感练习、异体位固定摇绳、绳中带人摇绳练习、绳中带人异体位摇绳。跳绳者的练习内容包括：基本步法、力量动作、体操动作等。训练步骤分为：第一阶段徒手练习、第二阶段为组合动作串联、第三阶段为绳中完成组合动作。绳中动作的编排根据运动员能够完成的动作为基本要素，尽可能多的完成各种排列组合。

常见的组合有：前扑+俯撑+单腿侧摆呈单手单脚仰撑+单仰撑交换一次+转身撑俯撑+单腿蹬起成倒立+落下呈直立。徒手练习阶段成串动作连续完成两次为一组。

第二节　跳绳项目介绍

一、计数赛

（1）30秒单摇跳

（2）30秒双摇跳

（3）3分钟单摇跳

（4）连续三摇跳（12周岁以上）

（5）4×30秒单摇接力

（6）4×45秒交互绳单摇接力

（7）3分钟10人长绳"8"字跳

（8）2×60秒交互绳2人接力

二、花样赛（60~75秒）

（1）个人花样

（2）两人同步花样（每人一绳）

（3）四人同步花样（每人一绳）

（4）两人车轮跳花样

（5）三人交互绳花样

（6）四人交互绳花样

（7）在计数赛、花样赛的基础上设置：

大师赛：30秒单摇、3分钟单摇、个人花样。

团体赛：4×30秒单摇接力、4×45秒交互绳单摇接力、两人同步花样、四人同步花样、三人交互绳花样和四人交互绳花样。

三、表演赛

表演赛是以跳绳为主、融入多种元素的跳绳表现形式。

时间：4~8分钟

表演人数：8~16人

四、通级赛

（1）个人速度1~6级（30秒和3分钟单摇跳）

（2）个人花样1~6级（大众等级推广套路）

（3）车轮跳六级（另列）

（4）交互绳六级（另列）

五、传统特色项目

（1）1分钟单摇跳

（2）4×30秒单双摇接力

（3）3×40秒交互绳单摇接力

（4）3分钟10人长绳集体跳

（5）连续双摇跳

（6）三人单绳双摇同步规定动作团体对抗赛

第三节　跳绳评分办法

一、计数赛评分办法

（一）30秒单摇跳

1.目标

按照规则的要求，运动员在30秒的时间内完成尽可能多的单摇跳。

2.口令

"裁判员准备"→"运动员准备"→"预备"→"跳"（或哨音）→"10"→"20"→"停"（或哨音）。

3.技术要求

1）运动员双手摇绳，双脚以轮换跳的方式跳绳，每跳起一次，绳体跃过头顶并通过脚下绕身体一周（360°）称作单摇跳。

2）运动员在指定场地范围内比赛为有效动作。

3）要求人、绳都按口令从静止开始起跳，抢跳将从应得数中扣除5次。

4）失误不扣分，但失误次数将被记录。一次失误以后，记录下一个失误之前绳子必须被至少成功跳过一次。

4.计分方法

双脚轮换跳累计成功通过右脚脚下的次数，累计右脚成功次数再乘以2。

（1）应得数

每个场地比赛由3名裁判员执裁，如为电子仪器计数，根据仪器特点来分工合作，电子计数显示成绩为应得数；如为人工手动计数（建议使用计数器），若3名裁判员计数不同时，以两个相同计数为准，若各不相同且差异在规定范围内，采用对选手有利的计分方式，即计算差值最小较高的两个成绩的平均值，此平均值称为运动员的应得数。例如，数值为153、155、157，那么取155、157的平均值，则平均值为（155+157）/2=156。

若原始成绩最高值与最低值之间差值大于5，那么主裁判将向赛事主管以书面形式说明该情况。若每位裁判给出的成绩差异大于3。例如，数值为80、84、88，且最高与最低之间差值7以上，若在竞赛委员会不能提供录像证据的情况下，选手可要求重赛。如果选手选择重赛，那么记录重赛成绩。如果选手不选择重赛，那么取差值最小且较高的两个成绩的平均值作为成绩（如例子中应记86）。在重跳过程中，两名额外的速度跳裁判将介入以检查之前三位裁判的计数能力。若竞赛委员会能够提供视频证据，那么原来的三位裁判及两名额外裁判将会在比赛中或赛后根据视频，判定最终成绩。

（2）最终成绩

三位裁判计数的应得数减去主裁判判罚的犯规应扣数，为运动员的最终成绩。

（3）名次确定

比赛成绩按最终成绩确定，次数多者名次列前；如次数相等，以失误少者名次列前；如仍相等，则名次并列。

（二）30秒双摇跳

1.目标

按照规定的要求，运动员在30秒内完成尽可能多的双摇跳。

2.口令

"裁判员准备"→"运动员准备"→"预备"→"跳"（或哨音）→"10"→"20"→"停"（或哨音）。

3.技术要求

1）运动员双手摇绳，双脚同时起跳，每跳起一次，绳体跃过头顶通过脚下绕身体两周（720°）称作双摇跳。

2）其他要求同30秒单摇跳。

4.计分方法

双脚同步跳累计成功次数。其他同30秒单摇跳。

（三）3分钟单摇跳

1.目标

按照规则的要求，运动员在3分钟内完成尽可能多的单摇跳。

2.口令

"裁判员准备"→"运动员准备"→"预备"→"跳"（或哨音）→"30"→"1分钟"→"30"→"2分钟"→"15"→"30"→"45"→"停"（或哨音）。

3.技术要求

同30秒单摇跳。

4.计分方法

同30秒单摇跳。

（四）连续三摇跳

1.目标

按照规则的要求，运动员一次性不间断完成尽可能多的三摇跳，没有时间限制。

2.口令

"裁判员准备"→"运动员准备"→"预备"→"跳"（或哨音）。

3.技术要求

第一，运动员双手摇绳，双脚同时起跳，每跳起一次，绳体跃过头顶通过脚下绕身体三周（1080°），称作三摇跳。连续三摇跳是指运动员在出现第一个三摇跳开始，一次性不间断完成尽可能多的三摇跳，起跳可以有过渡动作，但中间不能有间隔或变换其他动作。

第二，运动员须在指定的场地内比赛，若出现失误、踩线、出界或其他超出指定场所范围的犯规行为，比赛即告结束。

第三，若运动员在开始（或哨音）口令发出后的15秒内未能完成第一个三摇跳，那么最终成绩将从原始成绩中减去五个三摇跳。

第四，运动员连续三摇跳不足15个便出现失误时，允许第二次尝试，但必须在15秒内开始第二次跳，计数重新开始，并以最后一次成绩为准。

4.计分方法

累计一次性不间断完成连续三摇跳的成功次数。其他计分方法同30秒单摇跳。

（五）4×30秒单摇接力

1.目标

4名运动员在120秒不间断的时间内，按照先后顺序依次完成30秒接力单摇跳。

2.口令

"裁判员准备"→"运动员准备"→"预备"→"跳"（或哨音）→"10"→"20"→"换"→"10"→"20"→"换"→"10"→"20"→"换"→"10"→"20"→"停"（或哨音）。

3.技术要求

1）4名运动员必须使用单摇双脚换跳。

2）运动员在指定场地比赛为有效成绩。

3）按口令要求起跳必须都从静止开始，且在"换"口令下达后，前后运动员方能进行跳绳接力转换，否则视为抢跳或抢换，每次犯规都从比赛应得数中扣除5次。

4）其他要求同30秒单摇跳。

4.计分方法

同30秒单摇跳。

（六）4×45秒交互绳单摇接力

1.目标

4×45秒交互绳单摇接力，即为4名队员在180秒内，按照先后顺序以45秒接力的形式轮流摇、跳交互绳，跳绳者在交互绳中完成尽可能多的双脚轮换跳。

2.口令

"裁判员准备"→"运动员准备"→"预备"→"跳"（或哨音）→"15"→"30"→"换"→"15"→"30"→"换"→"15"→"30"→"换"→"15"→"30"→"停"（或哨音）。

3.技术要求

1）运动员必须采用双脚轮换跳跳法，其他跳法不计数。

2）运动员在指定的场地内比赛为有效动作。

3）按口令要求摇、跳绳者必须从静止开始，在"换"的口令下达后，摇、跳绳者允许在不停绳的情况下，完成摇、跳绳动作的互换，否则视为抢跳或抢换，每次犯规都从比赛应得数中扣除5次。

4）跳绳顺序：准备进绳者必须在跳绳者对面入绳。例如，4名运动员编号分别设定为A、B、C、D。摇跳互换顺序为：

a.A和B为C摇绳，C面朝着B，D在B侧准备；

b.A和C为D摇绳，D面朝着A，B在A侧准备；

c.D和C为B摇绳，B面朝着C，A在C侧准备；

d.D和B为A摇绳，A面朝着D。

每位运动员必须面向正确的方向摇、跳绳才被计数，如果方向错误，计数暂停，但计时不停，主裁判提醒其从绳外纠正方向后继续比赛，再累计计数。直到时间结束。

5）其他同30秒单摇跳。

4.计分方法

跳绳运动员双脚轮换跳累计右脚成功次数。其他计分方法同30秒单摇跳。

（七）3分钟10人长绳"8"字跳

1.目标

在3分钟时间内，2名运动员同步摇单长绳，其他8名运动员依次以"8"字路线绕摇绳队员，并尽可能多地完成跑跳进出绳动作。

2.口令

"裁判员准备"→"运动员准备"→"预备"→"跳"（或哨音）→"30"→"1分钟"→"30"→"2分钟"→"15"→"30"→"45"→"停"（或哨音）。

3.技术要求

1）2名摇绳运动员间距不小于3.6米。

2）运动员必须依次"8"字形跳跑穿越长绳。

3）运动员在指定的场地内比赛为有效动作。

4）失误不扣分，失误次数将被记录。

4.计分方法

运动员无论采用何种方式，均须依次以"8"字路线跑入绳中跳跃，再成功跃出长绳，计数1次，在3分钟内积累成功次数为最后成绩。其他计分方法同30秒单摇跳。

（八）2×60秒交互绳2人接力

1.目标

按照规则的要求，4名运动员在120秒不间断的时间内，按照先后顺序依次以60秒接力的形式轮流跳绳，跳绳者在交互绳中尽可能多的双脚轮换跳。

2.口令

"裁判员准备"→"运动员准备"→"预备"→"跳"（或哨音）→"15"→"30"→"45"→"换"→"15"→"30"→"45"→"停"（哨音）。

3.技术要求

1）运动员必须采用双脚轮换跳跳法，其他跳法不计数。

2）运动员在指定的场地内比赛为有效动作。

3）按口令要求摇、跳绳者必须从静止开始，在"换"的口令下达后，跳绳者允许互换，否则视为抢跳或抢换，每次犯规都从比赛应得数中扣除5次。

4）跳绳顺序。例如，4名运动员编号分别设为A、B、C、D。摇绳互换顺序为：A和B摇绳，C面向B跳绳，在"换"的口令下达后，A、B继续摇绳，C、D交换，D面向B跳绳，直到时间结束。每位运动员必须面向正确的方向摇，跳绳才被计数，如方向错误，计数暂停，时间不间断，主裁判提醒其从绳外纠正方向后继续比赛，再累积计数，直到时间结束。

5）其他同30秒单摇跳。

4.计分方法

跳绳运动员双脚轮换跳累计右脚成功次数。其他计分方法同30秒单摇跳。

二、花样赛

（一）单绳花样

1.目标

在60~75秒时间内按照跳绳运动的基本规律，在精心制作的音乐的引领下，合理运用身体姿势的变化或人、绳之间的配合，凭借选手的想象力和创造性将各种单绳技术动作与音乐有机地融合在一起，全面展现单绳项目的技巧性和艺术性。

2.口令

"裁判员准备"→"运动员准备"→"开始"（音乐），计时员在"75秒"时会宣告"时间到"。

3.技术要求

1）每人只限一绳，不能添加其他特殊装备。

2）运动员在指定的场地内比赛为有效动作。

3）轻微失误扣除12.5分/次、严重失误扣除25分/次。

4）在一套花样中，重复花样不会再次评分。相同的花样以前摇绳或以后摇绳做出将被视为不同的动作，将被再次评分，难度级别参照动作难度表。

5）在两人（或以上）团体单绳花样中，只有动作同步时才评判难度分，互动配合等特殊的动作编排除外。车轮跳动作不予评分。

4.评分因素

单绳花样评分因素由动作难度、创意编排和规定动作3部分构成。

（1）动作难度50%（满分100分）

单绳动作种类按项目分为：单绳个人花样、单绳团体花样（双人和四人）。单绳花样难度动作分为以下7个类别：基本动作、交叉动作、多摇动作、体操动作、力量动作、放绳动作和配合动作，技术动作分为1至6级。过量的3（4）级动作，每个可以换算为1.5个2（3）级动作。

单绳花样动作难度等级要点：单绳动作总共分为6个难度等级，从简到难排列为1级难度到6级难度；重复出现的动作不会重复计算，除非此动作是以不同特殊交叉组合出现；正摇动作和反摇动作不算重复，难度等级一致，除了双手在背后的反摇动作难度等级比正摇高1级（双手背交叉TS、双手膝后交叉AS、一手膝后一手背后交叉CL）；任何一个难度动作都属于以上其中一个类别。

单绳花样动作难度分级标准及动作种类，如表2-3所示。

表2-3 花样跳绳动作难度分值计算表

	类别	一级	二级	三级	四级	五级	六级
个人花样	分值		3/（1.5×1.5×1.5）	3/（1.5×1.5）	3/1.5	3	3×1.5
	最高分		10	20	30	—	—
	满分个数		12	15	15	—	—

续表

类别		一级	二级	三级	四级	五级	六级
团体花样	分值		3.5/（1.5×1.5×1.5）	3.5/（1.5×1.5）	3.5/1.5	3.5	3.5×1.5
	最高分		10	20	30	—	—
	满分个数		10	13	13	—	—

单绳花样动作分为基本动作、交叉动作、多摇动作、体操动作、力量动作、放绳动作和配合动作7种。

①基本动作

双手分别在对应体侧位置打开的一跳一摇（单直摇）、两跳一摇都属于基本动作。基本动作单独出现时没有难度等级，如果和体操、力量、放绳等动作组合出现时，可算一级难度动作。在基本动作中出现清晰的步法变换都属于一级难度动作。裁判评分时不记录任何一级难度动作。

②交叉动作

交叉动作指在完成两跳一摇或一跳一摇动作时，手臂与手臂或手臂与身体其他部位出现交叉动作的单摇或跳绳花样。交叉动作的难度等级，如表2-4所示。

表2-4　交叉动作的难度等级

难度等级	动作要求
一级难度	基本交叉单摇跳
二级难度	一手或两手在胯下或身体其他部分的交叉单摇动作；异侧胯下交叉（toad），前后交叉（EB），膝后交叉（AS），膝后背后交叉（CL），同侧胯下交叉（inverse toad），双手单腿下交叉（elephant toad），两腿落地的异侧胯下交叉（weave），两腿落地的同侧胯下交叉（inverse weave），背交叉（TS），膝后颈后交叉（KN），双腿胯下交叉（caboosecougar）和双腿胯下直摇（caboose）
三级难度	1.两手在身后的反摇交叉单摇动作，如反摇背交叉（TS）、反摇膝后交叉（AS）、反摇膝后背后交叉（CL） 2.手臂在限制位的特殊交叉后续的打开动作，如：异侧胯下限制交叉打开（toad open），同侧胯下限制位交叉打开Inverse toad open）双腿胯下交叉打开（caboose cross open），双腿胯下直摇打开（caboose open）

续表

难度等级	动作要求
三级难度	3.两手由特殊位置的交叉动作连续变换的第二个特殊交叉动作，如：AS—CL，toad-elephanttoad，inverse toad-elephant toad 注：如果变换期间两个动作之间出现打开动作，则不增加难度；toads为2~2难度
四级难度	1.连续完成的第二个对称的特殊交叉动作，如：由左手在内抬右腿的toad直接变成的右手在内抬左腿的toad，第二个对称的同侧胯下直摇（cougar），第二个对称的异侧交叉腑下（inversetoad） 2.手臂交叉方式不变，两腿互换的第二个特殊交叉动作，如抬右脚（inverse toad）~抬左脚（toad）为2~4难度 3.后摇三级的特殊交叉的连续转换，同时两手的上下位置发生转变，第二个特殊交叉增加一个难度等级，如后摇CL（右手在上）~AS（左手在上）为3~4难度

③多摇动作

多摇动作指跳起时、绳子在空中至少经过脚下两次的跳绳动作。

1）双摇为一级难度、三摇为二级难度、四摇为三级难度，依次类推，如表2-5所示。

2）为了鼓励运动员创编更多的多摇动作，跳起侧甩等同于一次直摇。第一圈是侧甩的多摇动作须在绳子落地前起跳，否则该动作摇数减少一级。

3）多摇的最后一次须过身体才算完整的多摇，否则摇数减少一次。

4）无论如何高级的多摇动作，最高加到六级难度。

5）一个多摇跳里面出现两种特殊动作叠加，则把两个动作相加减一级难度。

表2-5　增加难度对照表（在第一条的基础上额外增加）

增加难度级数	动作要求
增加一级	1.含有基本交叉的多摇难度等级增加一级 2.如果在完成多摇时身体在垂直方向完成一个360°旋转，那么难度额外增加一级 3.以二级动作落地的多摇跳难度增加一级

续表

增加难度级数	动作要求
增加二级	1.以三级动作落地的多摇难度增加二级 2.空中完成一个二级难度动作的增加二级
增加三级	1.以四级动作落地的多摇难度增加三级 2.空中完成一个三级难度动作的增加三级
增加四级	1.以五级动作落地的多摇难度增加四级 2.空中完成一个四级难度动作的增加四级

④体操动作

体操动作是指连接、穿插有与跳绳动作连贯配合的体操动作,其难度等级与动作要求,如表2-6所示。

表2-6 体操动作难度对照表

难度等级	动作要求
一级难度	与跳绳动作连贯配合的绳子没有过脚的简单体操动作,如在完成侧手翻时绳子没有过脚
二级难度	与跳绳动作连贯配合的绳子过脚的简单体操动作、在原动作难度等级上加一级难度,如前滚翻时过绳子的动作为二级难度
三级难度	难度略大的体操动作配合跳绳动作过身体完成、在原地动作基础上加二级难度,如前、后手翻时过绳子的动作都为三级难度
四级难度	完全腾空的体操动作配合跳绳动作过身体完成、在原动作基础上加三级难度,如前、后空翻时过基本单摇、双摇的动作都为四级难度
五级难度	完全腾空的体操动作配合特殊跳绳动作过身体完成、在原动作基础上加四级难度,如前、后空翻时过特殊双摇以上的动作都为五级难度

⑤力量动作

力量动作是指从力量动作开始或以力量动作结束的、与跳绳动作连贯配合的动作。力量动作绳子须过身体。从跳绳动作进入力量动作和从力量动作出来做跳绳动作为不重复的动作。

1）绳子过身体后以力量动作结束的动作在原动作难度上加1级，如单摇加俯撑难度为2级，反单摇加前撑难度为2级。

2）从力量动作中出绳，在原动作难度上加1级，如前撑后过单摇落地难度为2级。

3）绳子过身体后以单手力量动作结束或者从单手力量动作中出绳，在原动作难度上加2级，如单摇手俯撑结束难度为4级、单手前撑后过交叉难度为3级。

4）从力量动作中反摇出绳在原动作基础上难度加3级，如前撑后过反单摇落地难度为4级。

5）从力量动作中出绳后再以力量动作结束的动作，要增加额外的2级难度，如俯撑后过单摇再以俯卧撑结束难度是4级。

6）从一个下蹲的动作直接进入成前撑，要额外增加2级难度，如"AS-前撑"是5级难度。

⑥放绳动作

放绳动作是指在完成跳绳动作时，连接、穿插有单、双手放绳动作的花样。其难度级别，如表2-7所示。

表2-7 放绳花样的难度级别

难度级别	动作要求
二级难度	从地上或者身上接住一个不完全旋转的手柄或者从空中接住一个不旋转的手柄
三级难度	从空中接住一个旋转的手柄或者从空中接住两个不旋转的手柄
四级难度	在空中接住两个旋转的或者在限制位接住一个旋转的手柄、身体腾空时接住一个旋转的手柄并且落地前绳子过身体
五级难度	有一手在限制位接住两个空中旋转的手柄身体在腾空时、一手在限制位接住一个空中旋转的手柄并且落地前绳子过身体
六级难度	其他更难的放绳动作都是6级

⑦配合动作

1）两人都过绳或者一个未过绳但在限制位的配合动作在原动作难度上加1级。

2）一人未过绳且绳子没有在限制位的动作和单绳难度等同。

（2）创意编排占比40%（满分100分）

创意编排（40分）＝音乐运用（15分）＋场地移动（5分）＋完成质量（10分）＋娱乐价值（10分）

①音乐运用（15分）

整套花样动作的节拍要和音乐节拍吻合（7.5分），具体对应分值，如表2-8所示。

表2-8 音乐节拍吻合对照表

分值（分）	动作合拍性
0	所有时间都不跟拍子
1~1.5	极少时间跟上拍子
1.5~3	少部分时间跟上拍子
3~4.5	一半时间跟上拍子
4.5~6	大部分时间跟上拍子
6~7.5	极大部分时间跟上拍子
7.5	所有时间跟上拍子

在完成特殊动作时是否配有特殊的音效（7.5分）。每使用一次特殊音效得0.8分，最高7.5分。

②场地运用（5分）

场地运用对应分值，如表2-9所示。

表2-9 场地运用对照表

分值（分）	场地运用
0	没有移动
0~1	极少移动
1~2	偶尔移动

续表

分值（分）	场地运用
2~3	一半时间移动
3~4	大部分时间在移动
2~3	极大部分时间在移动

③完成质量（10分）

每次轻微不足扣除0.25分、严重不足扣除0.5分。

④娱乐价值（10分）

此项分值取决于比赛的创意性、艺术感、新奇性、原创性、娱乐感及对观众的吸引力，如表2-10所示。

表2-10　娱乐价值对照表

分值（分）	娱乐价值
0~2	毫无亮点
2~4	有1次亮点
4~6	有2次亮点
6~8	有3次亮点
8~10	有4次亮点
10	有5次以上亮点

（3）规定动作占比10%（满分100分）

规定动作满分为10分：规定动作得分（个人）=所得分数×10/12；规定动作得分（团体）=所得分数×10/14。其对应分值，如表2-11所示。

表2-11　规定动作分值对照表

分值	动作描述
2分	2组清晰独立的特殊交叉（基本交叉除外的其他交叉）动作，可以是交叉或者多摇类，每组至少4个，两组动作之间至少间隔其他类别三个技术动作

续表

分值	动作描述
2分	2组清晰独立的多摇(至少三摇)动作、每组至少4个、两组动作之间至少间隔其他类别三个技术动作
2分	2个不同的体操动作
2分	2个不同的力量动作
2分	2组后摇至少二级难度的动作、每组至少4个(可不连续、但不可间隔前摇动作)、两组之间必须间隔前摇动作
2分	2个放绳动作
2分(两人同步与四人同步)	2个不同的互动动作

5.计分方法

(1) 难度分

从5个成绩中去除一个最高分、一个最低分,剩余3个成绩的平均值乘以2.5(最高250分)为最后的难度分,记作T1。

(2) 创意分

从5个成绩中去除一个最高分、一个最低分,剩余3个成绩的平均值乘以5(最高200分)为最后的创意分,记作T2。

(3) 规定动作分

计算3个成绩的平均分并乘以5(最高50分),为最后的规定动作分值,记作T3。

(4) 创意、规定总分

T2和T3的和为创意、规定总分,计作T4。

(5) 失误

1) 每个小失误扣12.5分;大失误扣25分。

2) 从3名裁判和主裁判中除去一个最高分、一个最低分,剩余两个成绩求平均值,这个平均值加上因为时间违规、空间违规及交互绳中少数的失误扣分，形成总失误扣分，记作T5。

3）总扣分的一半从难度分T1中扣除，一半从创意和规定动作分值T4扣除。

（6）最终单绳花样成绩

单绳最高分（T1+T4-T5）为500分。在相应比赛结束后减去失误分后最终难度分（TI-T5/2）与减去失误分后创意，规定总分（T4-T5/2）将被除以25作为非官方值显示（在0.00~10.00之间）。

（7）排名

创意排名和难度排名的平均值规定为该项目的排名。（如：若难度排名18、创意排名5，则花样赛排名为11.5）。如果赛中创意排名和难度排名有并列现象、m个选手并列在第n名上，那么所有m名选手都被授予第n名、而下一名的选手将被授予n+m。如果花样排名并列，如均为11.5名，那么由他们的总分来决定最终排名。

（二）车轮花样

1.目标

车轮跳花样：一般是指两个或两个以上运动员各持一绳，内侧绳结绳交叉，相邻绳子一次交替旋转打地，协同配合轮流完成各种摇跳绳技巧与变化的跳绳技术。

车轮跳项目在60~75秒时间内按照跳绳运动的基本规律，合理运用身体姿势的变化或人、绳之间的配合，凭借选手的想象力和创意将各种车轮跳技术动作与音乐有机地融合在一起、全面展示该项目的技巧性与艺术性。

2.口令

"裁判员准备"→"运动员准备"→开始音乐、记时员在"75秒"时宣告"时间到"。

3.技术要求

1）每人只限一绳，不能添加其他器材或特殊装备。

2）在整套动作中相邻绳子必须依次交替旋转打地完成的车轮跳摇，跳绳动作才予以评分（放绳等特殊的动作编排除外）。

3）运动员在指定的场地内比赛为有效动作。

4）轻微失误扣除12.5分/次、严重失误扣除25分/次。

5）在一套花样中重复花样不会再次评分；相同的花样以同面正向摇绳，同面反向摇绳或异面摇绳做出将被视作不同的动作，将会再次被评分，其难度级别相同。

4.评分因素

车轮跳比赛分数由动作难度、创意编排和规定动作3部分构成。

（1）动作难度占比50%（满分100分）

①车轮跳动作难度等级要点

车轮跳动作总共分为5个难度等级，从简到难排列为1级难度到5级难度重复出现的动作不会重复计分。正摇动作、反摇动作和异面动作不算重复，难度等级一致。两个跳绳者出现不同动作，难度按较低等级计分。交叉类动作需两人同时完成同一个动作才能判定相应难度等级，若两人动作不同，按难度等级低的动作判定；一个动作需要增加两个或两个以上类别的难度等级，难度累计总数减1。

②车轮跳动作难度分级标准及动作种类

技术动作分为1至5级，过量的3（4）级动作，每个可以换算为1.5个2（3）级动作。动作难度等级对应分值，如表2-12所示。

表2-12 动作难度等级对应分值表

	类别	一级	二级	三级	四级	五级
车轮花样	分值（分）		3/（1.5×1.5×1.5）	3/（1.5×1.5）	3/1.5	3
	最高分（分）		10	20		30
	满分个数（个）		12	15		15

车轮跳花样难度动作分为基本动作、交叉动作、转体动作、换位动作、多摇动作、体操力量动作和放绳动作7类。

基本动作是指原地直体完成的单摇车轮跳动作，包括同面的正、反向摇绳，异面摇绳及在此基础上的步法变化。基本动作均属于一级难度。

交叉动作是指手臂与手臂或手臂与身体其他部位出现交叉的动作。其难度级别及动作要求，如表2-13所示。

表2-13　交叉动作难度对应表

难度级别	动作要求
二级难度	基本交叉单摇花样
三级难度	特殊体位交叉单摇花样

转体动作是指完成动作时，单人或双人出现肢体相对位置转动时的车轮跳花样。

1）转体动作为内转一周（一人或两人同时往侧转体一周）时，单独出现为1级难度，和其他动作组合出现且转体者未过绳则在另一个动作难度基础上减1，如"交叉+内转360°"难度为1级。

2）两人同时转体时转体者有过绳，难度等级为2级，有过绳的转体动作和其他动作组合时，难度和另一动作保持不变，如直摇同向转体难度为2级，"交叉+外转360°"难度为2级。

换位动作是指完成动作时，单人或双人出现肢体相对位置变换的车轮跳花样。完成动作时出现换位则在原动作难度等级上加1级。

多摇动作是指上述动作以多摇形式出现。双摇和二摇动作在原动作难度等级上加1级，四摇动作在原动作等级上加2级。

体操力量动作是指一人或两人在跳车轮跳的同时出现体操或者力量动作。

1）出现单人力量动作在原动作基础上加2级，如一人摇一人单手前撑难度为2级。

2）出现简单体操动作在原动作基础上加2级，如一人侧手翻一人内转360°难度为3级。

3）出现腾空的体操动作在原动作基础上加3级，如一人前空翻一人内转

360°难度为4级。

放绳花样是指在完成跳绳动作时，连接、穿插有单、双手放绳动作的花样。不同难度级别及动作要求，如表2-14所示。

表2-14 放绳动作难度对应表

难度级别	动作要求
二级难度	从地上或者身上接住一个不完全旋转的手柄或者从空中接住一个不旋转的手柄
三级难度	从空中接住一个旋转的或者从空中接住两个不旋转的手柄
四级难度	在空中接住两个旋转的或者在限制位接住一个旋转的手柄、身体腾空时接住一个旋转的手柄并且落地前绳子过身体
五级难度	身体在腾空时有一手在限制位接住两个空中旋转的手柄、一手在限制位接住一个空中旋转的手柄并且落地前绳子过身体

（2）创意编排占比40%（满分100分）

创意编排（40分）=音乐运用（15分）+场地移动（5分）+完成质量（10分）+娱乐价值（10分）

创意编排各部分计分方法同单绳花样。

（3）规定动作占比10%（满分100分）

规定动作满分10分，具体得分如表2-15所示。

表2-15 规定动作分值

分值	动作描述
2分	2组清晰独立的交叉组合（两人动作种类可以相同也可以不同，中间不可有单摇过渡）动作，每组至少3个，且中间需出现两个不同的特殊位置交叉，两组动作之间至少间隔其他类别三个技术动作
2分	2组反摇动作，每组3个，中间可以有不超过3个的单摇过渡，两组动作之间至少间隔其他类别三个技术动作
2分	2个不同的换位组合动作
2分	1个放绳动作
2分	2个不同的多摇动作

5.计分方法

计分方法同单绳花样。

（三）交互绳花样

1.目标

在60~75秒时间内按照跳绳运动的基本规律，合理运用身体姿势的变化或人、绳之间的配合，凭借选手的想象力和创意将各种交互绳技术动作与音乐有机地融合在一起，全面展示交互绳项目的技巧性和艺术性。

2.口令

"裁判员准备"→"运动员准备"→"开始"（音乐），计时员在"75秒"时宣告"时间到"。

3.技术要求

只限一副交互绳，不能添加其他器材或特殊装备。所有的摇绳人都必须成为跳绳者，并且在绳内做至少3个不同动作才算有效。所有的跳绳者必须也要摇绳。如果未达到要求，每个跳绳者缺少一个花样将扣5分。对两绳依次交替旋转打地的动作给予评分，对两绳同时着地的动作不予评分。如摇绳者花样出现变化，跳绳者重复的花样可再次评分；如跳绳者花样出现变化，摇绳者重复交换后相同的花样算重复。运动员在指定的场地内比赛为有效动作。轻微失误扣除12.5分/次，严重失误扣除25分/次，只有2个人在摇绳时，裁判才可以给难度分。

4.评分因素

绳花样评分因素由动作难度、创意编排和规定动作3部分构成。

（1）难度占比50%（满分100分）

技术动作分为1至5级，1级最低，5级最高。过量的3（4）级动作，每个可以换算为1.5个2（3）级动作。交互绳花样动作难度分值计算，如表2-16所示。

第二章 花样跳绳的教学训练与竞赛规则

表2-16 难度等级对应分值表

类别		一级	二级	三级	四级	五级
车轮花样	分值（分）		3/（1.5×1.5×1.5）	3/（1.5×1.5）	3/1.5	3
	最高分（分）		10	20	30	
	满分个数（个）		12	15	15	

①三人交互绳花样跳绳者难度

三人交互绳花样跳绳动作分为步法、力量动作和体操动作，其难度级别和动作要求，如表2-17所示。

表2-17 难度等级对应分值表

难度等级	动作要求
一级难度	基本步法（并脚和单脚轮换跳不算），每变换一次脚的位置算一个步伐
二级难度	所有力量动作的进退与滚翻
三级难度	1.从一个力量动作转换到另一个力量动作，如俯卧撑—前撑； 2.鲤鱼打挺、前手翻和后手翻
四级难度	所有空翻动作

②四人交互绳花样跳绳者难度

只有所有运动员参与时才能给分。四人交互绳花样跳绳难度在于：个人独立完成相同难度动作，同三人交互绳花样；独立完成不同的动作，选择较低难度；若一人做力量，另一人做空翻的同时越过做力量的那个人，则选择较高难度。

两个跳绳者有相互接触或叠加的动作，增加一级难度（步法除外），需要同伴完成的动作减一级难度。

四人交互绳花样动作难度等级，如表2-18所示。

表2-18　交互绳难度对照表

难度等级	动作要求
1级	1.两人同时做了相同或不同的一级难度动作 2.其中一人做了一级难度动作
2级	1.两人同时做了相同或者不同的二级难度动作 2.一人做三级另一人做二级难度动作 3.所有类似山羊跳（跳过一人）的动作为二级难度
3级	1.两人同时做了相同或不同的三级难度动作 2.一人帮助另一人完成四级难度动作 3.两人同时完成二级难度动作时出现接触或叠加
4级	1.两人同时做了相同或不同的四级难度动作 2.两人同时完成三级难度动作时出现接触或叠加 3.一人做二级难度动作，另一人做四级难度动作的同时越过做二级动作的人

③摇绳者难度

难度分类如下：

1）摇绳者不跳绳，看同一根绳子的两手是否受限；

2）摇绳者跳绳，看跳绳的那个人的两手是否受限，如果两个摇绳者都跳绳则选择较高难度。

难度解析如下：

1）摇绳者不跳绳，则一手受限为一级难度；两手受限为二级难度。

2）摇绳者跳绳，则两手不受限为一级难度；一手受限为二级难度；两手受限为三级难度。

多摇动作对应难度如下：

双摇额外多加一级难度，三、四摇额外增加二级难度，更多摇的额外增加三级难度。

放绳对应难度如下：

1）正常接住绳子，但不能继续流畅摇绳为二级难度。

2）正常接住绳子，并且能继续流畅摇绳为三级难度。

3）接绳手受限接住绳子，但不能继续流畅摇绳为三级难度。

4）接绳手受限接住绳子，并且能继续流畅摇绳为四级难度。

摇绳方式如下：

握绳方式必须不断变化才可以不断拿到摇绳的难度分，同一种摇绳难度动作出现两次，只要中间做了不同的摇绳动作，就可以继续给分；如果摇绳方式一直保持不变，那么难度分只给第一次。

（2）创意编排占比40%（满分100分）

交互绳创意分（40分）=音乐运用（15分）+场地运用（2.5分）+完成质量（7.5分）+娱乐价值（10分）+互动环节（5分）

①音乐应用（15分）

音乐应用部分计分方法与单绳花样相同。

②场地运用（2.5分）

场地运用部分对应分值，如表2-19所示。

表2-19 场地运用部分对应分值

分值（分）	场地运用
0	没有移动
0~0.5	极少移动
0.5~1	偶尔移动
1~1.5	一半时间移动
1.5~2	大部分时间在移动
2~2.5	极大部分时间在移动

③完成质量（7.5分）

每次轻微不足扣除0.2分，严重不足扣除0.4分。

④娱乐价值（10分）

娱乐价值部分计分方法与单绳花样相同。

⑤互动环节（5分）

互动环节是指跳绳者与摇绳者之间的互动（基本换接绳除外），其计分方法如表2-20所示。

表2-20　互动分值对照表

分值（分）	互动次数
0~1	没有互动（根据基本换接绳的次数给分）
1~2	有1次互动
2~3	有2次互动
3~4	有3次互动
4~5	有4次互动
5	有5次以上互动

（3）规定动作10%

规定动作满分为10分，规定动作得分=所得分数×10/8。其得分如表2-21所示。

表2-21　规定动作分值对照表

分值（分）	动作描述
2	2组连续力量动作，每周至少4个，每周之间有明显间隔
2	2个体操动作
4	4个速度变化（快速步法或者多摇）

5.计分方法

计分方法同单绳花样。

三、表演赛评分细则

（一）展示时间

4~8分钟

（二）人数要求

8~16人

（三）失误判定

由场上活跃选手的百分比决定分数，每个重大失误将从总分中扣除1分，每个小失误扣除0.5分。重大失误指至少影响场上半数活跃队员的失误或者任何持续4秒以上停顿的失误，其他失误均认为是小型失误。

例如，12名场上选手（两组交互绳），其中一组失误，系一次重大失误；6名场上选手（三组双人车轮），其中一组失误，系一次小型失误；12名场上选手（均个人花样），其中三人各失误一次，系三次小型失误；12名场上选手（4组三人车轮）其中一组失误，但是花费5秒以上才解开绳子重新开始，系一次重大失误。

（四）技术要求

每支队伍需要在音乐的伴奏下，完成一个优美的、充满趣味性和创新性的表演，要求能给观众带来愉悦感和美的享受，且能展现高超的技术动作和不同的跳绳元素。所展示的跳绳元素必须包括单人绳、交互绳、长绳、车轮跳等，但不能局限于这些动作。每支队伍在展示动作时应尽可能多的使队员参与其中，其间，运动员可运用各种长度的绳子，其中长绳长度必须达到或超过7米。

（五）评分因素

表演赛比赛分数由动作难度、创意编排和娱乐展示3部分构成。

1.动作难度占比40%（满分100分）

（1）难度动作与分值对照

难度动作与对应，如表2-22所示。

表2-22 难度分值对照表

难度各类	分值（分）
难度等级	10分
跳绳动作元素	10分
跳绳形式	10分
队员之间互动	10分
元素转换	10分
小计	50分（满分100分的40%）

（2）各部分具体评分因素

难度等级为10分，队员的表演动作难度越高，得分会更高。其难度级别及分值划分如表2-23所示。

表2-23 难度级别级分值划分

难度等级（分）	动作要求
0~2	队伍展示的大部分动作为基本动作
3~4	队伍展示过程中穿插有中级动作
5~6	整个展示过程大部分由中级动作组成
7~8	有些队员展示了高级动作、大部分队员展示了中级动作
9~10	大部分队员展示了持续高级动作

跳绳动作元素为10分，当跳绳元素组合完成动作时，难度将增加。例如，在交互绳中完成单绳或在长绳中完成车轮跳。在高难度下完成更多元素的队伍将获得更高的分数。其难度级别及分值划分如表2-24所示。

表2-24 跳绳动作元素对照表

跳绳动作元素（分）	动作要求
0~2	队伍展示了部分元素，或者展示的元素只有初级难度
3~4	—

第二章　花样跳绳的教学训练与竞赛规则

续表

跳绳动作元素（分）	动作要求
5~6	展示了大部分传统元素、并有中级难度
7~8	—
9~10	有创新元素和传统元素交错、展示了众多元素、并有高级难度

跳绳形式为10分，其目的在于向观众展示多种跳绳形式，如交叉组合、多摇、力量、绳向变化及各种形式的组合等；展示多种跳绳形式的队伍会比高度熟练掌握少数跳绳形式的队伍得分高。其难度级别及分值划分如表2-25所示。

表2-25　跳绳形式分值对照表

跳绳形式（分）	动作要求
0~2	队伍展示少数动作形式且多为初中级难度
3~4	—
5~6	队伍展示多数动作形式且多为中级难度
7~8	—
9~10	队伍展示多数动作形式、且有创新部分；或展示的动作形式多为高难度

队员之间互动为10分。队员之间互动越多，动作难度越高，分数越高。例如，握住对方的绳柄，和对方转换手柄，换位等；队员在互动过程中，其失误对队友的影响程度。其难度级别及分值划分如表2-26所示。

表2-26　互动分值对照表

队员之间互动（分）	动作要求
0~2	在队员间有很少的初级互动
3~4	队员间有一些初级互动
5~6	在队员间有频繁的中级互动
7~8	在队员间有频繁的中级互动、穿插一些高级互动
9~10	在队员间有持续的高级互动

元素转换为10分，评分标准为从一个跳绳元素变换到另一个跳绳元素的流畅度及变换难度。其难度级别及分值划分如表2-27所示。

表2-27 元素转换分值对照表

元素转换（分）	动作要求
0~2	停绳下来进行转换
3~4	保持绳子运动、仅有少数简单的变换
5~6	有中级难度的变换
7~8	有中级难度的变换、穿插高级难度变换
9~10	在整个展示过程中变换流畅而复杂

2.创意编排占40%（满分100分）

（1）创意编排与分值对应

创意编排与分值对应，如表2-28所示。

表2-28 创意编排分值对照表

创意编排因素	分值（分）
同步性	10分
完成效果	10分
原创性	10分
音乐使用	10分
小计	40分（满分100分的40%）

（2）各部分具体评分因素

同步性为10分，是指队伍在表演过程中的同步性。其难度级别及分值划分如表2-29所示。

表2-29 同步性分值对照表

同步性（分）	动作要求
0~2	多数队员在多数时间都不同步

第二章 花样跳绳的教学训练与竞赛规则

续表

同步性（分）	动作要求
3~4	部分队员表演过程中出现不同步
5~6	少数队员表演过程中出现不同步
7~8	极少数队员表演过程不同步、但不影响整体表演效果
9~10	除个别被舞蹈需求安排以外、所有的队员都十分同步

完成效果为10分，指跳绳队员的姿态以及队形变换移动的准确度和效果。其难度级别及分值划分如表2-30所示。

表2-30 完成效果分值对照表

同步性（分）	动作要求
0~2	站位很随意、很少排成规矩的队形
3~4	站位随意、队形变化不整齐
5~6	姿态自然、有明显的队形变化
7~8	姿态完美、在表演过程中运用多种阵型
9~10	动作姿态流畅有美感、队形变换精确且具有美感

原创性为10分，指富有想象力和独特的动作、跳绳元素、阵型、变换和组合的运用。其难度级别及分值划分如表2-31所示。

表2-31 原创性分值对照表

原创性（分）	动作要求
0~2	大量无聊而又重复的表演
3~4	表演过程中有少量新奇的动作元素、阵型变换组合
5~6	表演过程中有多处新奇的动作元素、阵型变换组合
7~8	整体表演过程中有大量新奇的动作元素、阵型变换组合
9~10	整体表演过程中充满新奇的动作元素、阵型变换组合

音乐的使用为10分，指音乐与跳绳风格和节奏相吻合，且跳绳应增强音乐

的效果。其难度级别及分值划分如表2-32所示。

表2-32　音乐使用分值对照表

原创性（分）	动作要求
0~2	音乐只是简单的播放、与跳绳节奏不匹配
3~4	跳绳整体和音乐合拍、舞蹈感不强烈、音乐变化略微与跳绳节奏匹配
5~6	跳绳整体和音乐合拍、舞蹈突出部分表演内容、音乐变化与跳绳节奏匹配
7~8	跳绳整体和音乐合拍、有强烈的舞蹈感、音乐变化与跳绳节奏匹配
9~10	跳绳整体和音乐完美结合、舞蹈编排特别震撼、音乐与跳绳效果相互增强、音乐跳绳完美匹配

3.娱乐展示占比20%（满分100分）

（1）娱乐展示各部分分值

娱乐展示各部分分值如表2-33所示。

表2-33　娱乐展示各部分分值

娱乐展示因素	分值（分）
娱乐价值	10分
流畅度	10分
细节关注	10分
观众反响	10分
小计	40分（满分100分的20%）

（2）各部分具体评分分值

各部分具体评分分值对应如表2-34所示。

表2-34　娱乐展示分值对照表

娱乐展示（分）	动作要求
0~8	看表演感觉很无聊、既不流畅也没有和观众的互动、没有娱乐价值

续表

娱乐展示（分）	动作要求
9~16	
17~24	整体感觉比较精彩、偶尔会与观众进行互动、考虑表演细节的处理
25~32	
33~40	整体表演非常令人震撼、一直吸引观众瞩目、细节考虑完美

（六）计分方法

表演赛成绩总分计算方式：难度分、创意分相加并减去失误分。

1）在5个难度分中，去除最高分与最低分，剩余三个成绩（每个最高40分）的平均分为难度值，计作C。

2）在5个创意分中，去除最高分与最低分，剩余三个成绩（每个最高60分）的平均分为创意分值，计作Y。

3）失误由3名裁判员单独判定，若总分为100分，每个重大失误将扣除1.0分；每个小型失误扣除0.5分。这3个成绩平均值为失误分值，记作Z。

4）最终成绩A=C+Y–Z。

四、通级赛评分细则

（一）项目设置

（1）个人速度跳绳1~6级

（2）个人花样跳绳1~6级

（二）参演人数及要求

（1）个人花样赛每队每项参赛人数为5~16人

（2）参赛人员性别不限

（3）每队可有4名替补人员

（三）评分因素

1. 个人速度跳绳

1）跳绳者双手摇绳，双脚以并脚或交换跳绳的方法跳绳。每跳一次，绳越过头顶并通过脚下绕身体一周（360°）。

2）运动员在规定场地内比赛为有效动作。

3）按口令要求人、绳都从静止开始跳，抢跳将从应得数中扣除5次。

2. 个人花样跳绳（80s~100s）

（1）个人花样跳绳违规减分因素

个人花样跳绳违规减分因素，如表2-35所示。

表2-35 主裁判违规减分因素表

分值	违规因素
5分/每次	更改规定动作内容
5分/每次	有悖奥林匹克精神或不符合安全要求的动作
5分/每次	音乐问题 时间不足或超过规定时间 音乐质量差 音乐速度不符合要求
5分/每次	运动员的着装仪容不符合规定 露出身体的隐私部位 运动员没有着护体内衣 运动员运动中露出内衣 运动员怪异发型及肤色 运动员头发遮盖脸部 运动员发带、鞋带散开或脱落 男女运动员的着装与仪表不协调一致
5分/每次	出界
5分/每人/每次	套路中断4秒以上
取消比赛资格	未出场（如运动员被叫到后60秒未出场为弃权）

(2)规定套路评分因素

①创意编排(50分)

创意编排要体现体育竞赛的公平公正、弘扬体育精神、体现跳绳运动积极向上、不断创新的精神；创意编排不仅要完成等级规定的动作，还要能够体现健康向上、姿态优美、全面发展的身体素质，安全无损伤且兼具观赏性原则。评判将按照下列评分标准，依据评分尺度，予以最高50分的评判。具体评分如表2-36所示。

表2-36 创意编排分值对照表

评分因素	评分内容	评分尺度及分值
特定动作（10分）	合理安排本级别8个规定动作、每个动作至少完成2个八拍、具有观赏性和创新性	优秀（45~50分） 很好（40~45分） 好（35~40分） 满意（25~35分） 差（0~25分）
音乐的使用（10分）	音乐选编与成套动作匹配、动作设计与音乐节奏及乐句结构相吻合、音乐能够有效提升花样跳绳项目特征	
过度连接、成套的创编（10分）	不同动作内容和不同队形之间的衔接连贯、流畅、自然、无停顿，成套动作给人感觉整体流畅、一气呵成	
场地空间运用（10分）	成套创编最大限度使用比赛场地，要求至少出现5次以上队形的变化，充分体现立体空间的层次变化	
现场表现效果（10分）	运动员外形整洁、干练，能瞬间吸引观众，表现出朝气蓬勃的精神面貌；运动员的动作充满活力，其娴熟的动作技巧表现出健康的体能素质，运动员全身心的激情投入与自信，能由内而外地感染观众，引起观众的共鸣	

②完成质量(50分)

完成质量指完美完成所有动作的能力，优秀的成套动作必须展现出完美的绳艺和正确的身体姿势，在完成花样跳绳动作时能充分展现身体的柔韧、力量、速度、平衡、协调及灵敏性等能力；成套动作必须表现与音乐的合拍及多人完成的一致性能力，绳子展现充分、饱满、可控。完成评判按照以下评分标准，依据运动员现场与完美完成不同程度的偏离，予以最高分50分的评判。具体评分如表2-37所示。

表2-37　动作完成质量分值对照表

评分因素	评分内容	评分尺度及分值
动作的准确性（10分）	身体姿势、部位准确，技术规范、动作方向清楚，完美控制	优秀（45~50分） 很好（40~45分） 好（35~40分） 满意（25~35分） 差（0~25分）
动作的熟练性（10分）	动作速度协调、娴熟、轻松流畅	
动作的合拍性（10分）	成套动作完成的节奏与音乐的合拍表现程度	
运动能力的一致性（10分）	团队在整队完成动作时运动范围的一致性体现，整体完成动作时所有队员运动能力的均衡一致性	
表演技巧的一致性（10分）	作为一个整体所具有的一致性表演技巧	

（四）计分方式

1.个人速度跳绳计分方式

1）双脚同步跳累计跳绳成功通过脚下的次数。

2）双脚轮换跳累计跳绳成功通过右脚脚下的次数，再乘以2。

3）应得数和最终成绩同30秒单摇、3分钟单摇计数方式。

4）个人速度跳绳通级成绩必须参加30秒单摇和3分钟单摇的统计测试，两项都达到本级别的成绩要求，才能成功通级。个人级别的成绩要求如表2-38所示。

表2-38　通级赛等级数量表

运动项目	30秒单摇跳	3分钟单摇跳
一级	70次	300次
二级	90次	380次
三级	105次	460次
四级	120次	540次

续表

运动项目	30秒单摇跳	3分钟单摇跳
五级	130次	620次
六级	140次	700次

2.个人花样跳绳通级计分方式

1）个人花样绳通级成绩总分=创意分+完成质量分−失误分。

2）在5个创意分中，去除最高分与最低分，剩余三个成绩（每个最高50分）的平均分为创意分值，计作A。

3）在5个完成质量分中，去除最高分与最低分，剩余三个成绩（每个最高50分）的平均分为创意分值，计作B。

4）违规由主裁判单独判定，从100分中扣除，计作C。

5）最终成绩：D=A+B−C。

各级别最后成绩在60分以上，予以通级。

五、传统特色项目

（一）1分钟单摇跳

运动员在1分钟的时间内完成尽可能多的单摇跳，其他同30秒单摇。

（二）4×30秒单双摇接力

1.目标

按照规则的要求，4名运动员在120秒不间断的时间内，按照先后顺序依次完成30秒接力跳绳，前两名运动员尽可能多的完成单摇跳，后两名运动员尽可能多的完成双摇跳。

2.口令

"裁判员准备"→"运动员准备"→"预备"→"跳"（或哨音）

→"10"→"20"→"换"→"10"→"20"→"换"→"10"→"20"→"换"→"10"→"20"→"停"（或哨音）。

3.技术要求

1）前两名运动员必须使用单摇跳，后两名运动员必须使用双摇跳；跳法要求同30秒单摇跳和30秒双摇跳。

2）运动员在指定场地内比赛为有效动作。

3）按口令要求起跳必须都从静止开始，且在"换"口令下达后，前后运动员方能进行跳绳接力转换，否则视为抢跳或抢换。每次犯规都从比赛应得数中扣除5次。

4）其他同30秒单摇跳。

4.计分方法

按照单、双摇项目计数方法，单摇为双脚轮换跳时，累计右脚成功次数加上双摇次数为总数；单摇为双脚同步跳时，成功次数除以2加上双摇次数为总数。其他同30秒单摇跳。

（三）3×40秒交互绳单摇接力

1.目标

按照规则的要求，3名运动员在120秒不间断的时间内，按照先后顺序依次以40秒接力的形式轮流摇、跳交互绳，跳绳者在交互绳中完成尽可能多的双脚轮换跳。

2.口令

"裁判员准备"→"运动员准备"→"预备"→"跳"（或哨音）→"10"→"20"→"30"→"换"→"10"→"20"→"30"→"换"→"10"→"20"→"30"→"换"→"10"→"20"→"30"→"停"（或哨音）。

3.技术要求

1）运动员必须采用双脚轮换跳跳法，其他跳法不计数。

2）运动员在指定的场地内比赛为有效动作。

3）按口令要求摇、跳绳者必须从静止开始，在"换"的口令下达后，摇、跳绳者允许在不停绳的情况下，完成摇、跳绳动作的互换，否则视为抢跳或抢换，每次犯规都从比赛应得数中扣除5次。

4）跳绳顺序：准备进绳者必须在跳绳者对面入绳。例如，3名运动员编号分别设定为A、B、C。摇跳互换顺序为：①B和C摇绳，A面向B跳绳，在"换"的口令下达后，A、B完成摇、跳绳动作的互换。②A和C摇绳，B面向C跳绳，在"换"的口令下达后，B、C完成摇、跳绳动作的互换。③C面向A跳绳，直到时间结束。每位运动员必须面向正确的方向摇、跳绳才被计数，如果方向错误，计数暂停，时间不间断，主裁判提醒其从绳外纠正方向后继续比赛，再累积计数，直到时间结束。其他同30秒单摇跳。

4.记分方法

跳绳运动员双脚轮换跳累计右脚成功次数。其他同30秒单摇跳。

（四）3分钟10人长绳集体跳

1.目标

在3分钟时间内，2名运动员同步摇单长绳，其他8名运动员集体在绳中跳绳，绳子同时通过8个人头顶和脚下，并尽可能多地完成集体跳绳次数。

2.口令

"裁判员准备"→"运动员准备"→"预备"→"跳"（或哨音）→"30"→"1分钟"→"30"→"2分钟"→"15"→"30"→"45"→"停"（或哨音）。

3.技术要求

1）运动员在指定的场地内比赛为有效动作。

2）失误不扣分，但失误次数将被记录。

4.记分方法

运动员无论采用何种站立方式，绳子同时通过绳中8名运动员头顶与脚下为成功一次，计数1次，在3分钟内累积成功次数为最后成绩。其他同30秒单摇跳。

（五）连续双摇跳

1.目标

没有时间限制，一次性不间断完成尽可能多的双摇跳。

2.口令

"裁判员准备"→"运动员准备"→"预备"→"跳"（或哨音）。

3.技术要求

1）运动员双手摇绳，双脚同时起跳，每跳起一次，绳跃过头顶通过脚下绕身体二周（720°），称作双摇跳；连续双摇跳是指一次性不间断完成尽可能多的双摇跳，起跳可以有过渡动作，但中间不能间隔或变换其他动作。

2）运动员须在指定的场地内比赛，出现失误、踩线、出界或其他犯规行为，比赛即告结束。

3）运动员必须在开始哨音后15秒内跳出双摇跳，否则比赛即告结束。

4）运动员连续双摇跳不足30个失误时，允许第二次尝试，但必须在15秒内开始第二次起跳，计数重新开始，并以最后一次成绩为准。

4.记分方法

累计一次性不间断完成连续双摇跳的成功次数。其他同30秒单摇跳。

（六）三人单绳双摇同步规定动作团体对抗赛

1.双摇基础动作

（1）双摇基础动作名称

双摇直摇跳：起跳一次，两手直接摇绳，跃过头顶通过脚下绕过身体两周称为双飞直摇跳，简称直摇，标记为OO。

双摇快花跳：起跳一次，两手摇绳跃过头顶通过脚下绕过身体两周，第一周直接摇过，第二周两手臂体前交叉编花摇过，简称"快花"，标记为OC。

双摇扯花跳：起跳一次，两手摇绳跃过头顶通过脚下绕过身体两周，第一周两手臂体前交叉编花摇过，第二周直接摇过，简称"扯花"，标记为CO。

第二章 花样跳绳的教学训练与竞赛规则

双摇凤花跳：跳过一次，两手臂交叉编花摇过身体两周（即固定编花双飞跳），简称"凤花"，标记为CC。

（2）样式

出样方和接样方需要在比赛中完成的技术动作。

出样方：每局比赛中，第一个参与比赛的队伍为出样方。

接样方：每局比赛中，第二个参与比赛的队伍为接样方。

一元样式：一个基础动作作为比赛技术动作叫作一元样式。

二元样式：由两个基础动作组成的套路组合叫作二元样式。

三元样式：由三个基础动作组成的套路组合叫作三元样式。

四元样式：由四个基础动作组成的套路组合叫作四元样式。

（3）局满

完成每局规定动作的最高限定次数，即为局满。

2.竞赛分组

设立男子团体组、女子团体组，每队每项三名队员参赛。

3.竞赛办法

（1）出场顺序

1）首局由抽签决定出样和接样顺序。

2）n局出样方为$n-1$局的胜方。如果$n-1$局为平局，则有$n-1$局的接样方作为n局的出样方。

（2）出样和接样的成绩判定

1）出样方（或接样方）3名队员同步连续完成3个单直摇技术动作后，开始完成当局的规定样式。

2）3名队员同步完成规定样式的次数为该队该局比赛的出样或接样成绩。

（3）出样和接样的结果判定

1）3名运动员中至少1人未能连续完成样式，即可判定出样或接样结束。

2）3名运动员中至少1人未能与其他队员同步完成样式，即可判定出样或接样结束。

3）完成样式次数达到局满，即可判定出样或接样结束。

（4）竞赛时间

1）每局比赛结束后，休息2分钟。

2）每局出样或接样过程中，在裁判员宣布比赛开始后，未能在30秒内参加比赛，可判定该队该局出样或接样结束，成绩为0。

（5）每场比赛胜负判定

1）每场比赛设五局，决胜阶段可设七局。

2）每局比赛结束，胜方得2分，负方不得分，平局各得1分。

3）每场比赛结束，得分高的为胜方。

4）小组赛阶段每场比赛结束后，出现平局，不加赛。淘汰赛阶段每场比赛结束后出现平局，则需加赛一局，直到分出胜负为止。

4.局满设定

不同样式局满设定如表2-39所示。

表2-39 不同样式局满设定

—	一元样式	二元样式	三元样式	四元样式
局满	120次	60次	40次	30次

5.规定样式

规定样式如表2-40所示。

表2-40 规定样式

样式类型	标记方式			
一元样式	OO	OC	CO	CC
二元样式	OO OC	OO CO	OC CC	CO CC
三元样式	OO OC CO	OO OC CC	OO CO CC	CO OC CC
四元样式	OC OO CO CC	CC CO OO OC	OO OC CO CO	CO CC CO OO

6.指定样式

竞赛组委会可以根据竞赛实际情况，指定规定样式。

第三章

跳绳动作套路创编分析

跳绳创编课程教授技术和技能，但最重要的是培养学生的创造力和想象力。通过教授跳绳动作套路创编的基础知识、原则和要素，并结合实际案例进行说明，激励学生创造出具有自己风格和特色的表演。本章主要是有关跳绳动作套路创编的内容，分别从花样赛以及表演赛两大方向进行分析，探索主要依据与原则，分析主要创编要素。

第一节　花样赛套路创编的依据与原则

一、花样跳绳套路创编依据

（一）依据教学大纲创编

《花样跳绳教学大纲》是指导教师进行花样跳绳教学的依据。花样跳绳的编排内容是以教学大纲的教学内容为编排核心编排而成，旨在完成教学任务，适应现代社会发展的需求。

（二）依据比赛规则创编

《花样跳绳比赛规则》既是指导教练员如何训练的方法手册，同时也是训练方向的指航标，在对运动员进行套路编排时首先要考虑是否符合规则要求、是否达到规则要求。以规则为准绳进行准备和创编成套动作是提高比赛成绩的基本要求之一。

（三）根据学生特点进行创编

在花样跳绳的创编教学过程中，要明确编排的对象和目标，应充分考虑教学任务与要求，从学生已掌握的动作素材、学生的身体素质基础、学生的人数和教学条件等实际出发，创编出适合学生、针对性强又具有实效性的成套动作。

（四）依据场地的条件进行创编

花样跳绳的展示多为集体集中展示，对于场地的考虑就尤为重要。因此，在编排成套动作时要考虑跳绳过程中队员之间的距离、动作的幅度、队形的变化等因素，才能使整个套路更加精彩，更具表演性。

二、花样跳绳套路创编原则

花样跳绳种类内容繁多，在编排套路动作时必定要遵循一定的原则，让整个套路更加丰富完整。具体原则如下：

（一）针对性原则

针对性原则是花样跳绳课程的一项关键原则。贯彻针对性原则就是在创编中针对跳绳对象不同年龄的特点，设计不同类型的动作风格和运动负荷量。同一目的、不同性别，其所编内容和运动负荷也不一样。创编体育课准备活动的套路，应选编能充分热身并能逐步提高身体机能水平的动作；创编专门身体训练的套路，应选编与主项技术在动作结构上相同或相近的动作；创编健身套路，应选编简单、有锻炼价值的动作，以适应不同年龄和健康水平的对象练习，达到增强体质和促进健康的目的。

（二）科学性原则

科学安排运动负荷、全面锻炼身体是花样跳绳创编的宗旨。

1.全面锻炼身体

花样跳绳是一项全面锻炼身体各部位的运动项目，不仅能够达到改善身体形态的效果，提高身体的力量、速度、耐力、协调和灵敏等基本素质，还可以增强内脏器官的功能。

2.科学安排运动负荷

整个花样跳绳的套路运动负荷应符合人体机能活动的规律，做到动作由简到繁、强度由弱到强、速度由慢到快，逐步增加运动负荷。特别是在套路中的个人花样、交互绳花样更要根据参与者本身的素质来判定，合理地安排运动负荷，既要达到健身的效果而又不至于超过自身能够负荷的运动强度。

（三）创新原则

一套动作的创意是对艺术的独到追求，也是新探索、新发现。它可能是全新的视角，可能是新方法的使用，也可能是传统方式的新组合和新阐释。创意就是创新、创造和发明，创意也是智慧，创意与想象力有紧密联系。新动作的创意与整套动作的结合，是一种非常复杂的思维活动，其本质是一种需要运用脑力的理性行动。

花样跳绳项目自身的存在和不断的发展，就是一种不断的尝试和创新。个人项目、车轮、交互绳、长绳，不同的组合或不同顺序的存在都是一种创新。为了更好地适应时代的发展，满足人们日益增长的精神文化需求，我们需要不断地创新和刺激以推动项目的发展。例如，在交互绳套路中融入了街舞的步法和音乐节奏，使得整个项目看上去更加时尚、具有活力，更受大家的喜爱。

三、花样跳绳套路创编要素

在创编任何一套花样跳绳动作时，都必须考虑动作、音乐、时间和空间要素。

（一）动作要素

创编花样跳绳套路的基本单位是动作要素。动作要素是编排的基础，也是确定整个套路的风格和难度的关键。因此，在创编过程中首先要考虑的是动作要素，即核心动作，其他所有的动作为核心动作服务。例如，一套个人花样动作，主要以三摇、四摇的相关四级、五级动作为主，以获得相对应的难度分值，同时还需要完成各种规则要求的力量、花样跳绳、抛绳等动作类别要求，但成套动作的难度分及主要的技术风格是由核心多摇动作决定的。

（二）音乐要素

音乐是创编套路的灵魂。音乐能激发创编者的思维和想象力，引起创编者和练习者思想上的共鸣，有助于成套风格的确定和创作思路的表达，使作品更具包容性。例如，2013年全国绿色运动大会跳绳比赛中女子个人花样冠军——王扬，她的套路采用了部分京剧的元素，展现了浓厚的民族传统特色。她的大部分动作都结合音乐编排组合，呈现出别具一格的技术风格和特点。再如，在2014年世界花样跳绳锦标赛表演赛中，日本队采用的音乐节奏较欢快，更偏向于街舞风格；比利时采用的是田园风格的音乐；美国队采用的音乐具有很强的感染力和节奏感，每个队都通过音乐直接反映了各队的表演风格和技术特点。

（三）空间要素

个人项目要求运动员在完成套路动作时，要充分利用场地，而不能原地不动。因此，在创编套路动作时要充分利用场地和空间的变化。个人项目上空间的变化主要是指不同的运动方向、运动路线形成的图案效果。运动方向是指练习者在一定的运动线上的进、退、横移等。运动路线是指练习者在场地上的移动路线，包括直线、曲线、弧线等。

例如，在国内外所有的花样跳绳比赛中，对于花样套路完成路径都有明确的要求：必须在不断的移动中完成，并且要到达场地的每个方位，这就要求在编排成套动作时要充分考虑好场地空间的运用。例如，在2014年世界跳绳锦标赛中大师赛冠军——何柱庭，他的个人花样套路世锦赛排名为第二名，在完成整个套路的过程中他并没有仅在原地跳跃，而是在不断移动中充分运用了场地空间，因此他套路创意分值相比同场其他选手更高。

（四）时间要素

花样跳绳成套动作创编的时间要素本质上可分为两种：规定时间和动作节奏快慢。花样跳绳套路的核心是在对时间的利用，根据不同的时间安排不同的花样元素，从而产生特殊的表演效果。

花样跳绳所有的项目都有严格的时间规定。速度赛有30秒、3分钟等，花样赛也都有每个项目的时间规定。在编排比赛套路（个人花样赛、车轮、交互绳等花样项目）时必须考虑到时间的因素，在规定的时间内完成尽可能多的难度动作。例如，个人花样跳绳的时间要求为75秒，一般的套路在75秒内要完成55~65个动作，平均每个动作1.1秒，因此在花样比赛的套路中必须考虑好各个版块时间及各版块动作的安排分配。

第二节 表演赛套路创编的依据与原则

一、表演赛创编依据

（一）依据比赛规则创编

参加表演赛的队伍需要在音乐的伴奏下，完成一个优美的、充满趣味性和创新性，能给观众带来愉悦的感受且能展现高超的技术动作和不同的跳绳元素的表演。其展示的跳绳元素必须包括单人绳、交互绳、长绳、车轮跳、双人单绳跳等，但不局限于这些动作。每支队伍在展示动作时应尽可能多地使队员参与其中，运动员可运用各种长度的绳子，其中长绳长度必须达到或超过7米。应在竞赛规则下，以规则为标准、以评分要求为依据，创编符合规则要求的套路。

（二）根据团队风格特点进行创编

应根据团队风格特点进行创编。例如，在女生较多的情况下，编排时更侧重青春靓丽的感觉；而男生较多的情况下，编排的套路要更阳光活泼。

（三）依据场地的条件进行创编

表演的场地也是在创编套路时必须要考虑的重要因素之一。每一次的表演都要与场地面积、氛围相一致，表演出的内容才会引起观众的共鸣、才会有感染力。在广场、商城等地方进行演出，编排的套路就要有活力，能够瞬间吸引观众；在表演赛规定的场地中表演，编排的套路就要有情节、有内容，要能够时刻抓住观众的眼睛。

二、表演赛创编原则

表演赛创编的原则同花样赛创编的原则基本一致。

三、表演赛创编要素

在创编任何一套花样跳绳表演套路动作时，都必须考虑动作、音乐、空间、时间等要素。

（一）动作要素

动作是指全身或身体的一部分的活动。花样跳绳的"动作要素"包含着跳绳动作和摇绳动作两大部分。在个人花样中既要摇绳也要跳绳，摇跳为一体；在长绳、交互绳项目中，摇绳动作是根本，跳绳动作是升华，摇绳动作必须与跳绳动作完美配合，摇绳与跳绳相辅相成，不可分割。在表演套路中，动作难度、动作美观度、动作类别、动作节奏及动作连接为整体，共同组成评价套路好坏的标准之一。

1. 动作难度

动作难度是指完成动作时要承担的风险，是反映技术水平高低的重要指标。通常动作难度越大，危险性和困难程度也就越高。

首先，表演套路中需要大量的难度动作，但切忌将难度动作机械地堆积，要根据运动员对动作的掌握情况，难易结合、张弛有度，重点是通过动作的变换将主要思想表达出来。成套动作中难度动作的数量与动作完成质量成反比，就要求在编排动作时量力而为，避免难度动作堆积导致动作完成度低的弊病，使运动员有更多的空间和时间来丰富基本动作创编并使动作完成得更好。

其次，难度的选择必须与运动员的运动竞技能力相匹配，难度价值级别越高，动作技术的复杂程度相应也就越高，失误率也会越高。在成套动作创编中，应选择运动员已经掌握的或经过短时间的训练能够高质量完成的难度动作，以保证在表演时动作的流畅性，减少完成动作时的失误。

2. 动作美观度

动作美观度是指动作的完成质量，也是反映整套表演节目观赏性高低的重要标志之一。运动员完成动作时正直的身体姿态、饱满的精神状态、优美的绳体弧度，都将给观众带来美的享受。除此之外，提高动作的美观度，要着重突出成套动作的主题思想和艺术表现力，充分展现花样跳绳运动的美。因此，如何将平常的跳绳动作通过艺术化的形式展现出来就成了创编套路的重点。

运动员只有保持稳定熟练的动作和较高的成功率，才能在完成此举动作时轻松自如，才能让观众在不断的变化中一直保持较高的关注度，才能给观众以美的享受。

3. 动作类别

花样跳绳的动作种类非常丰富，有个人花样、双人单绳花样、车轮花样、交互绳花样、长绳花样等，每个项目中又包括摇绳花样、跳绳花样、放绳花样、力量和体操动作花样等类别。不同的动作类型和形式多样的动作表现，构成了千变万化的表演风格和套路。

4.动作连接

表演套路首先要是完整的个体,要求内容中的各种花样类别都要有机地结合为一体。跳绳动作的类型繁多,每种类型的动作还包含不同的元素,从一种动作类型转换为另一种动作类型(如交互绳转换为车轮跳)或者从一种元素的动作转换为另一种元素的动作(如个人花样多摇动作转变为交叉动作),中间的转换应连贯流畅,不能停顿,且设计巧妙,才能给观众带来耳目一新的感觉。

连贯流畅表现为成套动作的连续性动作感,主要通过不同动作的变化、丰富多彩的构图、合理的动作连接方式以及变化的线路来展现;巧妙性是创作智慧的结晶,伴随着创造性与新颖性,花样跳绳成套动作创编的巧妙性能够诱发人们独特、新颖的审美体验,这也是创编者努力追求的目标之一。集体项目创编,要重视不同类型、不同动作的连接,应特别注意团体动作的一致性和整体协调性。

5.动作节奏

动作节奏是指做动作时肌肉用力和放松交替而形成的节律。动作节奏的强弱、用力和放松的交替,不仅可以提高动作的协调性和韵律感,而且有利于掌握动作和提高练习的效率。如果失去了节奏,会造成呼吸紊乱、动作失调。

(二)音乐要素

音乐是人类社会历史上最早出现的艺术种类之一,也是日常生活中人们最喜爱的艺术种类之一。音乐的声音意象作用于人的听觉,使感受者产生一定的联想,进而在自己的头脑中产生丰富的情感。创编者在处理表演赛的音乐时,将音乐作为一个大背景,让动作形成若干线条型的结构来构建整套动作。因此,音乐要素在创编的过程中尤其重要。

例如,性格比较开朗、活泼、富有激情、动作技术熟练、快速完成动作能力强,弹跳力较好的运动员,适宜采用节奏明快、活泼的乐曲;而一个身材修长、性格内向、动作柔美,但力度较差的运动员,则适宜于选择优美抒情的乐曲；集体动作因选择速度较快，气氛热烈，旋律、节奏变化丰富的乐曲。

创造性地运用美妙的音乐伴奏，不仅能够为表演的套路增添活力，还能够为动作提供律动的节奏帮助选手更好的完成动作。

（三）空间要素

花样跳绳的表演在空间上直观体现为无论在哪一个角度，都应该是一个完整的画面，要求在空间的高度、宽度、深度上要有高度的一致性和统一性。在花样跳绳表演项目的创编中，空间结构的运用有着特有的表现方法与形式，主要从绳体运动轨迹和运动员的活动范围两个方面体现。

1.绳体运动轨迹

一个完整的表演套路中，绳体的运动轨迹直接反映了编排套路对空间利用率。绳体展现的方向通常有上下、前后、左右六个方位，如在交互绳中双绳交互进行，在同一时间有一根在空间上方，另一根就在下方地上，形成上下呼应；车轮套路表演中左右就形成了对比。

2.运动员的活动范围

（1）方位运用

充分和合理地运用6个基本方位的变化，即前后（深度）、左向（宽度）、下上（高度）的变化有助于提高创编的整体效果。在比赛和演出中裁判员与观众席总是在一个固定的方向，为了充分地展示技术动作，应掌握部分类型动作展现方式的规律，在创编中恰当地运用，这样能使套路的表演效果得到最大限度的展现，如车轮跳换位时正面朝向观众能产生良好的视觉效果。

（2）动作路线

花样跳绳成套动作的路线是由运动员在比赛场地和空间进行一系列移动而成的。一套内容丰富、意境优美的成套动作的路线必须具备两个条件：①提前规划运动员的开始位置、完成不同动作采取的线条（如直线、曲线、弧线等）、移动的方向、结束的位置等；②运动员必须具备快速完成动作的能力，以确保在规定时间内能够移动到提前规划的位置上去。

（3）队形运用

队形变化是集体套路创编中不可缺少的元素。在成套动作创编中合理并有创意的队形选择、队形与音乐的和谐配合、队形与动作的合理搭配等都将对成套动作的创编效果产生重要的影响。不同的空间形式具有其不同的特性和气氛，直线、圆、三角形等严谨规整的几何形式空间（图形）创造出端庄、平稳、肃穆、庄重的气氛；不规则的空间形式（图形）创造出活泼自然、无拘无束的气氛；封闭式空间创造出内向、肯定、隔世、宁静的气氛；开敞式空间创造出自由、流动、爽朗的气氛。在成套动作的创编中应根据动作的类型、音乐的气氛、器械的特点、运动员的特征等适时地将不同的队形及各种图形巧妙地安排在成套动作之中，并使其能够转换流畅、清晰。

（四）时间要素

在花样跳绳中，时间因素包括完成整个套路的时间和完成单个难度动作的时间和节奏。

完成整个套路的时间是指动作过程的顺序性、间隔性和持续性，具体表现在成套动作的各部分依次出现的顺序、动作的强弱和快慢周期的交替，单个动作、成套动作或整个比赛动作过程持续的时间。

完成单个动作的时间加上动作连接的时间决定了成套动作的时间。一套动作中节奏的快慢、强弱等因素的变化，都直接影响整个套路的表演效果。花样跳绳成套动作的创编从某种意义上就是合理分配时间，从而让时间产生效益的艺术。花样跳绳成套动作是由开始部分、中间部分和结束部分三个版块组成，每一个版块的目的和任务不同，它们所需表现的时间亦有差异，因此在时间的分配与安排上应有所区别，以达到和谐、均衡的效果。为了在有限的时间内尽可能地满足观众需求，应适当安排单个动作的节奏，使成套动作张弛得体、游刃有余。

总之，构成花样跳绳成套表演节目的动作元素、音乐元素、空间元素和时间元素这四种要素的内涵各不相同，相互制约，相互依存，共同构成完整的花样跳绳成套表演节目。

四、表演套路创编程序和步骤

根据创编步骤，掌握创编成套动作及变化的方法，可编制多种多样的花样跳绳表演套路。

（一）表演套路创编程序及阶段划分

花样跳绳成套动作创编过程分为三个基本阶段：准备阶段、实施阶段和检验阶段。根据各阶段目的和任务的不同，每个阶段具体实施的方法也不同。需要明确的是各个阶段相互联系，相互促进，并互成反馈机制。当遇到一个问题时，还应该对前一个或两个环节进行修改，从而保证成套动作创编的统一性，使套路高质量顺利完成。所以，花样跳绳成套动作创编过程是一个构想、实施、发现问题、调整、修改并反复练习使套路更加完善的过程。

（二）表演套路创编步骤方法

花样跳绳成套动作步骤及方法源于经验的积累，而实践的尝试又推动着创编方法的不断创新和发展。在成套动作创编的不同阶段，应根据需要合理选择和应用具体方法。具体步骤如图3-1所示。

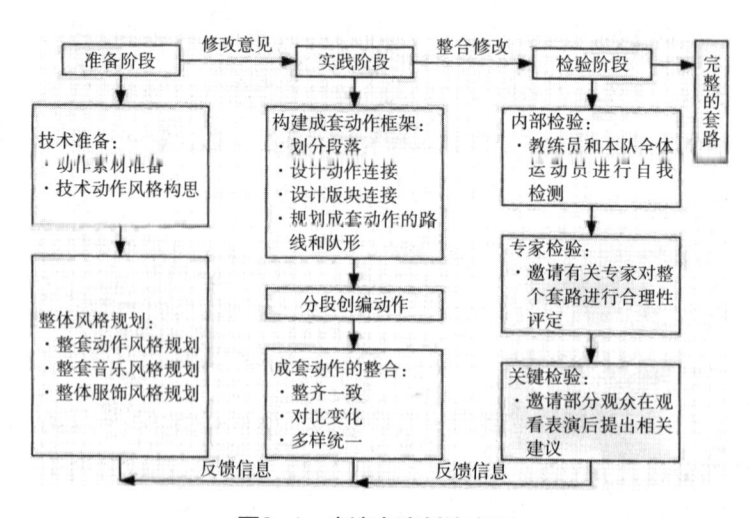

图3-1 表演套路创编步骤

第三章 跳绳动作套路创编分析

1. 准备阶段

准备阶段是成套动作创编实施的预备阶段,主要包括技术准备和整体风格规划两部分内容。

(1)技术准备

技术准备包括动作素材准备和技术动作风格构思。基本动作是套路创编的基础,在成套动作创编前,创编者应客观地分析运动员的技术能力、技术特点,为运动员安排需要学习和开发的技术动作内容,并组织其进行训练,为满足成套动作创编所需的各类动作要素奠定基础。主要方法为在已掌握的动作基础上,通过大量试做各种类型的花样动作,开发具有创新性的难度动作、新的连接方式,为成套动作创编做好动作储备工作。在准备阶段,教练员可根据运动员的音乐喜好,收集音乐素材,进行音乐资料的准备。

(2)整体风格规划

整体风格规划包括动作风格、音乐风格、服饰风格及整体效果的预想。有些构思较为具体,如动作的风格及难度,音乐风格的类型等;有些构思较为模糊,如整体效果的预想及表达艺术意境方面,这些还需要在创编实施中进行进一步尝试和完善。

①整套动作风格规划

成套动作的结构形式主要由开始、中间和结束三个板块组成。

开始部分是整个套路的"门面",一般以造型开场,这样既可以最大限度地表现造型美,又可以为完成第一组动作做准备。因此,开场造型应选择引人注目、能够吸引观众注意力的动作。

中间部分是套路主体,是整个成套动作发展、高潮的基本部分。由于中间部分时间长,动作数量多,合理地设计动作结构与布局,并与音乐巧妙配合,运用恰当的时机与合理的空间,将"美、难、新"特点充分发挥,必将使成套动作高潮迭起,形成多个闪光点。应注意的是,要避免难度动作的简单排列,应从类型、方向及呈现形式的丰富多样、快速变化等方面着手,并在难度动作和连接动作中设计并加入艺术表演效果的因素,使成套动作达到"难"与

"美"的完美结合。

结束部分是整个套路的升华和提高，是将成套动作推向高潮和顶峰的阶段。可以采用一个或一组新颖、复杂、高价值的难度动作，使动作戛然而止，达到扣人心弦的效果。亦可在高难度动作或惊险性动作之后经过一个转折，在渐去的音乐声中，柔和、优美、缓缓地结束，使人产生虽静犹动、意犹未尽的效果。

整套动作风格是指由单个动作风格串联，艺术处理后得到的动作整体，具体包括了核心动作的数量、连接、风格等。

表演风格是指整套动作的时空变化、情绪、意境等与音乐和谐配合所呈现出主题与客体统一的整体特征。动作风格的呈现具有多样性的特点。成套动作风格受运动员个体独特的身体形态、运动素质、个性心理、技术特点、文化艺术素养水平等多种因素的影响。

在进行整套动作风格规划时，首先要确定难度动作的数量、类型、呈现形式和连接方式等诸多元素，如符合运动员的实际情况的交互绳换接绳、多摇跳花样、放绳花样、车轮跳在表演中的使用个数，是以单个难度动作还是联合难度动作形式出现。其次，考虑选择何种材质、何种功能的绳具，因跳绳绳具种类繁多，使用效果也有很大的差异，应选择符合表演环境及运动员技术水平的绳具。再次，是特色动作和创新动作的设计与选择，包括设计新的难度，新的连接方式，身体动作与绳具之间，运动员与运动员之间、器械与器械之间构成新关系等，最大限度地体现出运动员的优势和特殊能力。

②整套音乐风格规划

伴奏乐曲是基于成套技术风格为基础，进行合理的选择。通常有以下三种方法。

根据动作编写乐曲。作曲者依据运动员的动作创作出专用伴奏乐曲，这种方法制作出的音乐与动作和谐统一，科技含量较高，但是受到作曲者的专业水平、演奏条件、经济状况等多种因素的制约，不太常用。

根据音乐创编动作。创编者选取符合整个套路风格的音乐，在不破坏整个音乐风格的前提下,根据音乐的节奏变化创编相匹配的动作。这种编排对于编排者的要求较高,要求编排者有足够数量的动作积累,同时也要对音乐有自己的理解。这个创编的套路动作与音乐结合较为紧密,使整个套路更加完整。

根据成套动作需要,对已有的音乐作品进行改编。根据成套动作的需要,将一个或几个主题不同但基调一致的作品中的一部分乐曲或乐曲的一个段落,按照动作的结构,合理、巧妙地剪辑在一起,形成较为完整,并符合成套动作要求的伴奏乐曲,这种选编方式目前在国内外被广泛运用。

③整体服饰风格规划

服饰的选择能够更加明显地突出主题,合适的情景服饰能够将音乐的内涵、动作套路要表达的深层含义更直接地表达出来。

2.实践阶段

实践阶段是将准备阶段所制订的方案付诸行动的过程,同时也是检验前期各种规划是否合理的重要阶段,是创编的核心环节。主要包括构建成套动作框架、分段创编动作、成套动作的整合三个部分。

(1)构建成套动作框架

构建成套动作框架的主要任务是划分段落、设计动作连接、设计版块连接和规划成套动作的路线及队形变化。具体步骤如下:

首先,分析各个版块的音乐,确定每个动作对应的音乐节拍;其次,合理分配核心动作的顺序;再次,绘制动作路线图,包括核心动作路线、结束的位置等;最后,设计队形变化图,包括开场造型、"成型"队形和转换下一个"成型"队形的移动路线。

(2)分段创编动作

分段创编是整套动作创编的实际操作过程,通常按照成套动作结构由开始至结束依照顺序逐段进行创编。根据音乐的节奏、节拍、风格和意境,创编单个花样动作、连接转换动作,使每一个音符都有恰当的动作与之配合,使动作与音乐的节奏和情绪相吻合。在分段创编中应特别注意对主旋律段及效果较强的某一段音乐进行深入研究、认真推敲,使用典型的、能够突出音乐特点和增强表演效果的动作来体现。

（3）成套动作的整合阶段

花样跳绳表演节目创编的整合是一个精雕细琢的过程，是将成套动作应具备的各要素及分段动作通过合理的方式有机地结合在一起，从而形成主体一致，具有完整性、艺术性、观赏性的表演节目。在欣赏花样跳绳表演时，首先感知到的是直观动态性的外部表现形式，如果没有其独特的形式，花样跳绳本身就不会存在，因此花样跳绳表演创编应遵循形式美的规律。花样跳绳形式美的基本规律主要包括：

①整齐一致

要求运动员所着服装的面料、样式、图案以及所使用绳具等整齐一致，技术水平、动作风格、音乐节奏等达到高度的一致性，体现出一种整齐的美。

②对比变化

动作的快慢、高低、大小、动静和刚柔等，构成了动作空间和时间的对比；音乐的强弱、快慢、高低，形成了视觉与听觉结合的对比。

③多样统一

在成套动作创编中，运动员在一个统一的音乐和动作主题构思的统率下，在同一时空中展示不同等级的动作、不同的身体与器械动作的类型及形式、不同空间的运用等，使成套动作呈现出绚丽多彩、异彩纷呈的景象，从而构成一幅多样统一的精彩画面。

3.检验阶段

花样跳绳表演节目的创编好坏还需要经受实践的检验。通常，一套节目的生命周期为半年至一年，其过程主要包括：创编→训练→反馈→修改→比赛或表演。在整个过程中，教练员应对表演节目不断地进行修改与完善，尤其是在创编的后期，应对所创编的成套动作以不同形式进行检验。

（1）内部测验

成套动作创编完成之后，首先应组织教练员和本队全体运动员对每套动作进行内部自我检测。其方法主要是按照评分规则的要求和标准对所创编的成套动作的各个部分进行评分。通过对创编的实际评价，找出存在的问题，为进一步改进和完善成套动作提供相应的修改意见，以提高成套动作的创编质量。

（2）组织专家检验

除内部检验外，应有计划地组织有关花样跳绳专家，包括裁判员、专业教师、专业管理人员及音乐和舞蹈专家等，有针对地对所创编的成套动作进行分析、研究，对难度动作的数量、价值类型、呈现形式，创新动作的使用情况，音乐质量，动作与音乐结合，整套动作结构等因素进行梳理，对运动员能否体现创编意图和难度水平进行评估，并提出修改意见和建议。教练员、运动员根据专家提出的意见和建议，结合自身的特点，进行必要的修改和调整，以达到较理想的比赛和演出效果。

（3）组织观众检验

花样跳绳的表演需要专家从专业的角度进行评判，但一个作品的最高成就是给所有看过的观众留下深刻的印象。在检验阶段邀请各行各业的观众进行观看，针对观众的观点进行适当的修改，这样能够在兼顾评分规则的同时，还能获得广大观众的认可。

花样跳绳表演赛创编是一个不断创造和创新的过程。在节目创编过程中，应树立与保持创新意识和创新精神，不断提高创新能力、努力开拓创新思维，合理运用创新方法、不断创新。同时，花样跳绳表演节目创编创新，应遵循超前性、可行性、观赏性原则，正确、合理地运用各种创新方法进行创编。

第四章

跳绳运动技术训练分析

花样跳绳中有较多的花样动作。在进行花样跳绳教学时，有必要对花样跳绳技术进行示范和讲解。通过对花样跳绳技术动作的分析，学生可以理解花样跳绳的基本技术原理，掌握相应的动作，提高集体意识。本章主要针对跳绳运动技术训练进行分析，讲解不同类型的花跳形式。通过图片与文字描述，能够更加细致地了解并掌握动作要领。

第一节　花样跳绳的基本功分析

一、跳绳入门动作学习

并脚跳和双脚交替跳是跳绳运动中两个最基本的动作，要学习花样跳绳，首先需要熟练掌握并脚跳和双脚交替跳的技术要领，培养身体良好的肌肉感觉和对绳子的控制能力，然后再进入下一个阶段基本步法花样的学习，培养良好的协调性，为以后学习复杂动作打好基础。

在学习并脚跳和双脚交替跳两个技术动作的时候，要注重掌握正确的跳绳姿势，避免错误的跳绳动作；用手腕摇绳，大臂贴于身体两侧；每一次跳跃都要求绳子保持完美的弧度，运行轨迹清晰、正确、饱满。掌握好并脚跳和双脚交替跳是以后更好地学习其他花样的关键。

（一）并脚跳

1.动作方法

并脚跳虽然简单，但对于初学者建立良好的绳感非常有效。动作开始时，两手腕同时用力并配合前臂发力，将绳由体后摇至体前，当绳触地时，双脚及时起跳，让绳通过脚下，双脚落地，双脚起跳一次绳子过脚一次，双手摇绳节奏与起跳时的节奏一致，熟练后可适当加快速度。

2.教法提示

1）双脚并立，两手叉腰，练习跳绳上下垂直跳的动作，注意前脚掌落地，屈膝缓冲。

2）双脚并立，两手空手，在体侧模仿摇绳动作，边跳边摇。

3）双脚并立，双手各握绳子一端，慢速练习并脚跳。

3.技术要领

1）一摇一跳，不要弹动。

2）前脚掌落地要轻，落地注意缓冲。

3）开始时，一拍跳一次，以建立良好的节奏感，之后可根据自己的熟练度适当加快速度，但要保持良好的跳跃节奏。

4.学习目标

要求双脚并拢跳跃过绳，注意培养正确的跳绳姿势和摇绳方法，当熟练掌握技术后，逐渐降低跳跃腾空的高度，腾空高度以刚好能够过绳为最佳。

（二）双脚交替跳

1.动作方法

双脚交替跳的学习可以有利于提高摇跳的速度，加深手脚协调配合的肌肉感觉，提高反应能力。其动作方法类似于单脚跳，只是左右脚轮流交换跳，每一次跳起绳子过脚一次，如同原地踏步，注意摇绳节奏与起跳节奏一致。

2.教法提示

1）原地站立，两手叉腰，无绳练习双脚交替跳的动作。

2）原地站立，两手空手，在体侧模仿摇绳动作，边跳边摇模仿练习双脚交替跳的动作。

3）原地站立，双手各握绳子一端，慢速练习双脚交替跳，熟练后逐渐加快速度。

3.技术要领

1）一脚跳跃过绳，一脚向前提膝，如同原地踏步。

2）每一次提膝都是向前，不要向后勾脚，向后勾脚容易绊到绳子。

3）刚开始学习时，跳跃节奏稍慢，当你较好地掌握双脚交替跳绳节奏后，适当加快速度。

4）单脚落地，落地要轻且快。

4.学习目标

当掌握双脚交替跳的技术要领后，需提高双手摇绳及双脚交替跳绳的速度，培养上下肢快速协调用力的能力，要求初学者双脚交替跳一分钟达到180个以上。

二、基本步法花样的学习

（一）铃跳

练习铃跳（图4-1）有助于增强股四头肌、膝关节和踝关节的力量，提高脚下动作转换的速度。

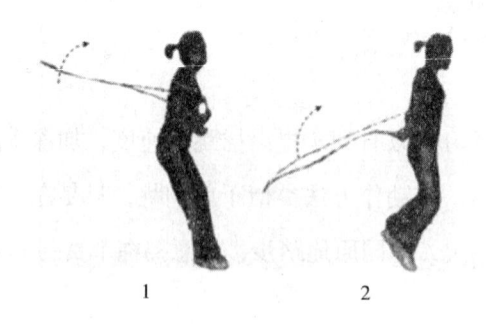

图4-1　铃跳

1.动作方法

铃跳的动作方法类似于并脚跳，只是双脚并拢轮流向前和向后跳跃过绳。从并脚站立开始，当绳子第一次过脚时，双脚并拢向前跳起，当绳子第二次过脚时，双脚并拢向后跳起，双脚轮流向前或向后跳跃，每一次向前或向后跳跃时，绳子都须过脚一次，摇绳节奏与起跳节奏一致。

2.教法提示

1）无绳练习铃跳，注意挺背立腰。

2）双手各握绳子一端，先慢速练习，熟练后逐渐加快速度。

3.技术要领

1）向前或向后跳跃时落地的距离要适当，以免滑倒。

2）双脚始终并拢，前后跳跃，保持上体直立向上。

（二）滑雪跳

练习滑雪跳（图4-2）有助于提高腿、臀的灵活性，加强大腿外侧肌肉力量，增强身体平衡能力。

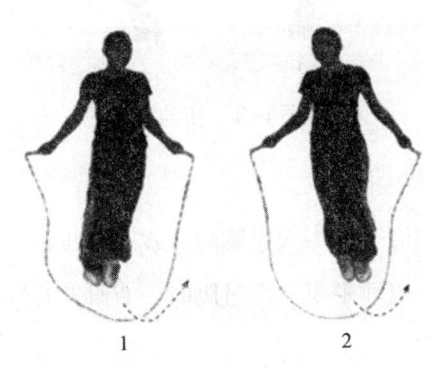

图4-2　滑雪跳

1.动作方法

滑雪跳的动作方法类似于并脚跳，只是双脚并拢轮流向左或向右跳跃过绳。从并脚站立开始，当绳子第一次过脚时，双脚并拢向左跳起，当绳子第二次过脚时，双脚并拢向右跳起，双脚轮流向左或向右跳跃，每一次向左或向右跳跃时，绳子都须过脚一次，摇绳节奏与起跳节奏一致。

2.教法提示

1）无绳练习滑雪跳，注意挺背立腰。

2）双手各握绳子一端，慢速练习，熟练后逐渐加快速度。

3.技术要领

1）向体侧跳跃时落地的距离适当，以免滑倒。

2）双脚始终并拢左右跳跃，保持上体直立向上。

3）身体的左右"滑动"，如同障碍滑雪动作要领。

（三）扭动跳

扭动跳（图4-3）有助于发展髋腰部肌肉的伸展性和关节灵活性。

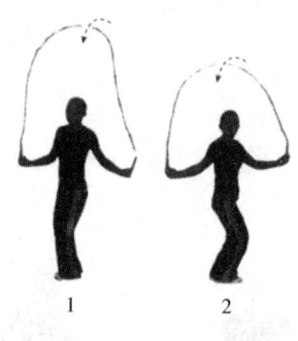

图4-3 扭动跳

1.动作方法

从并脚跳开始，当绳子第一次过脚时，双脚并拢跳起向左扭转髋，落地时双脚脚尖指向左前方；当绳子第二次过脚时，双脚并拢跳起向右扭转髋，落地时双脚脚尖指向右前方，髋关节每一次向侧边扭动，双脚过绳一次，双手摇绳节奏与起跳节奏一致。

2.教法提示

1）双手叉腰练习扭动跳，注意上体保持向前。

2）双手各握绳子一端，慢速练习，熟练后逐渐加快速度。

3.技术要领

1）转动身体时，只转动髋关节及以下部位，上体不转动。

2）上体保持直立，面向正前方。

3）保持大臂贴近身体，摇绳姿势不变。

（四）开合跳

开合跳练习有助于发展大腿内外侧肌肉力量。

1.动作方法

动作方法类似于并脚跳，只是腾空后双脚落地的动作不同。从并脚跳开始，当绳子第一次过脚时，双脚并拢起跳以便两只脚都过绳，当绳子从下到后绕至头顶时，双脚落地呈开立姿势；当绳子第二次过脚时，双脚蹬地起跳在空中并拢以便两只脚都过绳，当绳子从下到后绕至头顶时，双脚落地呈并立姿势。这样一开一合的节奏相同，每一次起跳绳子都须过脚，摇绳节奏与起跳节奏一致。

2.教法提示

1）双手叉腰，练习开合跳，注意挺背立腰。

2）双手各握绳子一端，先慢速练习，刚开始练习的时候，双脚开立的距离稍微短点，熟练后逐渐加快速度，双脚开立与肩同宽或稍宽于肩。

3.技术要领

1）开立时，双脚不要离得太远，与肩同宽即可。

2）双脚开立的时候，绳子在头顶上方。

3）开始学习时，尽量减慢速度，腾空可稍高一点，以免双脚分开时绊住摇动的绳子。

（五）开合交叉跳

练习开合交叉跳（图4-4）有助于提高踝关节的灵活性，伸展踝关节及小腿的肌肉，更重要的是还可以提高踝关节周围肌肉、神经纤维等的感知能力，即本体感觉。

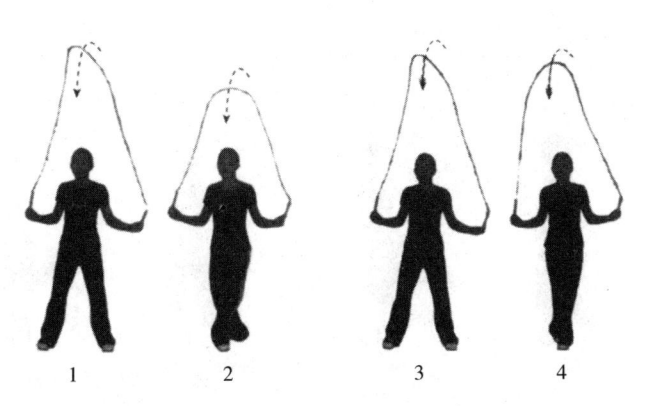

图4-4　开合交叉跳

1.动作方法

开合交叉跳的动作方法与开合跳类似，从并脚跳开始，当绳子第一次过脚时，双脚并拢起跳以便两只脚都过绳，当绳子从下到后绕至头顶时，双脚落地呈开立姿势；当绳子第二次过脚时，双脚蹬地起跳在空中并拢以便两只脚都过绳，当绳子从下经后绕至头顶时，双脚落地右脚交叉于左脚之前；当绳子第三次过脚时，双脚起跳过绳落地再次呈开立姿势；当绳子第四次过脚时，双脚起跳过绳落地呈交叉姿势，左脚交叉于右脚之前。双脚一开一交叉的节奏相同，每一次跳起，绳子都须过脚，摇绳节奏与起跳节奏一致。

2.教法提示

1）双手叉腰，练习开合交叉跳，注意挺背立腰。

2）双手各握绳子一端，慢速练习，刚开始练习的时候，双脚开立的距离稍微短点，熟练后逐渐加快速度，双脚开立与肩同宽或稍宽于肩。

3.技术要领

1）开立时，双脚不要离得太远，与肩同宽即可。

2）交叉时，两膝盖重合，前脚掌落地。

3）交叉时，左右脚交替交叉于另一脚之前。

（六）开合后踢腿跳

开合后踢腿跳（图4-5）练习有助于提高膝关节前后十字韧带的力量和伸展性。

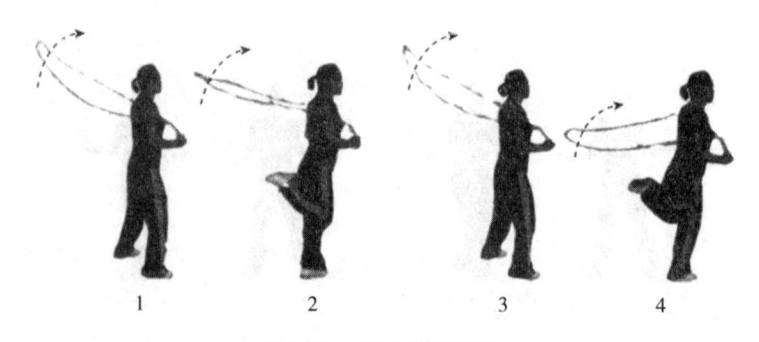

图4-5　开合后踢腿跳

1.动作方法

开合后踢腿跳的动作方法与开合跳类似,从并脚跳开始,当绳子第一次过脚时,双脚并拢起跳以便两只脚都过绳,当绳子从下到后绕至头顶时,双脚落地呈开立姿势;当绳子第二次过脚时,双脚蹬地腾空,双腿在腾空阶段靠拢,当绳子从下经后绕至头顶时,左脚落地,右脚后屈,如同跑步姿势;当绳子第三次过脚时,双脚起跳过绳落地再次呈开立姿势;当绳子第四次过脚时,右脚落地,左脚后屈,如同跑步姿势;双脚一开一后踢的节奏相同,双脚一开一后踢都必须过绳一次,摇绳节奏与起跳节奏一致。

2.教法提示

1)双手叉腰,练习后踢腿跑,注意挺背立腰。

2)双手叉腰,练习开合后踢腿跳,后踢腿的一只脚边向中间靠拢边后踢。

3)双手各握绳子一端,慢速练习,注意后踢腿时大腿与地面垂直。

3.技术要领

1)保持上体直立,双眼平视前方。

2)腰部紧张,控制好身体的重心。

3)开立时,双脚不要离得太远,与肩同宽即可。

4)后踢腿时,脚踝放松,不要勾脚尖。

(七)剪刀跳

剪刀跳练习对于脚底蹬伸肌的锻炼具有很好的效果。

1.动作方法

从并脚跳开始,双脚跳起绳子过脚后,左脚或右脚向前成一脚在前一脚在后的剪刀式落地,当下一次绳子过脚时换一只脚在前,另一只脚在后,每一次起跳过绳双脚前后交换一次,摇绳节奏与起跳节奏一致。

2.教法提示

1)双手叉腰,练习剪刀跳,注意立腰,双脚前脚掌着地。

2)双手各握绳子一端,慢速练习,熟练后逐渐加快速度。

3.技术要领

1）双脚前后的距离不要太远，10厘米左右即可。

2）双脚交换位置时须快速且同时进行。

3）保持身体的重心在两脚之间。

（八）脚跟跳

脚跟跳有助于加强股四头肌、跟腱、膝关节和踝关节的伸展性和力量。

1.动作方法

从并脚跳开始，双脚跳起绳子过脚后，左脚原地落下，右脚向前伸出，脚跟落地，脚尖向上勾起，当下一次绳子过脚时，右脚原地落下，左脚向前伸出，脚跟落地，脚尖向上勾起。如此，双脚轮流脚跟点地，摇绳节奏与起跳节奏一致。

2.教法提示

1）双手叉腰，练习脚跟跳，注意前脚脚跟点地，后腿膝盖微屈。

2）双手各握绳子一端，慢速练习，熟练后逐渐加快速度。

3）注意紧腰，上体直立，双眼平视前方。

3.技术要领

1）向前伸出脚，膝盖绷直，脚尖勾起。

2）向前伸出的脚脚跟落地时要轻，点地即可。

3）身体的重心落在后面一只脚上。

（九）侧点跳

侧点跳练习有助于改善身体平衡能力、协调性和节奏感，加强踝关节力量。

1.动作方法

从并脚跳开始，绳子第一次过脚时，双脚跳起绳子过脚后，左脚原地落下，右脚用脚尖侧点地一次；当绳子第二次过脚时，右脚收回呈并脚跳；当绳子第三次过脚时，右脚原地落下，左脚用脚尖侧点地一次；当绳子第四次过脚时，左脚收回呈并脚跳。如此，双脚轮流侧点地跳，每跳跃一次双脚过绳一次，摇绳节奏与起跳节奏一致。

2.教法提示

1）双手叉腰，无绳练习侧点跳，注意立腰，上体立直。

2）双手各握绳子一端，慢速练习，熟练后逐渐加快速度。

3.技术要领

1）侧点地脚在过绳后伸出，点地要轻。

2）向前伸出脚，膝盖绷直。

3）身体的重心落在原地脚上。

4）上体直立，面向正前方。

（十）钟摆跳

钟摆跳练习可以提高身体平衡能力，加强腰腹肌力量。

1.动作方法

从并脚跳开始，双脚跳起绳子过脚后，左脚原地落下，右脚犹如钟表的摆动向同侧摆出，当下一次绳子过脚时，右脚原地落下，左脚犹如钟表的摆动向同侧摆出，摆动脚与支撑脚不断地交换向左或向右摆动，动作节奏不变，双手摇绳节奏与起跳节奏一致。

2.教法提示

1）双手叉腰，无绳练习钟摆跳，注意收紧腰部，只有腿部的摆动。

2）双手各握绳子一端，先慢速练习，熟练后逐渐加快速度。

3.技术要领

1）腰部紧张，控制好身体的重心。

2）上体不要左右晃动，保持直立向上。

第二节　个人花样

个人绳花样是一个人利用一根绳子做出各种花样动作的比赛项目。全国跳绳竞赛规则中把个人花样分为五个类别，分别为：基本花样、交叉花样、多摇花样、体操花样、放绳花样。个人花样的练习是全面提高花样跳绳技术的基础，其所需人数少，简单易学，容易上手。所以，在花样跳绳的教学与训练中，首先从个人绳的练习开始，增强身体素质，培养动作的协调性。

一、摇绳花样

（一）"8"字摇绳

1.动作方法

摇绳时，两臂在身体的同侧，以右侧开始为例，左手在前，右手在后，手腕带动绳子经下向前转动一周；然后双手摆至左侧，成右手在前、左手在后姿势，手腕带动绳子经下向前转动一周。如果接向前并脚跳时，则两臂打开于腰侧，从前经下向后摇绳。

2.教法提示

1）先练习单侧抡绳，要求手腕灵活转动，绳子轨迹稳定。

2）左右两侧抡绳练习熟练后，再联合练习"8"字摇绳。

3.技术要领

1）用手腕摇绳，摇绳要有力度。

2）保证绳子的运动轨迹与身体平行，

（二）前后打绳

1.动作方法

两脚并立或开立，绳由体后经头顶抡至身体右前方，双手手腕"卧8"形转动，带动绳子从身体右前方打至左前方，翻腕引绳从头顶到身体右后方，双手翻腕手心朝上向右转动引绳至身体左后方，再翻腕呈手心向下引绳至身体右前方，绳从头上过，不从脚下过，连续完成动作。

2.教法提示

1）先分别练习体前和体后的左右摆绳，要求手腕用力。

2）然后练习翻腕动作，要求翻腕干脆有力。

3）将摆绳翻腕联合起来练习，即前摆绳翻腕将绳子摇至体后，后摆绳翻腕将绳子摇至体前，循环练习。

4）练习前后打绳完整技术，要求手腕运动幅度要大，且手腕摇绳要干脆有力。

3.技术要领

1）保持两手臂在腰侧，用手腕摇绳。

2）翻腕动作要干脆有力。

3）双手手腕"卧8"形转动。

（三）前后手"8"字摇绳

1.动作方法

双手在体侧打开于腰间位置，绳子放在腿后。以左侧为例，第一拍，当绳子从体后摇至头顶上方时，右手从腹前伸至身体左侧同时左手从背后伸至身体右侧，绳子在身体左侧摇转一周；第二拍，左右手打开于腰间的位置，同时绳子在身体右侧摇转一周。每一次摇绳，绳子都不过脚，绳子从头顶经过在身体左右侧打地。前后手"8"字摇绳，如图4-6所示。

1　　　　2　　　　3　　　　4　　　　5

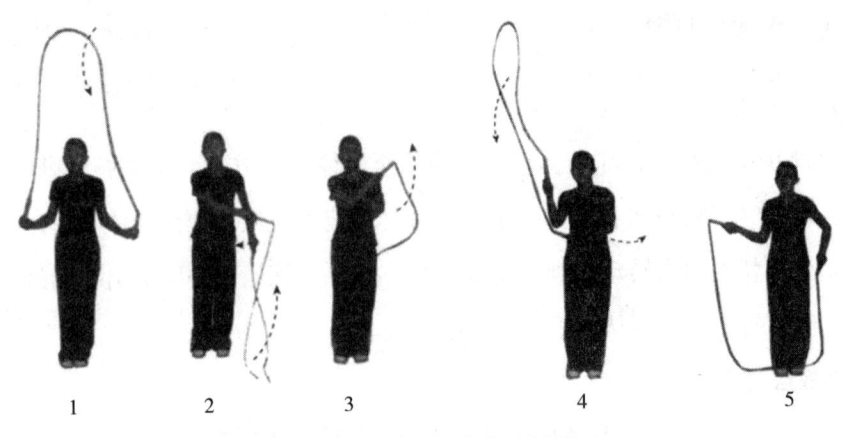

图4-6　前后手"8"字摇绳

2.教法提示

1）先慢速练习单侧的前后手摇绳，注意手腕的转动协调一致。

2）左右两侧前后手摇绳练习熟练后，再联合练习"前后手'8'字摇绳"。

3.技术要领

1）放在背后的手保持摇绳的节奏不变。

2）双手交叉时，保持在同一水平高度，从体前看可以看到后面那只绳柄。

（四）胯下绕绳

1.动作方法

一手在头顶，一手在胯下，顺时针或逆时针绕绳，使绳绕身体的垂直轴转动。以逆时针转动为例，当绳绕至身体左侧时，抬起左腿使绳子从腿下经过，当绳子绕至身体右侧时，抬起右腿使绳子从腿下经过。腿部动作可以屈膝过绳、直膝过绳，也可以下蹲抬脚过绳。胯下绕绳，如图4-7所示。

2.教法提示

1）先慢速站立练习胯下绕绳，注意手脚动作的协调一致。

2）熟练后，全蹲练习胯下绕绳，加快摇绳和抬脚的速度。

3.技术要领

1）双手一手在上，一手在下，用手腕摇绳。

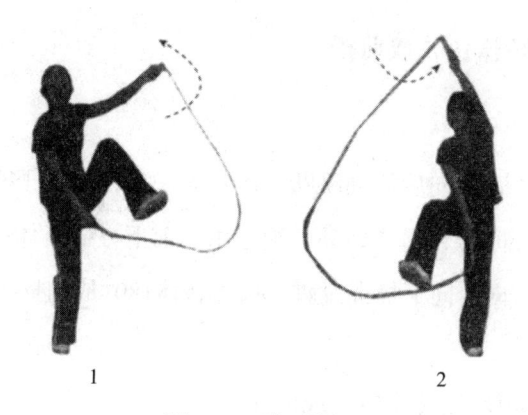

图4-7　胯下绕绳

2）脚的高度要保持在绳子之上，避免因绊到跳绳而摔倒。

3）落地时前脚掌着地，屈膝缓冲。

二、转体花样

（一）前摇转体180°成后摇

1.动作方法

第一拍，绳子正常向前摇动跳跃一次；第二拍，当绳子由后向前摇至头顶前上方时，起跳转体180°，绳子经体侧摇至体前，绳子不过脚。注意：此时绳子的摇动方向变成了后摇第三拍，当绳子从体侧摇至体前下方时，双手打开于腰间向后摇绳，前摇转体180°成后摇。

2.教法提示

1）先慢速练习侧打转体180°，不连接后摇跳。

2）熟练后，练习完整技术动作。

3.技术要领

1）转体后，双手随着绳子转动惯性，变成向后摇绳。

2）摇绳动作连贯，不要因为转体而忘记摇绳。

3）落地时前脚掌着地，屈膝缓冲。

（二）后摇转体180°成前摇

1. 动作方法

第一拍，绳子正常向后摇动跳跃一次；第二拍，当绳子刚过脚，上体开始转体同时双手于腰间带领绳子转动，绳子由体前下方摇至体前上方时，双脚起跳同时改变摇绳方向，向下摇绳过脚，后摇转体180°成前摇。

2. 教法提示

1）先慢速练习后摇转体180°成前摇。

2）熟练后，加快速度练习完整技术动作。

3. 技术要领

1）转体后，双手随着绳子转动惯性，变成向后摇绳。

2）摇绳动作连贯，不要因为转体而忘记摇绳。

3）落地时前脚掌着地，屈膝缓冲。

（三）前摇转体360°

1. 动作方法

跳起后，身体在空中向左或向右转体360°，双手向前摇绳越过头顶，通过脚下，绕身体一周即为完成一次。第一拍，做一个正常直摇；第二拍，当绳子摇至头前上方时变成向左或右的侧摇，同时两脚蹬地发力，跳起一定高度，迅速向左或向右转体360°，当侧摇至头顶前上方时绳子不过头顶，迅速改变摇绳方向为向下摇绳过脚。前摇转体360°，如图4-8所示。

图4-8 前摇转体360°

2.教法提示

1）先原地慢速练习侧打转体360°动作，转体采用走动转体的方式，不采取跳转的方式。

2）熟练绳子的运动轨迹及摇绳的方法、用力方式和摇绳动作变换时机后，练习完整技术动作。

3.技术要领

1）腾空稍高一点，以便有充足的时间转体。

2）手腕摇绳，摇绳要快且有力。

3）当转体到180°的时候，绳子运动方向由向上向后改为向下向后，手腕要主动及时用力摇绳。

4）落地时前脚掌着地，屈膝缓冲。

三、交叉花样

交叉花样，即编花，编花动作分为死花和活花两种。所谓活花就是两手臂在体前交叉编花，绳通过脚下后立即分开，再做一个直飞动作，就是一次直飞一次编花的循环练习，或者隔几次直飞跳编一次花；死花即固定编花跳，就是在活花的基础上，两臂始终在体前交叉靠手腕力量转动摇绳跳跃的动作。

（一）前摇编花跳

1.动作方法

双手在体侧打开于腰间位置，绳子放在腿后。跳跃时先做一个正常直摇动作，当绳子从体后摇至头顶前上方时，双臂在腹前交叉并保持向前摇绳的动作，当绳子再次从体后摇至头顶前上方时，双臂打开于腰间成向前直摇。可以轮流循环练习直飞和挽花两种跳法，民间称为"活花"，也叫作连续挽花，民间称为"死花"，也称为固定挽花跳。

2.教法提示

1）先原地练习双手交叉摇绳动作，不跳跃过绳。

2）熟悉绳子的运动轨迹及摇绳的方法后，练习完整技术动作。

3.技术要领

1）当绳子摇至头顶前上方时，手臂迅速前交叉。

2）手臂在腹前交叉，贴紧躯干，用手腕的转动摇绳。

3）摇绳要干脆有力。

4）绳向下摆时，两臂尽量伸长。

5）落地时前脚掌着地，屈膝缓冲。

（二）后摇编花跳

1.动作方法

双手在体侧打开于腰间位置，绳子放在腿后。跳跃时先做一个向后直摇动作，当绳子过脚后，双手立即在腹前交叉保持向后摇绳的动作，当绳子再次从体后摇至脚下过绳后，双臂打开于腰间呈向后直摇。可以直飞和挽花两种跳法轮流循环练习，也可以连续挽花，称为后摇固定挽花跳。后摇编花跳，如图4-9所示。

图4-9　后摇编花跳

2.教法提示

1）先原地练习双手交叉摇绳动作，不跳跃过绳。

2）熟悉绳子的运动轨迹及摇绳的方法后，练习完整技术动作。

3.技术要领

1）当绳子向后向下过脚后，手臂迅速前交叉。

2）手臂在腹前交叉，贴紧躯干，用手腕的转动摇绳。

3）摇绳要干脆有力。

4）绳向下摆时，两臂尽量伸长。

5）落地时前脚掌着地，屈膝缓冲。

（三）敬礼跳

1.动作方法

双手在体侧打开于腰间位置，绳子放在腿后。以左侧为例，跳跃时，第一拍先做一个正常直摇；第二拍当绳子摇至头顶上方时，迅速向身体左侧抡绳，左手顺势放至背后，左手在身体右侧，右手在腹前身体左侧向前摇绳，并跳跃一次；第三拍手臂姿势保持不变，继续向前摇绳，每跳跃一次，绳子过脚一次，摇绳节奏与起跳节奏一致。敬礼跳，如图4-10所示。

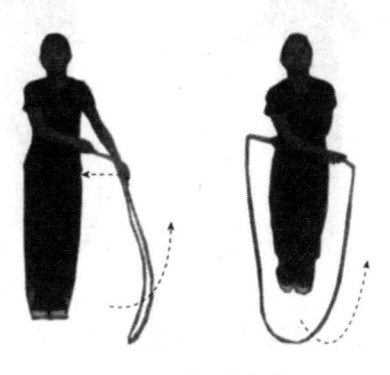

图4-10　敬礼跳

2.教法提示

1）先学习原地单侧的侧打背手摇绳动作，不连接跳跃过绳的动作。

2）练习单侧敬礼跳的完整技术。

3）熟练后可以将左右侧敬礼跳联合起来，练习完整技术动作。

3.技术要领

1）当绳子向前摇至头顶前上方时，手臂迅速前后交叉。

2）放在背后的手保持摇绳的节奏不变。

3）双手交叉时，保持在同一水平高度，从体前看可以看到后面那只绳柄。

4）用手腕的转动摇绳，摇绳要干脆有力。

5）落地时前脚掌着地，屈膝缓冲。

（四）背手交叉跳

1.动作方法

双手在体侧打开于腰间位置，绳子放在腿后。跳跃时，第一拍先做一个正常直摇；第二拍当绳子过脚后，双手迅速在背后交叉向前摇绳跳跃一次，双手摇绳动作一致。每一次跳跃，绳子过脚一次，摇绳节奏与跳跃节奏一致。背手交叉跳，如图4-11所示。

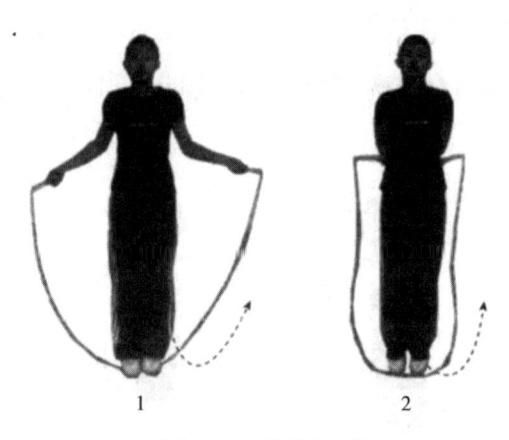

图4-11 背手交叉跳

2.教法提示

1）先学习背手交叉摇绳，当绳子到脚下后不跳跃过绳。

2）学习正常直摇跳接背手交叉跳。

3）学习连续背手交叉跳。

3.技术要领

1）当绳子向前向下摇至双脚后方时，手臂迅速在背后交叉。

2）双手在背后交叉时要保持摇绳的节奏不变。

3）双手交叉时，保持在同一水平高度，从体前可以看到绳柄。

4）用手腕的转动摇绳，摇绳要干脆有力。

5）落地时前脚掌着地，屈膝缓冲。

（五）上下翻花

1.动作方法

上下翻花动作类似于固定编花，只是每一拍动作左右手都要上下交换位置。跳跃时，第一拍先做一个正常直摇；第二拍当绳子过脚后，双手迅速在腹前交叉，左手在上向前摇绳跳跃一次；第三拍当绳子过脚后，左右手交换位置，变成右手在上的交叉，同时向前摇绳跳跃一次。上下翻花，如图4-12所示。

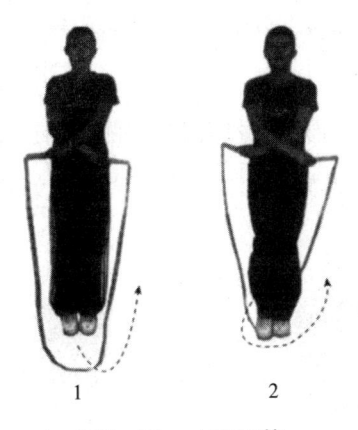

图4-12　上下翻花

2.教法提示

1）先分别学习左手和右手在上的翻花跳。

2）练习左手在上的翻花跳连接一个正常直摇跳，再连接一个右手在上的翻花跳。

3）手臂上下换位时，手臂稍微张开，使绳子打开。

4）慢速练习上下翻花，注意手臂上下换位时，手臂稍微张开，使绳子打开。

5）在翻花的时候，摇绳速度可以稍微减慢，以便绳子打开的多一些，不会绞在一起。

3.技术要领

1）当绳子摇至头顶前上方时，手臂迅速前交叉。

2）绳向下摆时，两臂尽量伸长，

3）当绳子再次摇至头顶前上方时，两手臂迅速换位。

4）用手腕的转动摇绳，摇绳要干脆有力。

5）落地时前脚掌着地，屈膝缓冲。

（六）侧打直飞

1.动作方法

以左侧侧打为例，第一拍起跳一次，绳子由体后摇至体前左侧抡绳一圈，两手臂在身体左侧处于交叉位置，右手在上，绳子不过脚；第二拍当绳子摇至头顶上方时，两手臂迅速分开至身体的左右侧，向前摇绳做一个正常直摇跳。右边动作与左边动作相同，方向相反。侧打直飞，如图4-13所示。

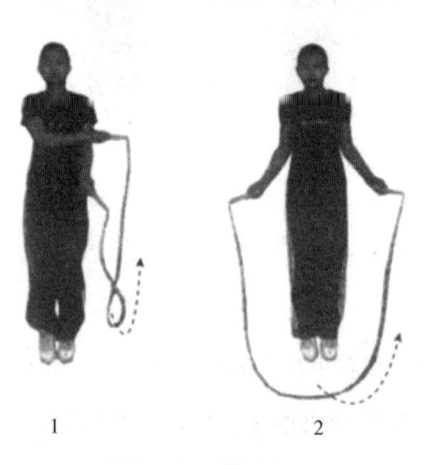

图4-13　侧打直飞

2.教法提示

1）先学习"8"字摇绳。

2）练习单侧的侧抡绳连接直摇跳。

3）熟练后，将左右两侧的侧打直飞连接起来练习。

3.技术要领

1）用手腕摇绳，摇绳要有力度。

2）侧打时保证绳子的运动轨迹平行于身体垂直于地面。

3）侧打摇绳时，腹前交叉的那只手臂（异侧手）在上。

4）落地时前脚掌着地，屈膝缓冲。

（七）侧打挽花

1.动作方法

绳子向身体左边或右边侧打一次后连接一个挽花跳，侧打右边时连接右手在上的挽花跳，侧打左边时连接左手在上的挽花跳。以左侧侧打为例，第一拍起跳一次，绳子由体后摇至体前左侧抡绳一圈，两手臂在身体左侧处于交叉位置，左手在上，绳子不过脚；第二拍当绳子摇至头顶上方时，两手臂在腹前交叉向前摇绳做一个挽花跳。右边动作与左边动作相同，方向相反。

2.教法提示

1）先学习"8"字摇绳。

2）练习单侧的侧抡绳连接挽花跳，注意侧打直飞和侧打挽花侧打绳技术的区别教学。

3）熟练后，将左右两侧的侧打挽花连接起来练习。

3.技术要领

1）用手腕摇绳，摇绳要有力度。

2）侧打时保证绳子的运动轨迹平行于身体垂直于地面。

3）侧打摇绳时，同侧手在上。

4）落地时前脚掌着地，屈膝缓冲。

（八）单手胯下A（同侧手放在膝下）

1.动作方法

双手在体侧打开于腰间位置，绳子放在腿后。跳跃时，第一拍先做一个正常直摇；第二拍当绳子摇至头顶前上方时，抬起左腿或右腿，同时同侧手从大腿内侧伸至膝后，并保持向前摇绳的动作，支撑脚跳跃一次；第三拍身体姿势保持不变，继续向前摇绳，每跳跃一次，绳子过脚一次，摇绳节奏与跳跃节奏一致。单手胯下A，如图4-14所示。

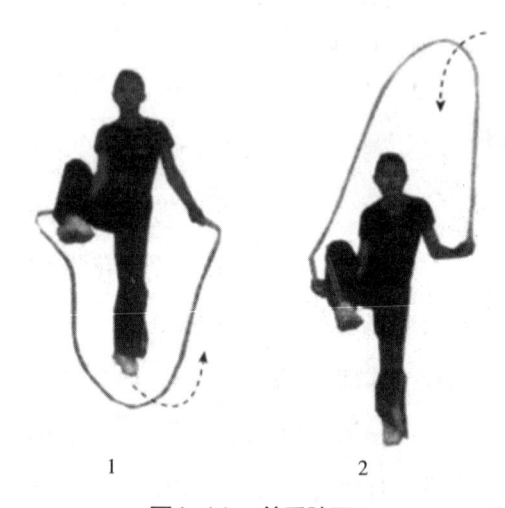

图4-14　单手胯下A

2.教法提示

1）练习之前一定要拉伸腿部韧带。

2）先无绳模仿练习，左右脚都要练习，要求上体直立。

3）熟练后慢速练习完整技术。

3.技术要领

1）绳子摇至头顶前上方时，同侧手迅速从大腿内侧伸至膝后。

2）抬起的脚尽量抬高，以保持身体重心的高度不变。

3）落地时前脚掌着地，屈膝缓冲。

（九）单手胯下B（异侧手放在膝下）

1.动作方法

双手在体侧打开于腰间位置，绳子放在腿后。跳跃时，第一拍先做一个正常直摇；第二拍当绳子摇至头顶前上方时，抬起左腿或右腿，同时异侧手从大腿内侧伸至膝后，双手交叉向前摇绳，支撑脚跳跃过绳一次；第三拍身体姿势保持不变，继续向前摇绳。每跳跃一次，绳子过脚一次，摇绳节奏与跳跃节奏一致。单手胯下B，如图4-15所示。

图4-15 单手胯下B

2.教法提示

1）练习之前一定要拉伸腿部韧带。

2）先无绳模仿练习，左右脚都要练习，要求上体直立。

3）慢速练习完整技术。

3.技术要领

1）绳子摇至头顶前上方时，两手交叉，一手迅速从大腿内侧伸至膝后。

2）抬起的脚尽量抬高，以保持身体重心的高度不变。

3）用手腕摇绳，摇绳要有力度。

4）落地时前脚掌着地，屈膝缓冲。

（十）八爪鱼

1.动作方法

八爪鱼是一个单手胯下直摇与一个单手胯下挽花的复合动作。以右手在右膝下为例，跳跃时，第一拍先做一个正常直摇；第二拍抬起右脚，右手在右膝下摇绳做一个单手膝下直摇（注意此时双手的手心是面对前下方）；第三拍抬起左脚，右手伸至左脚膝后，双手交叉向前摇绳，绳子从身体右侧侧打一周；第四拍抬起右脚，右手伸至右膝后，双手在体侧向前摇绳，绳子从身体的左侧侧打一周。每一拍都换一次脚，绳子在身体左右两边连续侧打。八爪鱼，如图4-16所示。

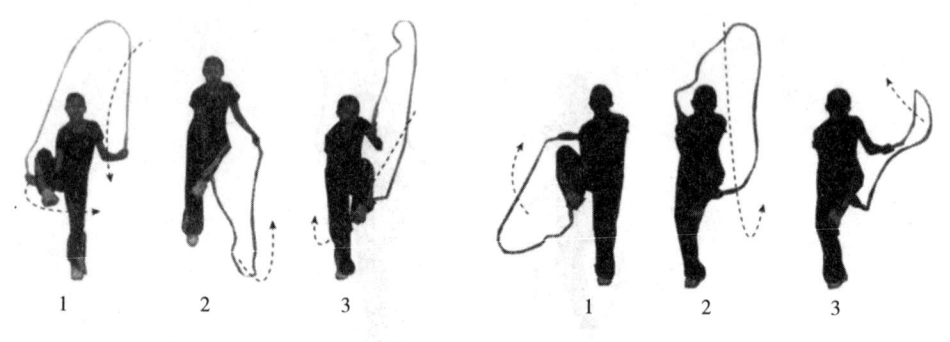

图4-16　八爪鱼

2.教法提示

1）练习之前一定要拉伸腿部韧带。

2）八爪鱼是单手胯下A和B的联合动作，学习此动作之前一定要熟练掌握单手胯下A和B。

3）慢速练习八爪鱼完整技术，关键是了解绳子的运动轨迹和初步建立肌肉感觉。

3.技术要领

1）绳子摇至头顶前上方时，右手迅速从大腿内侧伸至右腿下。

2）绳子第二次摇至头顶前上方时，两手交叉，右手在左腿下，在膝下面的手迅速从大腿内侧伸至膝后。

3）手脚协调配合，尤其是在腿下的手换位要快。

4）用手腕摇绳，摇绳要有力度。

5）绳子从身体两侧打地而过，脚不过绳。

6）落地时前脚掌着地，屈膝缓冲。

四、双摇花样

双摇有直飞、扯花、快花、凤花、龙花五个基本动作，这些动作又分前飞和后飞两种，这样再排列组合就演变成十个基本动作，再加上双单（双飞单腿跳）、双换（双飞交换腿跳），另外还有各种膝下双飞动作，这样就达到三十多个花样了，膝下的各种动作难度相比正常双摇难度要大很多。动作名称如表4-1所示。

表4-1 担任基本双摇花样动作内容

一	直摇	手部交叉双摇	特殊交叉
前双摇	直飞、侧打直飞、蹲跳	快花、扯花、凤花、龙花、侧打挽花	敬礼跳、单手膝下交叉（两种）、双手膝下交叉
后双摇	直飞、侧打直飞、蹲跳	快花、扯花、凤花、龙花、侧打挽花	敬礼跳、单手膝下交叉（两种）、双手膝下交叉
单腿/交换腿	直飞、侧打直飞、蹲跳	快花、扯花、凤花、龙花、侧打挽花	敬礼跳

前双摇动作和后双摇动作类似，本书只介绍前双摇动作，后双摇根据前双摇动作变化而来，动作方法类似，就不一一赘述。

（一）基本双摇跳

1.动作方法

起跳时摇绳动作加快，起跳一次，绳子绕过身体两周。双摇跳各种变化动作的学习都是由这个动作开始的，摇绳的时候要注意时机，在跳跃腾空的时候加速摇绳。

2.教法提示

1）基本双摇跳中，手腕摇绳的速度较快。在学习基本双摇跳之前，先练习双脚交替跳，以便加强手腕的力量，加快摇绳的速度。

2）学习基本双摇跳时，可以用一个或多个"正常直摇跳"连接一个"基本双摇跳"，如此循环练习。

3）熟练后，可以连续基本双摇跳。

3.技术要领

1）手腕摇绳，摇绳要求快且有力。

2）起跳腾空后脚尖放松，不可勾脚尖、屈髋。

3）落地时前脚掌着地，屈膝缓冲。

（二）双摇侧打直飞

1.动作方法

双摇侧打直飞是以侧打直飞为基础的，以左侧侧打为例，第一拍绳子由体后摇至体前左侧抡绳一圈，两手臂在身体左侧处于交叉位置，右手在上，当绳子摇至最低点时跳起保持腾空，绳子不过脚；第二拍当绳子摇至头顶上方时，两手臂迅速分开至身体的左右侧，向前快速摇绳过脚。右边动作与左边动作相同，方向相反。

2.教法提示

1）双摇侧打直飞是侧打和直飞两个动作的快速联合，学习双摇侧打直飞之前，要先熟练掌握侧打直飞的动作技术。

2）学习双摇侧打直飞时，可以用一个或多个正常直摇跳连接一个单侧的双摇侧打直飞，如此循环练习。注意左右侧的双摇侧打直飞都需掌握。

3）熟练后，可以练习连续双摇侧打直飞和左右侧双摇侧打直飞的连接。

3.技术要领

1）手腕摇绳，摇绳要求快且有力。

2）侧抡绳要垂直于地面，平行于身体。

3）起跳腾空后脚尖放松，不可勾脚尖、屈髋。

4）落地时前脚掌着地，屈膝缓冲。

（三）双摇侧打挽花

1.动作方法

双摇侧打挽花是以侧打挽花为基础的，以左侧侧打为例，第一拍绳子由体后摇至体前左侧抡绳一圈，两手臂在身体左侧处于交叉位置，左手在上，当绳子摇至最低点时跳起保持腾空，绳子不过脚；第二拍当绳子摇至头顶上方时，两手臂在腹前交叉快速向前摇绳过脚。右边动作与左边动作相同，方向相反。

2.教法提示

1）双摇侧打挽花是侧打和挽花两个动作的快速联合，学习双摇侧打挽花之前，要先熟练掌握侧打挽花的动作技术，教学时注意强调双摇侧打挽花和双摇侧打直飞动作在侧打绳阶段的手臂位置的区别。

2）学习双摇侧打挽花时，可以用一个或多个正常直摇跳连接一个单侧的双摇侧打挽花，如此循环练习。注意左右侧的双摇侧打挽花都需练习和掌握。

3）熟练后，可以练习连续的双摇侧打挽花和左右侧双摇侧打挽花的连接。

3.技术要领

1）手臂交叉摇绳时，小臂贴近腹部，手腕摇绳，摇绳要求快且有力。

2）侧抡绳要垂直于地面，平行于身体。

3）起跳腾空后脚尖放松，不可勾脚尖、屈髋。

4）落地时前脚掌着地，屈膝缓冲。

（四）快花

1.动作方法

跳跃一次绳子过身体两周，第一周正常直摇，第二周手部腹前交叉。

2.教法提示

1）学习快花之前，要先熟练练习活花，即一个向前的单摇跳接挽花。

2）初学者学习快花时，不要连续快花跳，采用一个或多个向前的单摇跳接一个快花，如此循环练习。

3）熟练后，可以练习连续的快花。

3.技术要领

1）手臂交叉摇绳时，小臂贴近腹部，手腕摇绳，摇绳要求快且有力。

2）起跳腾空高度比单摇跳稍高，腾空后脚尖放松，不可勾脚尖、屈髋。

3）落地时前脚掌着地，屈膝缓冲。

（五）扯花

1.动作方法

扯花和快花动作技术类似，只是动作顺序不一样。扯花要求跳跃一次绳子过身体两周，第一周手部腹前交叉，第二周正常直摇，与快花正好相反。

2.教法提示

1）学习扯花之前，要先熟练练习活花，即一个向前的单摇跳接挽花。

2）初学者学习扯花时，不要连续扯花跳，采用一个或多个向前的单摇跳接一个扯花，如此循环练习。

3）熟练后，可以练习连续扯花。

3.技术要领

1）手臂交叉摇绳时，小臂贴近腹部，手腕摇绳，摇绳要求快且有力。

2）起跳腾空高度比单摇跳稍高，腾空后脚尖放松，不可勾脚尖、屈髋。

3）落地时前脚掌着地，屈膝缓冲。

（六）双摇凤花

1.动作方法

起跳一次绳子过身体两周，两周手臂均在腹前交叉。

2.教法提示

1）学习双摇凤花之前，要先熟练练习死花，即固定编花跳。

2）初学者学习双摇凤花时，不要连续双摇凤花跳，采用一个或多个向前的单摇跳接一个双摇凤花，如此循环练习。

3）熟练后，可以练习连续的双摇凤花。

3.技术要领

1）手臂交叉摇绳时，小臂贴近腹部，手腕摇绳，摇绳要求快且有力。

2）起跳腾空高度比单摇跳稍高，腾空后脚尖放松，不可勾脚尖、屈髋。

3）落地时前脚掌着地，屈膝缓冲。

（七）双摇龙花

1.动作方法

双摇龙花是以上下翻花为基础的。起跳一次绳子过身体两周，两周手臂均在腹前交叉，第二周与第一个交叉动作的左右手要交换位置，左右手交换位置在腾空时完成。

2.教法提示

1）学习双摇龙花之前，要先熟练练习上下翻花，熟悉摇绳的肌肉感觉，加快摇绳的速度。

2）初学者学习双摇龙花时，不要连续双摇龙花跳，采用一个或多个向前的单摇跳接一个双摇龙花，如此循环练习。

3）熟练后，可以练习连续的双摇龙花。

3.技术要领

1）手臂交叉摇绳时，小臂贴近腹部，手腕摇绳，摇绳要求快且有力。

2）手臂上下换位时，手臂稍微打开，以便绳子打开，换位要快。

3）起跳腾空高度比单摇跳稍高，腾空后脚尖放松，不可勾脚尖、屈髋。

4）落地时前脚掌着地，屈膝缓冲。

（八）双摇背手交叉跳

1.动作方法

双手在背后交叉摇绳，跳跃一次绳子过脚两次。

2.教法提示

1）学习双摇背手交叉跳之前，要先熟练练习背手交叉跳，熟悉摇绳的肌肉感觉，加快摇绳的速度。

2）初学者学习双摇背手交叉跳时，先学习一个向前单摇接一个背手交叉跳，两个动作连接在一次起跳完成，如此循环练习。

3）熟练后，可以练习采用一个或多个向前的单摇跳接一个双摇背手交叉跳和连续双摇背手交叉跳。

3.技术要领

1）当绳子向前向下摇至双脚后方时，手臂迅速在背后交叉。

2）手臂交叉摇绳时，小臂贴近腰椎位置，双手交叉至两腰侧，要求从体前可以看到两腰侧的绳柄。手腕摇绳，摇绳要求快且有力。

3）起跳腾空高度比单摇跳稍高，腾空后脚尖放松，可以向前屈膝，以便提高腾空的高度。

4）落地时前脚掌着地，屈膝缓冲。

（九）双摇敬礼跳

1.动作方法

双手在体侧打开于腰间位置，绳子放在腿后。以左侧为例，双手向前摇绳的同时双脚蹬地起跳，当绳子摇至头顶上方时，迅速向身体左侧抡绳打地后，左手迅速放至背后，右手在腹前身体左侧快速向前摇绳，敬礼跳过绳。注意起跳一次，绳子在体侧打地一次再敬礼跳过绳一次，腾空稍高。

2.教法提示

1）学习双摇敬礼跳之前，要先熟练练习敬礼跳，熟悉摇绳的肌肉感觉，加快摇绳的速度。

2）初学者学习双摇敬礼跳时，先学习一个侧打接一个敬礼跳，两个动作连接在一次起跳完成，如此循环练习。

3）熟练后，可以练习连续双摇敬礼跳。

3.技术要领

1）当绳子向前摇至头顶前上方时,两手迅速经侧打绳变成前后交叉的姿势。

2）放在背后的手保持摇绳的节奏不变。

3）双手交叉时,保持在同一水平高度,从体前可以看到后面那只绳柄。

4）起跳腾空高度比单摇跳稍高,腾空后脚尖放松,可以向前屈膝,以便提高腾空的高度。

5）用手腕的转动摇绳,摇绳要干脆有力。

6）落地时前脚掌着地,屈膝缓冲。❶

五、体操花样

体操花样,是指在完成跳绳动作时,连接、穿插有体操动作的花样。做体操花样时,绳子必须至少经过脚下一次,但是,为了鼓励运动员在比赛中加入特别动作元素,即使进入时绳子没有经过脚下,也会评定这些花样为一级难度。

（一）直角坐鞭子跳

1.动作方法

直角坐,将绳子对折,由前往后扫过,绳子从腿和臀下绕过;也可双手握绳子两端,一手上举,一手下举,双手内旋摇绳从腿和臀下绕过。直角坐跳,可以配合"鞭子"摇绳法,还可以配合"轴心跳"摇绳方法,即双手一手在上、一手在下,绕身体纵轴的摇绳方法。

2.教法提示

1）学习直角坐鞭子跳的关键是学会直角坐跳,直角坐跳是从坐的姿势中

---

❶ 杨帆.教你跳绳[M].天津:天津科学技术出版社,2019.

向上跳起，并以坐姿落地，要求腰臀部发力，初学直角坐跳可以用脚后跟蹬地助力，帮助起跳腾空。

2）初学者，先无绳练习直角坐跳，直角坐跳熟练后再慢速练习直角坐鞭子跳完整技术。

3.技术要领

1）腰臀发力，使身体腾空，可以借助双脚脚后跟蹬地，帮助腾空。

2）绳子从脚下、腿下、臀下经过，要求摇绳速度快。

（二）假俯卧撑跳

1.动作方法

从正常直摇开始；第一拍，当绳子摇至头顶前上方时，开始下蹲，然后双手撑地身体展开呈俯卧撑姿势，绳子在手的前方，不过脚；第二拍，双脚蹬地站起成直立姿势；第三拍双手摇绳，跳过绳子一次。

2.教法提示

1）无绳练习俯卧撑接垂直跳，要求俯卧撑后快速收腿，由下蹲姿势向上跳起。

2）双手握绳练习假俯卧撑跳完整技术。

3.技术要领

1）先蹬地收腿，然后推手，使上体直立，推手后马上向后摇绳，双脚再跳跃过绳。

2）做俯卧撑时，绳子置于体前地面。

（三）准俯卧撑跳

1.动作方法

绳子过脚之前身体变成俯卧撑姿势，然后直接由俯卧撑姿势跳起过绳一次。从正常直摇开始；第一拍，同假俯卧撑跳一样，第二拍时双脚蹬离地面，向前收腿，使双腿靠近腹部上体，然后推手使身体腾空，双手离开地面后迅速向后摇绳,绳子过脚一次,双脚落地成站立或半蹲姿势。

2.教法提示

1)无绳练习俯卧撑直接跳起的动作,要求先蹬地收腿,然后推手,使身体腾空,落地成站立姿势。

2)学习时,要突出腾空双手向后摇绳的动作。

3)无绳动作练习熟练后,练习双手持绳准俯卧撑跳完整技术。

3.技术要领

1)先蹬地收腿,然后推手,使身体腾空,推手后马上向后摇绳。

2)绳子过脚后,双脚落地,上体抬起,成站立或者半蹲姿势,注意屈膝缓冲。

(四)假扑食跳

1.动作方法

绳子过脚之前,双手撑地做一个手倒立姿势,双脚落地后正常跳跃一次。第一拍先做一个正常直摇;第二拍,当绳子摇至头顶前上方时,双手撑地成手倒立姿势,绳子在手的前方,绳子不过脚;第三拍,双脚落地,双手离地后迅速摇动绳子,跳过绳子一次。

2.教法提示

1)学习假扑食跳的关键是学会手倒立,初学手倒立可以在他人帮助下做手倒立或者靠墙练习摆倒立,要求蹬摆腿成倒立姿势后,双脚落地,上体抬起,再继续做下一个摆倒立,如此循环练习。

2)摆倒立动作技术掌握后,双手持绳练习假扑食跳完整技术。

3.技术要领

1)先蹬地收腿,然后推手,使身体腾空,推手后马上向后摇绳。

2)绳子过脚后,双脚落地,上体抬起,成站立或者半蹲姿势,注意屈膝缓冲。

（五）准扑食跳

1.动作方法

绳子过脚之前，双手撑地做一个手倒立姿势，双脚落地前过绳一次。第一拍，先做一个正常直摇；第二拍，当绳子摇至头顶前上方时，双手成手倒立姿势，绳子在手的前方，绳子不过脚；第三拍，双手推离地面使身体腾空，同时向后摇绳，双腿向前靠近腹部位置，双脚在落地之前过绳一次。

2.教法提示

1）无绳练习手倒立推手动作，要求推手后收腿，双手离地后迅速向后摇绳。

2）学习时，要突出腾空双手向后摇绳的动作。

3）无绳动作练习熟练后，练习双手持绳准扑食跳完整技术。

3.技术要领

1）手倒立时抬头看着手，推手顶肩用力，身体腾空后马上向前收腿过绳。

2）绳子过脚后，双脚落地，上体抬起，成站立或者半蹲姿势，注意屈膝缓冲。

六、放绳花样

（一）螺旋转动接绳

1.动作方法

以单手（通常是右手）握住其中一个绳柄，另一绳柄置于地上。持绳柄的一手，用手肘加一点手腕的力量顺时针摇绳，当把绳子摇起来后，主要用手腕的力量转动绳子，此时绳会在身前，分两截旋转，地上的绳把随绳在空中绕圆旋转。接绳柄时，当握绳柄的手（右手）摇至12点钟方向即圆的最顶端时，右手稍稍往外轻拉绳同时左手接另外一个绳柄，右手停止摇绳。

2.教法提示

1）一手握绳子一端，另一端置于体前，握绳的手腕向下使绳柄垂直于地面，先练习平行于地面的螺旋，接另一绳柄的时候，将绳子上提一下，绳柄自然就跟随上提的力量腾空。

2）平行于地面的螺旋练习是为了帮助熟悉摇螺旋绳时肌肉用力感觉，当熟练后就可练习上页图所示的缧旋绳接把动作。

3.技术要领

1）启动螺旋绳时，右手需向外侧拉动绳子，接绳柄的时候，右手也需要向外侧拉动绳子，但两次拉动绳子的用力大小和速度不一样，要注意感觉。

2）螺旋成形后，摇绳主要是手腕的转动，要求手腕转动摇绳干脆有力，使螺旋以绳柄为轴心转动。

（二）前摇体侧向后放绳转体接绳

1.动作方法

第一拍，先做一个正常直摇；第二拍，当绳子摇至体前头顶上方时，左手摆至身体右侧腰部位置将绳从腋下向身体后方抛出；第三拍，向右转体180°，当绳即将到达最远端时，右手顺势稍拉一下绳，左手伺机接住绳柄。

2.教法提示

1）一手握绳子一端，另一端置于地面，然后拉绳接地面上那只绳柄，拉绳的时候用力要干脆轻盈，这个练习主要是帮助学生体会拉绳用力和另一手接绳的感觉。

2）练习持短绳放绳接绳，然后逐渐增加绳子的长度练习此动作。

3）练习向后放绳转体接绳的完整技术，注意放绳的时候要干脆，把绳子向体后放到最远处再拉绳。

4）动作技术熟练后，接到绳柄，马上连接跳绳动作。

3.技术要领

1）放绳要干脆，将绳子向体后放到最远处，要求绳子后摆充分舒展。

2）拉绳用力要干脆，不能太用力，以免太用力绳子返回的速度太快，绳柄会撞到自己。

（三）后摇向前放绳接绳

1.动作方法

第一拍，先做一个向后的直摇；第二拍，当绳子刚过脚下时，左手将绳向身体的前方抛出；第三拍，当绳即将到达最远端时，右手顺势稍拉一下绳，左手伺机接住绳柄。

2.教法提示

1）先练习持短绳放绳接绳，然后逐渐增加绳子的长度练习此动作。

2）练习向前放绳接绳的完整技术时，注意放绳的时候要干脆，把绳子向体前放到最远处再拉绳。

3）动作技术熟练后，接到绳柄，马上连接跳绳动作。

3.技术要领

1）放绳要干脆，将绳子向体前放到最远处，要求绳子后摆充分舒展。

2）拉绳用力要干脆，不能太用力，以免太用力绳子返回的速度太快，绳柄会撞到自己。

（四）后摇上抛绳接绳

1.动作方法

第一拍，先做一个正常直摇；第二拍当绳子刚过脚时双手将绳（借绳的摇动惯性）由后向前抛出，绳在空中翻转一周；第三拍，两臂上举接绳把，随即同左右"8"摇绳或双手直接打开于腰侧跳绳。

2.教法提示

1）借助摇绳时绳子向上的惯性将绳向上抛出，绳在空中翻转时保持双折形。

2）初学注意抛绳不要太高，用力不要太大，慢速练习有助于提高抛接的成功率。

3）动作技术熟练后，接到绳柄，马上连接跳绳动作。

3.技术要领

1）借助摇绳的惯性向上抛绳，注意抛绳时手臂上伸到最高点时绳子才出手。

2）抛绳要干脆，但不能太用力，以绳子在空中转一圈为宜。

第三节　双人单绳

一、概述

双人单绳是指两位跳绳者利用一根绳子，在摇动侧打绳的同时，跳绳者在绳中或绳外完成各种转体、跳跃、力量动作，以展现个人高超的绳技和两人默契配合的跳绳动作。双人单绳是花样跳绳中一种特殊的元素种类，在比赛项目中没有设置相关项目，但是却是表演项目中不可缺少的版块，双人单绳训练中通常会作为车轮跳的辅助练习，对练习车轮跳难度动作很有帮助。

二、主要跳法

（一）带人跳双摇

1.动作方法

带人者持绳，两人可面对面站立，也可同向站立，协调配合，绳子同时过两人身体即为完成一次动作。带人跳双摇，如图4-17所示。

2.动作要领

两人节奏一致，相互配合。

图4-17　带人跳双摇

3.重点与难点

如何控制跳绳者进绳的时机和两人跳跃节奏一致。

4.易犯错误及纠正方法

易犯错误：进绳时机不对，带人者摇绳过快，跳绳者跳跃时机不对。

纠正方法：绳向下打地就往里面进，两人同时起跳，放慢摇绳速度。

5.练习方法

1）徒手跳：带人者与跳绳者原地徒手有节奏的跳跃，建立良好的节奏感。

2）带绳练习：初学者开始采用两弹一跳，即带人者与跳绳者并脚跳跃两次，绳子过脚一次；熟练掌握以后，采用一弹一跳，即并脚跳绳一次，绳子过脚一次。

3）跳绳者可位于带人者体前或体后，可延伸出跳绳者原地转身等花样。

（二）双人和谐跳（V）

1.动作方法

两名跳绳者各握绳子一端，并排站立，右边的人右手握绳，左边的人左手握绳；将绳子置于两人身后，两人同时摇绳，同时过绳。

2.动作要领

两人摇绳节奏一致，相互配合，起跳一致。

3.重点与难点

两人同时起跳的节奏以及是否同时摇绳。

4.易犯错误及纠正方法

易犯错误：起跳时上体前倾，导致动作不美观；摇绳节奏不一致。

纠正方法：两人身体直立，徒手原地有节奏地跳跃；多进行摇绳练习，摇绳与起跳一致。

5.练习方法

1）原地并排各握一根短绳有节奏地练习。

2）两名跳绳者各握绳子一端，慢速练习同摇跳。

3）从两弹一跳并脚跳开始练习，过渡至一弹一跳并脚跳，熟练后加快摇绳速度。

（三）一人内转360°（O+内360）

1.动作方法

两名跳绳者各握绳子一端，并排站立，右侧跳绳者进绳跳一次，然后原地向内（左）转体一周，回到进绳之前的位置跳跃过绳；接着左侧的同伴重复此动作，两人轮流进行练习。一人内转360°，如图4-18所示。

图4-18　一人内转360°

2.动作要领

转身者从向下"送绳"给同伴跳时开始转身，转到180°时手臂上举，回到原位后摇绳给自己跳，转体时保持摇绳节奏不变。

3.重点与难点

"送绳"与起跳节奏的掌握以及转身时节奏的变化。

4.易犯错误与纠正方法

易犯错误：转身时摇绳节奏过快，导致跳绳者失误；转完之后手没有上举。

纠正方法：转身速度慢一点，手臂同身体一同转动。

5.练习方法

1）单人练习：两人分别握一根短绳，做内转360°练习。

2）对转身动作熟练后，再练习依次跳，目的是建立良好的节奏感，之后尝试内转360°练习。

（四）双人内转360°

1.动作方法

两名跳绳者各握绳子一端，并排站立，两人把绳子由后向前摇动，同时两人向内转体一周，回到初始位置，转身时绳子在中间打空。双人内转360°，如图4-19所示。

图4-19　双人内转360°

2.动作要领

1）两个人动作要同步，特别是转身和摇绳动作。

2）转体后双手随绳子转动的惯性打开至初始位置。

3）转体与摇绳节奏一致，不要因为转体而忘记摇绳。

3.重点与难点

转身与摇绳同步进行，转回之前手要上举。

4.易犯错误与纠正方法

易犯错误：同伴转体过快，导致摇绳速度加快，节奏不一致。

纠正方法：多进行徒手转体练习。

5.练习方法

1）两人先做徒手转身练习，要求转身节奏一致。

2）熟练后各握绳子一端慢速练习。

（五）一人内转180°（O+内180）

1.动作方法

两名跳绳者各握绳子一端，并排站立，转身者向内转身的同时"送绳"给同伴跳，转到180°时，摇绳的手在体前做反摇交叉跳过，跳过之后手上举转回原位，自己摇绳跳跃一次。一人内转180°，如图4-20所示。

图4-20　一人内转180°

2.动作要领

1）转体后双手随着绳子的惯性变成体前交叉摇绳。

2）两人摇绳节奏一致，摇绳动作随转体连贯进行。

3.重点与难点

摇绳与转身的节奏要一致，反摇体前交叉动作要到位。

4.易犯错误与纠正方法

易犯错误：转身过快导致摇绳加快，反摇体前交叉动作不到位，导致失误。

纠正方法：减慢转身速度，交叉位置到位。

5.练习方法

1）先做徒手转体摇绳动作练习，之后手持短绳进行内转180°练习。

2）练习时可以喊出跳绳的节奏，便于两人更好地配合；以一个八拍为例，第三拍右侧人转，第六拍左侧人转。

（六）双人内转180°

1.动作方法

两名跳绳者各握绳子一端，并排站立，绳子置于后面；两人同时把绳子由后向前摇，接着两人同时向内转体180°，绳子在中间打空；转完180°后两人同时在体前做单手反摇交叉摇绳并跳过身体，然后双手上举打开并转回初始位置。双人内转180°，如图4-21所示。

图4-21 双人内转180°

2.动作要领

1）转体后双手随绳子转动惯性变成向后体前交叉反摇绳。

2）两人转体和摇绳节奏一致，摇绳动作随转体连贯进行。

3.重点与难点

摇绳与转身节奏要一致，反摇体前交叉动作要到位。

4.易犯错误与纠正方法

易犯错误：反摇体前交叉动作不到位，转回时双手没有往上举。

纠正方法：多做徒手练习，交叉时手臂尽量往外伸。

5.练习方法

1）先做徒手摇绳转体练习，之后手持短绳进行同时内转180°练习。

2）带绳练习：转体180°变成反摇体前交叉时，绳子不过身体，双脚踩住，多练习几遍。

3）连续动作练习：练习了双脚踩绳之后，尝试跳过，整个动作连续进行。

（七）交叉跳

1.动作方法

两名跳绳者各握绳子一端，并排站立，绳子置于后面；一人在绳中跳，另一人配合摇绳；两人统一口令，数节奏"1、2、3，交叉"，两人握绳交叉至对侧，跳绳者前交叉过绳，摇绳者送绳给交叉跳绳者；交叉手回复原位，完成交叉跳。

2.动作要领

1）摇绳者送绳要掌握好交叉时机及送绳路线和幅度。

2）送绳时可把自己握绳手臂看作是摇绳者的另一手臂，想象成跳绳者在体前交叉。

（八）胯下换柄

1.动作方法

两名跳绳者各握绳子一端，面对面站立，向前摇绳。统一换柄口令，一起数"1、2，换"的节奏，握绳手臂从胯下穿过，换至另一手握绳。

2.动作要领

1）两人要统一口令，及时掌握绳子运行路线和弧度以及换柄时机。

2）两人转动手腕换柄，节奏一致。

3.重点与难点

摇绳的节奏与抬腿换柄的时机。

4.易犯错误与纠正方法

易犯错误：摇绳过快，抬腿高度不够。

纠正方法：降低摇绳速度，多做徒手练习，增加抬腿高度。

5.练习方法

1）徒手练习：先徒手练习单侧腿胯下动作，两人交换练习，统一先外侧手放于内侧腿胯下。

2）换柄练习：外侧手向前摇绳，抬起内侧腿，在胯下换柄变成内侧手摇绳。

（九）异侧胯下跳

1.动作方法

两名跳绳者各握绳子一端，并排站立，绳子置于身后；外侧手向前摇绳，当绳子摇至身体下方时，抬起内侧腿，手放于胯下，另一位跳绳者直摇跳跃过绳，胯下的手收回。

2.动作要领

1）把握抬腿时机，当绳摇至胸前时抬腿。

2）交叉后手臂顺势绕至膝下，保持绳子的饱满度，身体稍向前倾。

3.重点与难点

抬腿高度与膝下手臂打开角度。

4.易犯错误与纠正方法

易犯错误：抬腿高度不够，造成身体前倾过大，手臂不能绕至膝下；膝下手臂打开角度不够，造成绳子缠绕身体。

第四章 跳绳运动技术训练分析

纠正方法：多做原地提膝动作练习，拉伸髋关节韧带；膝下手臂尽量外伸。

5.练习方法

1）徒手练习：原地徒手模仿整个动作过程。

2）带绳单个动作练习：每次只跳一次，停下来，再重新开始。

3）连续动作练习：初学者可以慢速连续练习。

（十）双摇交换跳

1.动作方法

两人并排站立，外侧手握绳柄，同时摇绳，两人同时跳起，绳子依次过脚，称为双摇交换跳。双摇交换跳，如图4-22所示。

图4-22 双摇交换跳

2.动作要领

把握摇绳节奏，两人相互配合。[1]

---

[1] 王奉涛，黄伟明，袁卫华，等.花样跳绳初级教程[M].镇江：江苏大学出版社，2015.

第四节　车轮跳

车轮跳，又名中国轮，英文名为Wheels或Chinese Wheels，是花样跳绳的一大特色项目，它是一种两人或两人以上相互配合轮流进行跳绳的新型跳绳方法。由于是轮流跳绳，从侧面看就像车轮在转动，故得其名。

车轮跳花样繁多、难度系数较低、难学易练，它打破了传统跳绳的单一性，跳起来活泼有趣，极具观赏性，是健身、减肥以及塑身人士理想的有氧运动。按照跳绳运动的基本规律，合理运用身体姿势的变化及人绳之间的配合，充分激发选手的想象力和创造力将各种车轮跳技术动作组合在一起，配以合适的音乐，能全面展示车轮跳项目的技巧性和艺术性。

练好车轮跳要注意两点：一是要注意节奏，车轮跳跳起来形似车轮在转动，要求绳子依次打地，且时间间隔要相同；二是要注意配合，车轮跳要求绳子运行轨迹清晰，饱满且弧度漂亮，这就势必要求跳绳者动作规范标准且配合默契。

一、车轮跳辅助练习动作

（一）同步单摇

1.动作方法

两人并排站立，相近把柄交叉相握，将绳置于身后；两人同时向前摇动绳子，同时跳跃过绳，跳跃一次，绳子过脚一次，重复进行。

2.动作要领

两人必须节奏一致，交叉的绳子不可打结。

（二）同步双摇

1.动作方法

两人并排站立，相近把柄交叉相握，将绳置于身后；两人同时向前摇动绳子，同时起跳过绳，起跳一次，绳子过脚两次，重复进行。

2.动作要领

两人必须节奏一致，跳绳高度一致；交叉的绳子不可打结；两人始终保持适当距离，原地起跳落地，身体保持平衡。

（三）同步挽花

1.动作方法

两人并排站立，相近把柄交叉相握，将绳置于身后；两人同时向前交叉摇动绳子，同时跳跃过绳，起跳一次，绳子过脚一次，可直飞一次，挽花一次练习，也可连续挽花练习。

2.动作要领

右侧绳子在下，则挽花时右手在上；左侧绳子在下，则挽花时左手在上。

（四）车轮抡绳练习

1.动作方法

两手各握一绳，在立圆方向依次向前轮动，两绳始终相隔180°，一上一下，一前一后，重复练习；或者三人一组，旁边两人各握一绳柄，中间人手握两绳柄，在立圆方向依次向前轮动，两绳始终相隔180°，一上一下，一前一后，重复练习。

2.动作要领

车轮跳抡绳为车轮跳辅助练习动作，改变初学者两手同时摇绳的习惯，体会两绳依次打地的感觉，领会"车轮"的内涵。

3.重点与难点

抡绳时一定要保证绳子交错打地，两根绳子摇动时一根保持最高点，另一根保持在最低点，两绳相隔相同时间交错打地。

4.易犯错误及纠正方法

易犯错误：双手节奏不一致，导致绳子变速；绳子摇动不在立圆上。

纠正方法：先让一根绳摇起，到最高点时另一根绳也同时摇起；两手臂摇动轴需在立圆上，保证绳子运行轨迹始终成立圆。

5.教法提示

1）原地抡绳练习：注意掌握节奏。

2）移动抡绳练习：移动时不能打乱节奏，注意保持绳子的饱满度。

二、两人车轮

两名跳绳者各握对方一个手柄，绳子依次交互打地，以各种方法轮流进行跳绳称为两人车轮跳，从侧面看就像车轮在转动。两人车轮跳按照摇绳者握绳方式可以分为三种：同面前摇绳、同面后摇绳、异面前后摇绳。三种方式所跳花样基本相似，为避免重复，本书以同向前摇绳为例进行描述，有兴趣者可以自行练习同面后摇绳与异面前后摇绳花样。

在车轮跳运动中，跳绳者把转身、换位、挽花、胯下和双摇等动作按照合理的顺序相互融合而形成元素多样的复杂动作，称为车轮跳复合花样。车轮跳复合动作花式繁多，所有的符合绳子运行轨迹的动作，加以努力练习都可以完成，关键在于跳绳者的创新。

（一）基本车轮跳

1.动作方法

两人并排站立，相近绳柄交叉相握，绳置于身后；一绳先向前摇动，当摇至最高点时另一声开始向前摇动，两人依次跳跃过绳，两绳始终相隔180°，一上一下，一前一后，看上去像"车轮"在转动。

2.动作要领

1）首先先确定谁先起跳，先跳者与后跳者每次跳跃相隔相同时间，两绳一上一下，一前一后，相隔相同距离。

2）两人所摇的同一根绳保持节奏一致。

3）初学者可先练习双脚跳。

3. 重点与难点

两绳要保持速度一致，两人持同一根绳的手臂保持节奏一致。

4. 易犯错误及纠正方法

易犯错误：起跳时容易受到对方的影响，两人会同时起跳；双手不能分开摇绳，交替摇绳动作变成一起摇绳动作。

纠正方法：保持目视前方，不要盯着同伴看，一人先起跳，另一人要配合摇绳，控制好起跳的节奏；多练习抡绳动作。

5. 教法提示

1）抡绳动作练习：两手各拿一绳，练习原地和移动抡绳动作。

2）单个动作练习：两人各跳一次或两次，重复练习。

3）连贯动作练习：两人连贯车轮跳练习，每组各跳10~15次。

（二）内转

1. 动作方法

在车轮跳中，跳绳者向任何一侧转体的动作，称为车轮跳转身动作。跳绳者可以向左侧转身，也可以向右侧转身；可以转动180°，也可以转动360°；可以同时转身，也可以依次转身；可以采用多种步法跳跃，如单脚、双脚等。车轮跳转身动作增加了跳绳者方向的变化，可以锻炼和增强跳绳者的方位意识以及朝不同方向迅速转体的能力。

在两人车轮跳中，向两人中线（自己与搭档之间）转身为内转；反之为外转。内转是在原地车轮的基础上，身体向内侧转体，同时外侧绳空打地，继续转体一周，另一绳也空打地，回到原地做车轮跳动作。两人可以依次或同时内转一周，也可内转半周成后摇车轮，还可以内转半周后回转至原位。

2. 动作要领

1）首先确定谁先转身。

2）转体与绳子打地要协调一致。

3）转体时两手臂张开尽量贴近耳朵，使绳子在立圆上转动。

3. 重点与难点

两绳子速度一致，两人相同方向的手臂保持节奏一致。

4. 易犯错误及纠正方法

易犯错误：起跳时容易受到对方的影响，两人会同时起跳；双手不能分开摇绳，交替摇绳动作变成同时摇绳动作。

纠正方法：保持目视前方，不要盯着同伴看，一人先起跳，但另一人要配合摇绳，控制好起跳的节奏；多练习抢绳动作。

5. 教法提示

1）抢绳动作练习：两手各拿一绳，练习原地和移动抢绳动作。

2）单个动作练习：两人各跳一次或两次，重复练习。

3）连贯动作练习：两人连贯车轮跳练习，每组各跳10~15次。

（三）外转

1. 动作方法

在原地车轮的基础上，一人保持基本车轮跳，另一人跳过自己的绳子后身体向外侧转体；转至背后紧接着跳过同伴的绳子；继续转体半周，跳跃自己的绳子，回到原地车轮跳动作。两人可以依次或同时外转一周，也可外转半周成后摇车轮，还可以外转半周后回转至原位。

2. 动作要领

1）外转者需要连续跳跃三次，注意掌握节奏。

2）转体与绳子打地要协调一致。转体时两手臂张开尽量贴近耳朵，使绳子在立圆上转动。

（四）半换位

1. 动作方法

在车轮跳过程中，跳绳者相互调换位置的动作，称为车轮跳换位动作。车轮跳换位动作增加了跳绳者的位置变换，可以锻炼和增强跳绳者协调能力和灵敏性。

以右侧摇绳者向左前移动换位为例：A左B右跳起做基本车轮跳，B跳右侧绳的同时向左前方移动，A向右后方移动，左手绳空打地一次，两人相互交换位置，B左A右，完成半换位动作。

2.动作要领

1）右侧人跳右侧绳的同时要向左前方跳，有适当的提前量。

2）注意脚步移动与上肢动作的配合。

（五）全换位

1.动作方法

以右侧摇绳者向左前移动换位为例：A左B右跳起做基本车轮跳，B跳右侧绳的同时向左前方移动，A向右后方移动，左手绳空打地一次，两人交换位置；A跳右侧绳的同时向左前方移动，B向右后方移动，左手绳空打地一次，B跳右侧绳，A在左侧跳绳一次，完成全换位动作。

2.动作要领

1）全换位为半换位的复合动作，两次半换位之间减少一次跳绳。

2）两人移动时成一圆周，移动轨迹在圆周切线上。

3）右侧人跳右侧绳的同时要向左前方跳，有适当的提前量。

（六）基本挽花

在车轮跳过程中，跳绳者两手做交叉挽花，跳对方绳子的动作，称为车轮跳挽花动作。车轮跳挽花动作使绳子在空中"相互穿插而不打结，相互跳对方绳而不停顿"，可以锻炼跳绳者的手腕灵活性，增强动作互动性和同伴间的配合。

1.动作方法

基本挽花花样分四步完成，第一步，右侧绳首先改变路线，向左方打地给左侧人跳；第二步，左侧绳向右方打地给右方人跳，此时左手在上，右手在下的交叉姿势；第三步，右手向右方摇动（解开交叉）给右侧人跳；第四步，左手向左方摇动给左侧人跳动，打开挽花，整个动作称为原地挽花。

2.动作要领

1）挽花时手尽量向对侧髋关节处伸。

2）第三步打开挽花时右手要借助上一拍绳子摇动的惯性，顺势完成。

3）初学者第三步速度可以稍加快，速度过慢容易缠到左侧同伴的头部。

（七）胯下挽花

两人车轮跳中，一只手或两只手位于胯部以下肢体的动作都被统称为胯下花样，胯下花样主要优点在于动作幅度大，身体姿态千变万化，能与绳子完美融合，观赏性较高。下面以胯下挽花动作（右手于左胯下）为例描述。

1.动作方法

胯下挽花花样是在挽花花样的基础上完成的，胯下挽花花样动作分四步：第一步，首先改变右侧绳路线，向左方摇动，同时两人抬起右腿，右手握绳柄于左胯下，左侧人仅用右脚跳跃过绳；第二步，左腿抬起保持不动，左侧绳向右方打地，右方人仅用右脚跳过，此时两手成左手在上，右手在下的交叉姿势；第三步，右手向右方摇动（解开交叉）给右侧人跳，过绳后右侧人左腿下落成双脚跳；第四步，左手绳向左方摇动给左侧人跳动，打开挽花，过绳时左侧人左腿下落成双脚跳，完成整个动作。

2.动作要领

1）抬腿高度与腰齐平，身体稍前倾，挽花时手尽量向对侧髋关节处伸。

2）第三步打开挽花时右手要借助上一拍绳子摇动的惯性，顺势完成。

3）初学者第三步速度可以稍加快，速度过慢容易缠到左侧人的头部。

（八）挽花双摇

1.动作方法

一套完整的挽花双摇动作，每名跳绳者起跳一次，绳子通过脚下两次，两人要依次起跳。以基本车轮跳为起始动作，分两步完成：第一步，左侧人起跳，先直摇跳过左手绳，然后交叉跳过右手绳；第二步，右侧人起跳，左侧绳向右摆动给右侧人跳，此时两手成左手在上，右手在下的交叉姿势，紧接着右手向右摇动（解开交叉）给右侧人跳，右侧人落地成基本车轮跳。

2.动作要领

1）车轮跳挽花双摇是在挽花花样的基础上完成的，要注意双摇起跳的时机及两人的配合，可以多练习挽花花样。

2）左侧人跳基本挽花花样的第四步和第一步，右侧人跳基本挽花花样的第二步和第三步。

（九）挽花半转身

1.动作方法

挽花半转身动作为一侧跳绳者转半周后，再转回原方向的动作。以右手在上挽花，右侧人半转身为例，分四部完成：第一步，A左B右起跳原地挽花，当B右手挽花给A跳的同时向左侧转身180°；第二步，A左手向右侧摇动，两手交叉，B后摇跳绳一次；第三步，两人右侧手臂向右侧摇动，B向右侧回转180°跳跃过绳；第四步，左侧手向左摇动，回到原地车轮动作。左右动作互换可完成左侧人挽花半转身动作。

2.动作要领

1）左侧人始终保持基本挽花跳，右侧人要两次转身，连续跳三次。

2）转身后摇要有一定的提前量，转身时绳子节奏不变。

（十）挽花全转身

1.动作方法

挽花全转身动作为侧跳绳者转一周后，再转回原方向的动作。以右手在上挽花，右侧人全转身为例，分四步完成：第一步，A左B右起跳原地挽花，当B右手挽花给A跳的同时向左侧转身180°；第二步，A左手向右侧摇动，两手交叉，B后摇跳绳一次；第三步，B继续左转180°，右手绳在两人中间空打地一次；第四步，左侧手向左摇动，回复至原地车轮动作。左右动作互换可完成左侧人挽花全转身动作。

2.动作要领

1）左侧人始终保持基本挽花跳，右侧人要两次转身，节奏为"右绳空打，左绳跳跃，右绳空打，左绳跳跃"。

2）空打时绳子应在两人中间，且绳子在立圆上运行。

（十一）三转身

1.动作方法

在绳子三次打地的过程中，一人连续跳转越绳三次，另一人原地转身空打地三次，完成360°转身动作，称为三转身。以右侧人转身时连续跳绳三次为例，共分四步：第一步，A左B右起跳原地车轮跳，当轮到B跳绳时，B边跳过右手绳边右转45°，同时A右转45°；第二步，B继续右转45°，后摇跳过左手绳，A右转45°，配合B摇绳；第三步，B继续右转180°回至原位跳绳一次，A右转180°后摇右手绳；第四步，A跳跃A绳，回复原地车轮跳。

2.动作要领

1）在绳子三次打地的过程中，B连续跳转越绳三次，A原地转身空打地三次，完成360°转身动作。

2）空打地者要配合连续三次跳转过绳者，两手臂伸直贴耳，以便跳者过绳。

（十二）挽花换位

1.动作方法

挽花换位动作是挽花跟换位动作的复合，在挽花车轮的基础上叠加换位。右侧跳绳者右手挽花向左后方移动，左侧跳绳者右手挽花向右侧移动，左侧绳空打地，两人调换位置后成基本车轮跳动作。

2.动作要领

右侧人左手空打地,动作要大,移动距离稍大。

(十三)胯下挽花换位

1.动作方法

胯下挽花换位是胯下、挽花与换位三个动作的复合,也可以看做是胯下挽花与换位的复合。在做胯下挽花的第三拍时,右侧跳绳者抬起的左腿往左侧胯出一大步,左侧跳绳者从右侧跳绳者身后跳出,两人交换位置完成动作。

2.动作要领

1)第三拍动作要特别注意,绳子从胯下过的同时交换位置。

2)先胯下再换位,换位时不要"抢",等胯下结束后落地时顺势换位。

(十四)转身换位

1.动作方法

转身换位是两人同向同时转一周与半换位的复合,以左转身为例共分四步:第一步,A左B右起跳原地车轮跳,当A跳跃过绳时左侧转身90°,落地点稍向后,B同时向左向前移动同时左转身90°;第二步,A、B跳绳者继续左转90°至两人同时面朝后方,右侧绳于身体右侧空打地;第三步,A、B同时左转180°并相互交换位置,B落地时跳跃左手绳;第四步,A跳跃右手绳,此时两人交换位置成基本车轮跳。

2.动作要领

1)两人之间的距离不要拉得太大。

2)右侧人移动距离较大,移动速度要稍快。

（十五）前转后

1.动作方法

由基本前摇车轮跳转换为基本后摇车轮跳的动作，称为前转后，共分三步：第一步，A左B右起跳原地车轮跳，当右侧绳摇至头顶时，两人同时内转90°，右侧绳在两人中间打地；第二步，两人继续转动90°，B跳过左侧绳；第三步，A跳过右侧绳，成后摇基本车轮跳。两人可以同样的方法由后摇车轮跳转回至前摇车轮跳。

2.动作要领

两人由前向后转身时节奏明确，绳子侧打至两人中间，成立圆轨迹。

三、三人及多人车轮跳

在两人车轮跳花样的基础上，增加跳绳者数量和绳子数量，可以衍生出三人车轮跳及多人车轮跳花样。三人及多人车轮跳花样动作更为复杂，可以做转身、换位、挽花、多摇、节奏变换以及变化多样的复合花样，需要跳绳者具有扎实的基本功、良好的节奏感以及团队配合能力。

第五节　交互跳

交互绳，俗称双绳跳，英文名为Double Dutch，最早起源于17世纪的荷兰，也叫做"荷兰双绳跳"，后流传到美国、加拿大、比利时、澳大利亚等国后成为风靡欧美的一项时尚运动。交互绳运动有助于提高练习者的心肺功能、平衡能力、灵敏协调能力、节奏感和力量，同时它还是一项特别注重培养合作精神的团队项目。摇绳者要正确且恰到好处地掌握摇绳的节奏，及时调整自己的位置以保证跳绳者在绳子的中间跳跃，并辅助跳绳者成功进出交互绳；跳绳者要跟随摇绳节奏变换自身节奏和位置。

交互绳花样难度非常高，它融合了体操、街舞、健美操等元素，具有很强的观赏性，是世界跳绳比赛中关注度最高的比赛项目。现在交互绳已成为一项国际赛事，赛事类型包括速度赛和花样赛。目前世界上三大交互绳比赛，分别是纽约交互绳大赛、日本交互绳大赛和比利时交互绳大赛，这三大赛事会邀请世界上顶级的交互绳团队参加比赛，每年大约有10万名青少年参加。

国际跳绳联盟（FISAC-IRSF）比赛规则中这样描述交互绳：两名摇绳者分别握住两根绳子的末端，两根绳子向相同或相反方向依次打地，同时跳绳者在绳子中做出各种技巧，摇绳者也可以随之做出各种摇绳花样。为保证每位初学者能够以较快的速度成功掌握各种技术，建议采用以下方式学习：

1）两人一组配合练习摇绳。

2）跳绳者独自练习跳绳动作，不用跟绳配合。

3）跳绳者跟随摇绳节奏尝试在绳外完成动作。

4）跳绳者尝试在绳内完成动作。

每一次跳跃过绳时都要大声喊口令或数节拍，这样可以让跳绳者和摇绳者根据口令统一动作节奏，更容易顺利跳跃过绳。世界顶级的交互绳团队在比赛中都会喊口令或数节拍。交互绳中最重要的是团队合作，大多数人会认为跳绳者是交互绳的核心成员，其实摇绳者跟跳绳者一样重要，摇绳者要有极强的控制绳子的能力，两根绳子犹如自身手臂的延长，要始终控制摇绳节奏，同时又要根据跳绳者动作做出及时的调整。

交互绳注意事项有以下几点：

1）注重跳绳者与摇绳者交换角色，轮流练习。

2）两根绳子长度相同，颜色不同。

3）绳子要打地且打地间隔时间相同。

4）喊口令。

5）摇绳者与跳绳者要相互配合。

一、摇绳者花样

（一）正摇绳

1. 动作方法

两人手握两绳保持适当距离相对站立，两脚分开略宽于肩，屈膝微蹲，两手于腰部高度依次向内侧绕圈摇绳，两绳依次打地，间隔相同时间，如图4-23所示。

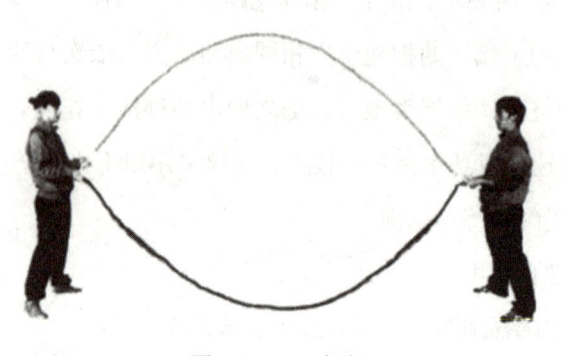

图4-23　正摇绳

2. 动作要领

（1）绳子开始摇动时，两人商定好摇绳顺序。

（2）绳子中心位置依次打地，节奏明显且间隔相同时间。

3. 重点与难点

用手腕发力，两手贴于腰部向内侧绕圈并保持相同速率，两根绳间隔相同时间，依次打地。

4. 教法提示

四人一组，两人摇绳，两人辅助喊口令并打节拍"1，2，1，2…"。

（二）反摇绳

1. 动作方法

与正摇绳摇绳方向相反，两手同时向外侧绕圈摇绳，两绳依次打地，间隔相同时间，如图4-24所示。

图4-24　反摇绳

2.动作要领

1）绳子开始摇动时，两人商定好摇绳顺序。

2）绳子中心位置依次打地，节奏明显，且间隔相同时间。

3.重点与难点

用手腕发力，两手贴于腰部向内侧绕圈并保持相同的速率，两根绳间隔相同时间依次打地。

4.教法提示

四人一组，两人摇绳，两人辅助喊口令及打节拍"1，2，1，2…"。

（三）移动摇绳

1.动作方法

正摇绳或反摇绳时，两人同时任意向各个方向移动，移动时保持摇绳节奏不变，移动的步法可以为交叉步、单并步或双并步。

2.动作要领

1）移动时手臂摇绳动作继续保持原有节奏。

2）两人相互配合，每次移动的节奏尽量与绳子节奏保持一致，两人移动距离相同，步伐一致。

（四）最大幅度摇绳

1. 动作方法

最大幅度摇绳是控绳的主要动作，它针对各种大幅度的地板技巧动作，让跳绳者有足够的施展动作空间。正摇绳或反摇绳时，两脚分开距离稍大，两脚尖外开45°，两腿可以左右弓步转换；身体前俯，两手握绳以最大幅度在立圆方向摇绳。

2. 动作要领

1）手臂摇绳时尽量伸直，两人用力一致，绳子弧度饱满。

2）尽量长的绳子打地，打地过程中绳子伸直，快速有力。

（五）快速摇绳

快速摇绳是交互绳速度的主要摇绳动作，决定着交互绳的速度水平。摇绳时要求两大臂贴近两侧肋部，两前臂自然前伸于腰部高度，大拇指与食指捏住绳柄，其余三指配合握绳，摇绳时前臂与手腕协同发力，两绳依次打地，节奏鲜明，速度越快越好。

（六）头顶摇绳

正摇绳或反摇绳时，两手上举至头顶摇绳。两手臂可向斜前方上举，两手臂分开成"V"字，两绳交替摇动，弧度饱满，节奏鲜明。

（七）上下摇绳

以左上右下摇绳为例：两手左上右下摇绳，两绳为交互式节奏摇动，左手绳于头顶上方摇动，绳子不用打地；右手绳正常摇绳，绳子中间打地。

（八）转身摇绳

两手握绳于身体两侧，绳停于地面；两人同时向同一方向转身180°，一绳于空中，另一绳打地；继续旋转180°，两绳交换位置，交替打地，弧度饱满，节奏鲜明。

（九）特殊手臂摇绳

两手臂胸前交叉摇动绳子，一手背于身后摇动绳子，两手背于身后摇动绳子。

（十）多摇跳摇绳

跳绳者在绳中跳跃一次，两根绳交替打地，2次以上绳子过脚。两手动作要快，动作幅度不宜过大，控制好两绳打地的时间差。

二、进绳花样

（一）基本进绳花样

1.动作方法

跳绳者可站在摇绳者任意一侧，跳绳者位于绳外，靠近跳绳者的绳为内侧绳，远离跳绳者的另一根绳为外侧绳。以站在摇绳者右侧为例，跳绳者数外侧绳，当闪过内侧绳、外侧绳打地时开始起跳，内侧绳下落时跳进绳中。

2.动作要领

1）在两绳打地处做一个标记，以便跳绳者和摇绳者确定中心位置。

2）选用两根不同颜色的绳子，以便于初学者数节拍。以外侧绳打地为准数节拍，"1、2、3、进"，数"进"时跳入绳中。

许多问题的出现是因为跳绳者进绳动作错误，进绳时采用"一步跳"，即上一步起跳。要跳入绳中，跳跃高度适中，不要太高或太低，5~10厘米即可；节奏尽量快，比跳单长绳加快一倍的速度；跳入绳中后，摇绳者要数节拍，帮助跳绳者找节奏。

（二）侧手翻进绳

两绳正常摇起后，跳绳者站在绳子一侧准备，控制好距离，以不碰到绳子为宜。当外侧绳打地，内侧绳经过眼前时准备做侧手翻；两手快速落地，随后内侧绳通过，于空中向下向内运动；当跳绳者两手离地时，内侧绳迅速摇绳通过身体；跳绳者侧手翻落地后马上起跳。

（三）前滚翻进绳

跳绳者站于摇绳者体前；跳绳者蹲下，两摇绳者两手上举至头顶摇绳；跳绳者前滚翻，摇绳者保持头顶摇绳；跳绳者前滚翻落地后直接起跳，摇绳者同时一绳打地过脚，变为正常摇绳。

（四）鞍马跳进绳

两名摇绳者相对站立，正常摇绳；跳绳者从摇绳者身后起跳，两手按住摇绳者肩膀，两脚于空中分开，从摇绳者头顶跃过跳入绳中。当跳绳者手按肩膀时，摇绳者两手臂向外侧打开摇绳，以便跳绳者落于两绳中间。跳绳者落地后，摇绳者恢复正常摇绳。

三、跳绳者花样

跳绳者花样动作是交互绳中的核心动作，由步法花样和技巧花样组成，可以单人练习，也可以两人或多人配合练习。它代表了交互绳技术的难度水平，是交互绳学习的重点内容。

（一）双脚跳

进绳后双脚同时跳起落地，并脚时两脚前后稍错开，掌握平衡，避免两内踝相撞；前脚掌压地后自然弹起；膝关节微屈，缓冲落地后的反冲力，保护脚踝和大脑，同时尽量避免前踢腿或后撩腿动作；上体自然放松，挺直但不僵硬；呼吸均匀自然，有节奏，眼睛盯着摇绳者手部。

初学者往往因为怕绳绊脚而跳跃高度过高，且容易出现后踢腿等错误动作，跳起来非常费力又容易失误。初学者务必要先学习掌握节奏，再学习如何控制跳跃高度（5~10厘米）。

（二）速度跳

速度跳动作是交互绳速度赛中的规定动作，跳绳者做两脚依次交替抬起、落地的踏步跳。速度跳时身体重心在两脚之间，要保持稳定，一般稍低；腿部直起直落，不可有后踢或前伸等多余动作。

初学者容易出现后踢腿（身体易前倾，小腿折腿后踢，大腿后部肌群发力）和"扒地"（腿部动作幅度过大，像蹬自行车一样，小腿折叠大腿后前伸，落地时有"扒地"动作）等问题动作。后踢或"扒地"动作非常影响速度的提高，要想避免这两个错误动作，可以选用的训练方法包括：绳外做高抬腿动作，体会腿部发力点，尽量用髂腰肌和大腿前部肌群发力；适当降低抬腿高度，增加踏步频率练习，待腿部动作固定后，可进绳练习。

（三）开合跳

开合跳，英文名为Straddle。在基本摇绳姿势的前提下，绳子过脚的同时，两脚在空中左右分开落地为开，反之为合，开合连续交替跳动即为开合跳。脚步左右打开时与肩同宽；合并时两脚并拢，把握开合跳的节奏和开合跳过绳的时机。可以面对摇绳者，也可以面向绳子中间。

（四）开合交叉跳

由并步跳开始，先做一个开合跳中"开"的动作，下一次跳绳时，左脚在前右脚在后，两脚交叉；接下来重复上述动作，先做"开"，再做交叉，两脚前后位置互换，交替进行。其他要求同开合跳。

（五）转身跳

进绳后双脚跳，掌握节奏，向左或向右转身跳，每跳跃一次转身90°。

四、出绳花样

出绳有两个方向，一为同侧出（进绳侧），二为异侧出（与进绳相反侧）。一般从异侧出绳，进绳后开始数节拍，数到单数时可从异侧出绳，数到双数时可从同侧出绳。或者进绳后左右跳跃，始终记住从相反方向出绳，即跳左绳后下一次从右边跳出，跳右绳后下一次从左边跳出。

刚开始学习交互绳时，进绳和出绳是难点和重点，经反复练习后，就可以快速而稳定地自由进出绳。

第六节　长绳花样

长绳是花样跳绳中所需人数最多的动作类别，是一根或多根短绳与一根或多根长绳的组合，长绳花样绳中有绳、变化万千、精彩纷呈，也是表演赛中最精彩的部分。长绳花样属于集体项目，要求参加者动作协调统一、齐心协力，所以能够培养跳绳者之间的协作精神。跳长绳对摇绳者的技术要求较高，如果摇绳者技术水平高，跳绳者会比较轻松。因此，要求摇绳人注意力集中，注意摇绳的速度和节奏，主动配合跳绳者。长绳花样可以分为单长绳花样、多长绳花样、长短绳花样。

一、单长绳花样

单长绳花样是指两人摇一根长绳，练习者在一根绳子上做各种动作，可采用跑、跳、跃、翻等多种过绳形式，也可在单长绳中加入武术、体操中的各种花样动作，还可以加入呼啦圈、篮球、毽子等其他运动形式。

（一）原地跳长绳

1.动作名称

原地跳长绳，绳子所需长度根据跳绳者人数决定，一般3~10人可用4~5米中长绳，10~20人可用10米左右长绳。

2.动作方法

原地跳长绳是指跳绳者（一人或多人）预先站在跳绳位置上，摇绳者开始摇绳，当绳摇至跳绳者脚下时，跳绳者跳跃过绳。原地跳长绳时通常是跳绳者站在两个摇绳者的中间，在绳的一侧，排成一路纵队，面向一位摇绳者。开始可由一人发令，摇绳者一起向同一方向摇绳，跳绳者同时起跳，让绳子通过脚下。摇绳者连续摇绳，跳绳者连续跳绳。

3.动作要领

1）初学者可以选用稍长的绳子，可以先练习荡绳跳，即摇绳者持绳沿地面左右摇动，跳绳者跳过左右摆动的绳子，绳向两侧摆起至腰侧为宜，熟练后绳子摇转一周，连续跳绳。

2）初学者可以先面对摇绳者跳绳，这样能够看到摇绳者动作，便于更好地掌握节奏，等稳定后可以面向绳子外侧。

（二）长绳绕"8"字

1.动作名称

绕"8"字跳长绳是一项常见的跳长绳比赛项目，普及面非常广。一般要求在3分钟时间内，2名运动员同步摇单长绳，其他8名运动员依次以"8"字路线绕过摇绳队员，并尽可能多地完成跑跳进出绳，这种跳绳方法称为长绳绕"8"字。

2.动作方法

两人持一长绳相对站立，其余跳绳者在一名摇绳者身侧站成一纵队。第一个人进绳，跳跃一次，直线跑出，绕过另一个摇绳者，准备再次进绳跳跃。接着第二个人进绳，同样跳一次后跑出，绕过另一个摇绳者排在第一个跳绳者身后，以此类推，一个接一个进绳、跳绳、跑出。

3.动作要领

1）跳绳者要掌握进绳时机，初学者可以在看到绳子打地瞬间进绳，熟练后可以在绳子经过面前后马上进绳。

2）要清楚跳绳者运行路线，跳绳者站立起始点为摇绳者身侧，尽量靠近摇绳者，以绳子恰好碰不到身体为准，沿斜直线运动，经过另一摇绳者身侧出绳。

3）要掌握好起跳点，进绳后起跳点尽量在绳子中间，落地在绳外，且出绳后要迅速前冲，离开绳子运行区域。

4）跳绳者两两之间的衔接十分重要，后一位跳绳者要紧盯前一位跳绳者，前一位跳绳者进行时，后一位跳绳者准备进绳，要做到思想集中、动作迅速。

（三）波峰波谷

1.动作名称

波峰波谷英文名为Loops，需要一根12米左右的长绳，两名摇绳者各持一端，不同步摇绳，摇出一个波峰一个波谷。一名或多名跳绳者在波谷时跳跃，可以跳过或用侧手翻翻越过绳。

2.动作方法

两名摇绳者各持绳一端，一名摇绳者保持不动，另一名摇绳者用手腕快速小圈摇绳。当出现波时，两人向相同方向摇绳并慢慢相互靠近直到绳子打地，出现一个波峰一个波谷，必须保持完美的弧形，两名跳绳者跳入各自的波谷中。

3.动作要领

1）初学者可以选用稍长的绳子，一般为12米。

2）进绳时，跳绳者可以面对摇绳者跳绳，这样可以看到摇绳者动作，便于更好地掌握节奏，等稳定后可以面向绳子外侧。

4.衍伸花样

跳绳者可以练习步法花样，跳绳者可以持单绳跳跃，一人可以从绳子中间侧手翻翻越过绳，可以加入更多的跳绳者。

二、长短绳花样

（一）彩虹

1.动作名称

彩虹，英文名为Rainbow，是一种至少5人参与、在同一时间同一方向、多种绳子组合，绳子组成的形状像彩虹的一种长绳跳绳方法。所需绳具为短绳（2.5米左右）1根，中长绳（3~5米）1根，长绳（7米左右）1根。

2.动作方法

两名摇长绳者先摇起长绳；两名摇中长绳者内侧手持绳跳入长绳中，同方向摇起绳子；持短绳者跳入中长绳中，同方向摇绳。

3.动作要领

1）中长绳进绳时要统一口令，同时进绳，进绳后顺势摇绳。

2）跳短绳者可以先跳入长绳中，再摇起短绳。

3）长绳跟随短绳的节奏摇动。

4）跳绳者尽量跳高一些，特别是两名摇中长绳者。

4.衍伸花样

在短绳中再加一人徒手跳跃；在中长绳摇绳者两侧再进入两人跳短绳；摇跳绳者可跳跃各种步法花样。

（二）蝴蝶

1.动作名称

蝴蝶，英文名为Butterfly，是一种至少7人参与、在同一时间同一方向、多种绳子组合，绳子组成的形状像蝴蝶的一种长绳跳绳方法。所需绳具为短绳（2.5米左右）2根，中长绳（3米~5米）2根，长绳（7米左右）1根。

2.动作方法

2名摇长绳者先摇起长绳；3名摇中长绳者站成一横排手持绳跳入长绳中，同方向摇起绳子；2名持短绳者跳入2根中长绳中，同方向摇绳。

3.动作要领

1）中长绳进绳时要统一口令，同时进绳，进绳后顺势摇绳。

2）跳短绳者可以先跳入中长绳中，再摇起短绳。

3）长绳跟随短绳的节奏摇动。

4）跳绳者尽量跳高一些，特别是3名摇中长绳者。

4.衍伸花样

在短绳中再加一人徒手跳跃；在中长绳摇绳者两侧再进入两人跳短绳；摇跳绳者可跳跃各种步法花样。

（三）两只小蜜蜂

1.动作名称

两只小蜜蜂，英文名为Two Bees，是两名跳绳者各持一根短绳同时跳入一根同向摇动的长绳中，在长绳中做各种花样动作的跳绳方法。所需绳具为短绳（2.5米左右）2根，中长绳（3~5米）或长绳（7米左右）1根。

2.动作方法

两名摇长绳者先摇起长绳；两名跳绳者各持一根短绳同时跳入长绳中，同步做各种单绳动作。

3.动作要领

1）两人进绳时要统一口令，同时进绳，进绳后顺势摇绳。

2）跳短绳者可以先跳入中长绳中，再摇起短绳。

3）长绳跟随短绳的节奏摇动。

4）跳绳者尽量跳高一些。

4.衍伸花样

增加跳短绳人数；增加跳短绳者花样，如两弹一跳、长绳同步、步法、双摇花样等。

三、多长绳花样

（一）梅花

1.动作名称

梅花，英文名为Plum Flowei，最少需要4人（3名摇绳者，1名跳绳者），也可多人同时参与。所需绳具为至少3根4~7米长绳。

2.动作方法

3名摇绳者两手各持一绳柄站在三角形的顶点上，绳子同时向里（三角形内侧）或向外（三角形外侧）摇绳，跳绳者可从任一绳跳入，沿逆时针或顺时针方向旋转跑动跳跃绳子。

3.动作要领

1）任一摇绳者喊口令，控制进绳时机，如"1，2，预备，进"，当跳绳者听到"进"时，跳入绳中；摇绳者尽量手臂打开于身体两侧，以免绳子相互打结。

2）跳绳者从摇绳者身后外侧进绳，进入后采用两弹一跳的节奏跳跃。

4.衍伸花样

跳绳者进绳后跳步法花样；在梅花中加入个人绳；创编简单的追逐游戏；使用更长的绳子，加入更多的跳绳者。

（二）乘风破浪

1.动作方法

同时摇起3根以上单长绳，所有绳子要排列成一竖排，动作一致，节奏稍缓。跳绳者在绳子中间一侧站成一竖排，依次跳过所有长绳，从另一侧冲出。有"一路冲杀，披荆斩棘，乘风破浪"的感觉。

2.动作要领

1）绳子反摇，进绳应是跳入另一绳。

2）不能犹豫，可每根绳跳2次，第3次跳入下一绳，熟练后可每绳跳1次。

（三）天罗地网

1.动作名称

天罗地网，英文名为Egg Beater，可采用多种长度的绳子。两根绳子交叉是最简单的天罗地网跳法。

2.动作方法

两根或两根以上绳子按照顺序依次交叉，交叉点为绳子中点，同时摇绳；跳绳者在绳交叉中心处跳绳；摇绳者可平均站到两边成两排站立摇绳，也可围成一个大圆摇绳。

3.动作要领

1）尽量选用材质相同、长度相等的绳子。

2）各绳在中点处交叉。

3）所有摇绳者可统一右手持绳，身体稍摇转，大臂摇动，保证绳子在运动中流畅饱满。

4.衍伸花样

当只有两根长绳时，两绳可交叉成"十字"，摇绳者站于正方形的顶点处，此时除交叉点外，在摇绳者与交叉点的中心处也可加入跳绳者；跳绳者可以持短绳跳跃或做各种步法及体操动作；摇绳者可以做移动、换位等花样。❶

---

❶ 杨帆.教你跳绳[M].天津：天津科学技术出版社，2019.

第五章
身体素质专项训练

在进行跳绳运动之前，我们需要具备较强的身体素质。由于身体素质训练与各个项目的专项能力训练极为相似，长期同质性的负荷刺激可能会产生疲惫堆积，那么各项身体机能将大不如前。因此，如何科学地进行体能训练，在提升运动表现力的同时，减少不必要的伤害，延长运动寿命是至关重要的。本章主要讲解身体素质专项训练，其中包括协调素质、灵敏素质、速度素质、耐力素质、力量素质以及功能性六种专项训练。

第一节　协调素质训练

一、协调素质概述

（一）协调素质的定义

协调素质是指运动员机体的不同系统、不同部位、不同器官，在特定的时间和空间条件下协同配合、合理有效地完成技术动作的能力。

协调素质是形成运动技术的重要基础，运动协调素质是综合的神经机能能力，其表现形式为运动员机体能够和谐地将运动时的时间、韵律和顺序等因素调和在一起协同运作，并高效地完成动作。人体运动协调能力由反应能力、空间定向能力、本体感知能力、节奏能力、平衡能力、与动作认知有关的认知能力等多种要素构成。

也有观点认为，人的协调性不是一种单纯的身体素质而是一种综合能力，是人体各器官系统机能、运动素质、心理品质、个性特点和动作储备的综合体现。

（二）协调素质的作用

协调素质是一种综合性的运动素质，是评定动作质量和动作效果的重要指标之一。协调素质的高低，不仅影响技术、体能的层次，也很大程度上决定了运动员后期所能达到的竞技水平高度。良好的协调素质有助于运动员迅速地建立起大脑皮质中相关中枢之间的暂时联系，更快地形成动力定型，高质量地掌握运动技术，有助于运动员更好地适应运动时的外部环境，有助于运动员在完成同样的练习时更节省地使用能量，有助于减少运动损伤的发生。协调素质是运动员达到高水平竞技能力的基础，也是少儿阶段最为关键的训练内容。

（三）协调素质的分类

从机能系统的角度，可把协调素质分为神经协调、肌肉协调与动作协调。

1）神经协调是指在完成动作时神经活动过程的兴奋和抑制的相互配合和协同。

2）肌肉协调是指肌肉适宜而合理地用力，其中包括工作肌肉用力的程度和用力的时间顺序。用力的程度取决于参与工作的肌肉和肌纤维的数量，用力的时间顺序则是肌肉紧张和放松的相互配合能力。

3）动作协调是指动作的不同阶段不同环节相互配合、相互连接的状态，它取决于本体感受器官提供的信息。

人体要完成一个动作，无论简单还是复杂，都存在着主动肌、辅助肌、拮抗肌的相互配合协作以及不同动作部位各肌肉间的配合协作。

从运动特点及其与运动专项关系的密切程度，可将协调素质分为一般协调和专项协调。一般协调素质是指运动员完成各种运动时所需的普适性的协调能力，专项协调素质是指运动员完成专项运动时所需的专门性的协调能力。

（四）协调素质的影响因素

1.神经系统的支配和调节能力

人体的活动过程是中枢神经协调各器官、系统进行的复杂的机能活动。动作完成质量的优劣取决于神经系统的支配和调节，需要建立在完整、高效的神经反射弧的基础上。运动员神经系统的机能状况直接影响动作完成的协调度。如果人体具备快速的反应能力、高效的运动单位募集水平、优化的神经反射弧传导通路，其神经系统机能必然能保证人体协调完成动作。

2.动作和技能的储备量

协调素质反映人体各器官、系统协调完成某一动作的能力，其表现形式即为动作协调。而动作协调需要建立在多种技术相互配合的基础上，运动技能储备越丰富，技能间的相互支撑或迁移的能力就越强，运动员完成动作的协调性表现就会越好。

3.时间、方位和节奏的感知能力

技术动作表现是建立在时间和空间两大基本维度之中的。运动由一系列同时和不同时发生的身体动作组成，体育运动极具节奏性，运动员对时间节奏的掌控和空间维度的判断，需要具有良好的时空感知能力，因此，协调能力的培养必须建立在时间、空间和节奏的整体观念基础上进行。

4.项目专项化水平

协调能力，特别是专项协调能力是完成专项动作的基础。运动员专项协调能力越好，运动单位的募集水平就越高，完成专项动作的效率就越高，技术动作就越节省，表现出的动作协调水平就越高。由于协调素质具有明显的项目特征，所以要密切围绕专项需要进行针对性的协调性训练。

5.心理状态

运动员往往在心理状态良好的情况下能够做出协调稳定的动作，这样的动作省时省力，从而达到事半功倍的效果，这主要得益于身体各个部分密切一致的协调配合。

6.遗传因素

协调素质具有很强的遗传特性，训练中要最大限度地挖掘运动员的协调素质潜能，合理安排敏感期的协调训练。

7.其他体能要素的发展水平

协调素质表现是多器官、多系统共同作用的结果，所以其他素质的发展水平也在一定程度上影响着协调素质的综合表现，如反应速度、肌肉耐力、力量水平、灵敏性等。

二、协调素质训练的要求与方法

根据现有理论，协调素质影响因素主要有神经活动过程的灵活性和可塑性，运动技能储备，身体素质发展水平，个性心理特征和运动智能等。因此，针对协调素质的训练应该讲求方法，提出合理的要求。

（一）协调素质训练的要求

1. 多样化训练，综合发展多种运动技能

运动员的协调能力受到时间、空间或动力控制等多种因素的影响。在提高运动员协调能力的训练中，关注某一能力改善的同时，也应注意与全面改善综合协调能力密切结合起来。

2. 科学规划，注重敏感期的训练

协调素质虽然受遗传的影响很大，但经过后天的努力仍可提高，尤其是在肌肉和动作的协调方面；重视运动员在运动技能发育过程中存在的差异性，关注协调素质发展的"机会窗口"，选择适合的训练内容，青少年运动员应该进行更多运动项目的练习，以期达到事半功倍的效果。

3. 持之以恒，克服肌肉过度紧张

肌肉不合理的紧张是由于肌肉在收缩之后不能充分放松而引起的，而培养良好的调节肌肉张弛力的能力是一个长期的过程。协调素质的训练应作为每天的重要训练内容来安排。

4. 强化空间感觉和空间准确性

空间感觉必须深入到各专项才能适应其特殊性，如田径项目的时间感、体操项目的器械感、球类项目的球感等。在周期性项目中，协调能力的专门练习手段较少，因此，随着运动技术水平的逐步提高，应在完成习惯性练习的同时开发更多的训练手段。例如，练习不常用的起始姿势，运用各种扩大动作幅度的练习器械和专门设备，改变训练条件和环境等。

5.提高维持静态和动态稳定性的能力

由于很多动作均要求身体在动态中仍要保持平衡，这种动态平衡的能力，不仅在动作技能训练中可得到练习，在各种静态平衡练习中也可得到提高。静态性与动态性平衡练习有序结合，才能取得良好的效果。

（二）协调素质训练的方法

协调素质的训练方法，通常可以归纳为以下4类：

1.配合训练

两个系统、两个部位、两个肌群之间协同练习。

2.变换训练

用不同的要求做同一动作，如轻重球、左右手（腿）、前后左右跳、快慢交替等。

3.加大难度训练

跑跨高低栏，球类的以少打多（加强防守），小场地对抗等。

4.非常规动作

在特殊场地运动，不习惯的身体练习，反向完成动作等，如沙地跑、跳等。可以结合需要，根据表5-1中的要求来实施协调素质训练。

表5-1　协调素质训练的方法与手段

方法	具体手段举例
使用不习惯的起始位置	背对跳跃方向完成跳高或跳深
镜式练习	用左手扔铁饼（常用手为右手）；镜像动作完成体操全套练习
借助辅助性器械提高动作协调难度	增大重量、改变体积或利用不规则物体在专项训练练习中使用
改变行动方式，提出"运动创造性"	使用不同跳跃技术方案完成跳高或跳远；在体操器械练习中，与同伴竞争练习时用不同（不常用的）的方案完成练习

续表

方法	具体手段举例
通过附加动作增加行动难度和在不习惯的组合中配合行动	在落地前附加转身或支撑跳跃等其他动作；增加转身次数下投掷铁饼和链球；将新学会的球类项目或个人对抗项目中的方法用于各种技战术行动中；将已经掌握的体操单个动作组合到按照规定完成的新的全套练习中去
改变战术条件	要求用不同的战术相互作用或对抗作用一起完成；与不同级别对手或同伴完成任务
使用附加的行动客体或要求紧急改变行动的信号刺激物	增加球数量的练习；对突然的信号做出规定内的反应
改变完成练习的空间范围	在缩小的圈子里投铁饼或链球；在小场地上进行练习；在回转路线上增加障碍物；缩小支撑条件下完成平衡练习
针对性地改变外部负重	按一定的计划改变负重量，要求精确区分所施加的值
利用各种物质技术和自然环境等条件，以扩展运动技能可变的范围	定期完成利用不同质量的运动器械的练习；在室外场地和不同类型的室内场地中交替进行训练，在不同的自然条件（气候、温度、景色）下进行训练

第二节　灵敏素质训练

一、灵敏素质概述

（一）灵敏素质的定义

灵敏素质是运动员面对突然变换的外界刺激因素，迅速改变身体的空间位置和运动方向，快速、准确地转化并完成动作的能力，"快"和"变"是其主要特征。

灵敏素质是一种复杂的运动素质，主要与反应能力、身体素质、动作技能、身体形态和系统机能等因素有关，它包含了神经心理因素（如预判、直觉、感觉、决策等），同时也包含了诸如反应时间、加速度、最大速度、改变方向的速度和机动性等生理因素，在拳击、球类等对抗性项目中具有重要的作用，是运动员竞技能力的重要组成部分。

（二）灵敏素质的作用

灵敏素质是一种综合素质，是速度、力量、柔韧性等运动素质的综合表现。对运动员的应变能力有很高要求的运动项目来说，灵敏性显得尤为重要。良好发展的灵敏素质有助于运动员更好地发展技战术能力，发挥出最大速度、控制力，减少能量的消耗和多余的动作。此外，运动员具备良好的灵敏素质，使肌纤维正确地激活，控制精细肌肉运动，有助于避免运动损伤。灵敏素质的训练效果不易消退，训练获得的灵敏性能力可以保持较长的时间，这与力量、速度和耐力训练不同。灵敏素质所能达到的层次，很大程度上决定了运动员专项技术所能达到的高度，甚至影响运动员的运动寿命。

（三）灵敏素质的分类

1.一般性灵敏和专门性灵敏

一般性灵敏素质是指在完成各种复杂动作时表现出来的适应变化着的外环境的能力；专门性灵敏素质是指运动员在专项运动中，迅速、准确、协调地完成专项运动中各种动作的能力，它是在一般灵敏素质的基础上多年重复专项技能和技术环节训练的结果。

2.程序性灵敏和随机性灵敏

从竞技过程中灵敏素质的表现与应用来看，程序性灵敏是指运动员对于比较相似的竞技行为作出选择性反应的应变能力，其应变行为基本上可以程序化地进行操作；随机性灵敏是指对于完全无序的竞技行为作出随机反应的应变能力，由于突发竞技行为难以预见，这就对运动员机动灵活的应变行为提出了更高的要求，如复杂多变的球类项目和格斗对抗类项目。

3.动作性灵敏和反应性灵敏

动作性灵敏是指人体在运动中根据需要迅速改变动作的能力，表现为连续的变速或变向、急起急停、快速转身等动作行为，主要受力量、速度等身体素质的影响；反应性灵敏是指人的中枢系统在受到外界环境刺激时，通过各种感觉系统进行快速的信息加工和发出指令的能力，与经验、判断、决策和心理唤醒水平有关。反应性灵敏是动作性灵敏的生理基础。

二、灵敏素质的影响因素

灵敏素质是神经反应、运动技能和各种运动素质的综合表现，这些要素与灵敏素质有密切关系，其中任何一种能力较差，都会对灵敏素质的提高造成不利影响。

（一）神经活动的灵活性

任何动作都受神经中枢和神经肌肉支配调节的控制。灵敏素质是在极其牢固的运动技能基础上表现出来的，也就是在大脑皮质综合分析能力高度发展的情况下才能体现。大脑皮质的分析和综合能力是在时间和空间上紧密结合进行的。因此，学习每一个动作都必须按一定顺序进行，大脑皮质根据动作难易程度给予的刺激也按一定顺序正确地反映出来，经过多次重复，最后形成熟练动作。反复练习，使技术动作熟练化、自动化，使大脑神经活动兴奋和抑制的转换能力加强，才能提高大脑神经活动的灵活性，从而在任何环境中都能把技术动作熟练地表现出来。

（二）动作技能储备

实践证明，运动员掌握的动作技能越多、越熟练，学习新的运动技能越快，技术运用也更灵活，更富有创造力，表现的灵敏素质也就越高。在激烈的比赛中，运动员能够根据实战需要，迅速作出对应的动作反应。

（三）速度和力量发展水平

灵敏素质水平的高低主要由快速力量和速度能力决定。力量是保障肌肉或肌肉群克服阻力的能力，快速力量、爆发力对灵敏素质的影响最大。速度是保障身体向各方向快速移动的能力，是一种包含反应、动作、加速、减速、移动等的综合反应能力。另外，协调和平衡能力对灵敏素质也有较大影响。

（四）智力和经验

灵敏素质并不是独立存在的，也不仅仅是动作能力，良好的智力发展水平和敏捷的思维能力对运动员的灵敏素质有重要影响。在体育活动中，各种运动技术和运动技能的灵活应用、聪明的战术思想的灵感及其具体实施、大脑神经活动兴奋与抑制的转换程度与快速工作能力的平衡，都取决于良好的智力发展水平和敏捷的思维判断能力。长期的训练和比赛，可以丰富运动员的运动经验，强化预判和动作选择能力，促进灵敏素质水平的不断提高。优秀运动员的突出之处，不仅表现在超人的技能和惊人的运动素质方面，也表现在良好的思维能力和解决复杂或潜在的技术、战术问题的方法方面。掌握技术动作后，还必须反复练习，不断强化，使之形成动力定型。因为条件反射形成后，如果不予以强化，获得的神经适应会下降，暂时神经联系就会中断，条件反射消退，灵活性随之降低。

（五）身体机能状态

灵敏素质较大程度上受身体机能状态的影响。本体感受器（运动感受器）的灵活性与准确性，以及肌肉收缩的协调性与节奏感，都是影响灵敏素质的重要因素。通过多年系统训练，可使上述能力得到全面提高。前庭分析器对空翻、转体、平衡等类型动作灵敏性的提高有很大作用。翻转时，由于前庭分析器的作用，才能感觉身体在空间位置的变化，协助各种反射来调节肌紧张以完成整个动作。体操、跳水、蹦床能改进前庭分析器机能，可通过这些项目的一些特定动作的训练改进前庭分析器机能，发展灵敏素质。

（六）年龄、性别、体重和遗传因素

灵敏素质受遗传因素的影响较大，主要是因为与灵敏素质关系密切的神经、肌肉类型等都受到遗传因素的影响。灵敏素质与年龄和性别有关，中老年人的灵敏性要明显低于青少年。在儿童期，男女灵敏素质几乎无差别；在青春期，男子逐渐优于女子；在青春期以后，男子明显优于女子。女子进入青春期，体重增加会导致身体克服惯性的难度变大，加之内分泌系统变化，灵敏素质会一度出现明显的生理性下降趋势。根据这一变化规律，在青春期以前就应加强女子的灵敏素质训练，使其得到较好发展。

三、灵敏素质训练的要求和方法

灵敏素质是人体综合能力的反映，受遗传因素影响很大。因此，对运动员进行选材时应充分考虑其灵敏素质。为了提高灵敏素质，从青少年时期就应同时学习和掌握大量运动技能，进行动作技能储备。因为青少年神经系统的可塑性（改变和适应环境的能力）远远高于成年时期，有利于充分发挥灵敏素质。灵敏素质可通过改进平衡能力和协调能力，发展速度和力量素质予以提高。而对应于程序性灵敏素质和随机性灵敏素质，则应有针对性地组织相应的训练。

（一）灵敏素质训练的要求

1. 从小培养，发展多种运动技能

灵敏素质的生理学基础是在中枢神经系统的指挥下，将身体各种能力，包括力量、速度、协调、柔韧等综合地表现出来。神经系统是人体发育最早、最快的系统，儿童具有发展神经系统潜能的优越条件，如7~12岁具有良好的反应能力，6~11岁的孩子节奏感较好，7~11岁具有良好的空间定向能力等都体现儿

童时期神经系统发展潜力巨大，为发展灵敏素质提供了良好的条件。由于灵敏素质是人体综合能力的表现，是一种动作技能储备的自然表现，所以发展灵敏素质还必须从培养运动员的各种运动能力入手，在训练中广泛采用发展其他运动素质的方法来发展灵敏素质，并培养运动员学习能力、掌握动作的能力、反应能力、平衡能力等。

2.结合项目，训练手段多样化

运动员能否在运动中表现出准确的定向、定时能力和动作准确、迅速变换的能力，取决于运动器官的功能。一旦运动员对某一动作技能熟练到自动化程度时，再用该动作去发展灵敏素质就会减少效能，因为对神经肌肉的刺激降低了。因此，采用多种多样并经常变换的手段发展灵敏素质，对强化运动员运动器官机能，提高灵敏素质更为有效。

3.合理安排时间，营造轻松愉悦的训练氛围

在整个训练过程中都应适当安排灵敏素质训练，使其系统化，但训练时间不宜过长，练习重复次数不宜过多。疲劳时或精神不集中时，都不宜进行灵敏性练习，因为机体疲劳或注意力下降，力量、速度、节奏感都会下降，平衡能力降低，且不利于灵敏素质的发展。

灵敏素质训练一般安排在训练课的前半部分，在运动员体力充沛、精神饱满时进行。教练员应营造轻松愉悦的训练氛围，消除运动员恐惧心理或紧张状态，以保证训练取得良好的效果。

（二）灵敏素质训练的方法

1.程序性灵敏素质的训练

运动项目及人体运动对灵敏素质有共性的要求，对于比较相似的竞技行为，运动员可以在一定程度上预先做好准备。这首先要求对比赛中经常可能出现的环境、对手的行为特征有所了解，进而制定相应的对策预案，并在训练过程中模拟实施，有针对性地进行训练，做好程序化准备。在比赛过程中，一旦该情景出现，能尽快地做出选择性反应，程序化地进行应变操作。程序性灵敏素质训练的主要方法有：

1）"图形跑"：发展程序性灵敏素质的练习可在不同速度下进行，例如，围绕摆放成"之"字形或"T"字形的锥形物跑、穿梭跑。在练习过程中按照已知的标准形式改变运动的方向。

2）限制完成动作空间的练习：如缩小球类运动场地的练习。

3）改变习惯动作方式：改变完成动作的速度、难度或频率，如采用不同器械、设立不同目标、完成不同任务的往返跑和接力跑，变换动作的节奏，变换动作的频率等。

经常进行这些练习，并能在正常情况下完成，比赛中则可以灵活地应对不同的赛场环境。

（2）随机性灵敏素质的训练

运动场上更多的是反应性的灵敏活动，这种随机性灵敏动作对应完全无序的竞技行为，因此，更加难以培养和提高。发展随机性灵敏素质练习的主要方法有：

1）以非常规姿势完成动作：如各种侧向或倒退方向的练习。

2）以对侧肢体完成动作：如反侧腿跨栏、跳远，用对侧脚盘带球或踢球，做反方向拳击防护等。

3）制造非常规训练条件练习：如增加对方队员人数并使用不同战术，改变训练场地条件（山地跑或山地滑雪），在有浪的水中进行游泳或赛艇训练，负重完成动作，缩短栏间距离的跨栏等。

4）各种信号的综合刺激练习：利用视觉、听觉、触觉系统，刺激运动员进行快速的反应、移动练习等。

由于突发竞技行为难以预见，要求运动员对无法预知的竞技环境和运动形式做出随机反应，对运动员机动灵活的应变行为提出了更高的要求。可以通过躲闪练习（如躲闪下落的网球）和进行专门性练习（如跳起落地后听从并完成教练随机提出的未知运动形式）等加以训练。灵敏素质训练富有挑战性、趣味

性和刺激性，训练方法千变万化，避免使练习变得枯燥乏味。❶

第三节 速度素质训练

一、速度素质概述

（一）速度素质的含义

速度是指人体（或身体的某部位）进行快速运动的能力。它包括三个方面，即对各种刺激快速反应的能力、快速完成动作的能力和快速通过某一距离的能力。速度是运动员的基本素质之一，在体能训练中占有重要地位。有些运动项目（如田径100米跑）本身就是运动员比快速运动的能力。有些运动项目本身虽不是比速度，但速度对运动成绩有着直接影响。

（二）速度素质的分类

速度素质是人体进行快速运动的一种能力，基本的表现形式有：反应速度、动作速度和周期性运动中的位移速度。

1.反应速度

反应速度是指人体对各种信号刺激（如声、光、触等）的快速应答能力。这种能力取决于信号通过神经传导所需时间的长短，即机体的感受器感受到刺激时，由感觉神经元传入至中枢神经，由中枢神经发出指令，经运动神经元传出至效应器肌肉，肌肉产生运动。这在运动中又称为反应时，反应时长反应速度就慢，反应时短反应速度就快。如，短跑运动员听到枪声后，马上就能快速

---

❶ 赵琦.体能训练实用教程[M].南京：东南大学出版社，2019.

反应到起动；乒乓球运动员能在0.15秒内根据对方的击球动作和击球声音（通过视觉和听觉），非常迅速、准确地判断来球的落点和旋转性能，同时做出相应的技术回击，这就是反应速度良好的表现。

反应速度以神经过程的反应时（其中包括感觉时间、思维判别时间和动作始动时间）为基础。反应时受遗传的因素影响较大，遗传力高达0.75以上。另外，反应时的长短与刺激信号的强度和注意的集中程度与指向有关。

2.动作速度

动作速度是指人体或人体的一部分完成单个动作或成套动作的快慢以及单位时间内重复动作次数多少的能力。因此，动作速度又分为单个动作速度、成套动作速度及动作速率三种。如投掷运动员掷出器械的速度、排球运动员的扣球速度、跳高运动员的起跳速度、体操和武术运动员完成成套动作的速度以及拳击运动员的出拳速率等。

动作速度除了取决于信号在各环节中神经传递速度，还与神经系统对人体运动器官指挥能力关系密切。如兴奋冲动强度大，加之传递速度快，协调性好，即指挥的能力强，动作速度必然快。此外，动作速度的快慢还与人体各器官系统的准备状态、快速力量与速度耐力水平以及动作熟练程有关。

3.位移速度

位移速度是指在周期性运动中，单位时间内人体快速位移的能力。通常用通过一定距离的时间或单位时间内所通过的距离来表现，如短跑运动员的跑速、跳高运动员的助跑速度等。从物理学上讲，位移速度是表示物体运动快慢的物理量，它是距离（s）与通过该距离的时间（t）之比，可用公式$v=s/t$表示。

位移速度与人的神经过程的灵活性关系密切，神经兴奋与抑制过程灵活性越高，转换能力越强，人体两腿交换频率越高，位移速度就越快。运动员的跑速与其步幅、步频及二者的比例和肌肉放松能力和运动技能巩固程度有关。位移速度也受到遗传因素影响。在技术动作中，位移速度可分为平均速度、加速度和最高速度。

构成速度素质的反应速度、动作速度、位移速度之间既有联系又有区别。位移速度本身就是由各个单个动作速度和动作速率组合而成的。如途中跑的后蹬速度、前摆腿动作速度、摆臂速度和重复次数的组合。反应速度又往往是位移速度的开始（如起跑），反应速度在运动中，已经成为反应的第一个动作速度。因此，在发展位移速度中，需要考虑三者之间的相互关系；就位移速度而言，反应速度是前提条件，动作速度是基础。

（三）速度素质的意义

提高速度素质的主要目的是改善和提高神经系统的灵活性，提高无氧供能能力，以及提高肌肉协调放松的能力。速度素质是人体的基本身体素质之一，在身体训练中占有重要地位。在不同的运动项目中，速度素质均具有重要作用。良好的速度素质对其他运动素质的发展具有积极意义，能为耐力素质的发展提供更大的空间。良好的速度素质有助于练习者更好地掌握合理有效的运动技巧。速度素质的意义主要体现在以下三个方面。

1.速度素质是决定运动成绩的重要因素

在体育比赛中，有些项目比赛的成绩直接受到速度素质的制约，如田径中的短跑、短距离游泳、划船、自行车、滑冰、滑雪等项目本身比的就是运动员快速运动的能力，通过一定距离，用速度的快慢来决定胜负。有一些项目虽然本身不是速度比赛，但速度素质的好坏对运动成绩有着直接的影响。例如跳远，首先要由快速的助跑产生良好的水平速度，然后要在0.1秒左右的时间内完成起跳，将身体抛出8米多远；跳高运动员要在0.2秒内完成起跳，将身体腾起2米多高；铅球运动员要在0.2秒左右的时间内发挥全身力量，将铅球推出20米以外。这说明动作的初速度决定着这些项目的运动成绩。又如拳击、击剑等项目，要在不停的运动中，伺机快速出击，既要击中对方，又要防躲被对方击中，这就要求快速及敏捷的动作速度。球类运动中的快攻与快防，突然起动，快速改变方向，及时堵、截、抢、断等都要求速度领先一步，方能占据主动。

随着现代运动技术的发展，时间因素起着越来越重要的作用。在研究构成技术诸因素中，时间因素的研究也更得到重视。一方面，要研究在完成各种复杂技术中，如何缩短动作的时间以及提高完成动作的速度；另一方面，在创新技术的研究中，力求完成技术动作的迅速性以及动作技术的突然性，以出其不意地取得胜利。与此同时，在现代训练中教练员也通过提高速度来增大训练的难度与强度，提高专项能力，适应当今激烈竞赛的要求。所以，速度素质是各个运动项目竞技能力的重要内容，直接决定或影响运动员技术、战术水平的发挥，是竞争能力的强弱与决定比赛胜负的重要因素。

2.速度素质是衡量竞技能力的客观依据

速度素质直接反映运动过程中的效果，提供改进技术、提高运动成绩的客观数据。竞技体育技术动作大多要求快速完成，良好的速度素质有助于运动员更好地掌握合理有效的运动技巧。

3.速度素质训练能够改善人体代谢过程

速度素质不仅能提高人体的快速运动能力，还能提高人体中枢神经过程的灵活性及兴奋与抑制的转换能力，提高人体三磷酸腺苷（ATP）和磷酸肌酸（CP）的储存量，促进供能能力的提高及改善代谢过程。

二、速度素质训练的影响因素

速度素质包括反应速度、动作速度与位移速度。三者之间既有联系，又有区别，特别是在内部机制方面，反应速度和动作速度、位移速度具有较大的差异，前者着重表现在神经活动方面，而后者则着重表现在肌肉活动方面。

（一）影响反应速度的因素

1.感受器的敏感程度

感受器越敏感，越能缩短对各种信号刺激的感受时间。感受器的敏感程度在相当程度上受到注意力集中程度与指向，以及感受器疲劳程度的制约。如射击练习者长时间地进行瞄准练习后产生视觉疲劳，反应时就会延长。

2.中枢神经系统机能

刺激信号的选择性越大，反射活动就越复杂。中枢神经对刺激信号的分析时间主要与中枢神经系统的兴奋性、条件反射建立的巩固程度有关。例如，中枢神经系统兴奋性高时反应时就缩短，疲劳时反应时则延长。又如，随着动作技能的日益成熟，反应时就会明显缩短。

3.效应器（肌纤维）的兴奋性

肌肉处于紧张状态时反应时比放松状态要缩短7%左右。肌肉疲劳时反应时明显延长。注意力的集中程度、疲劳程度与反应过程的巩固程度对反应速度有相当大的影响。

（二）影响动作、位移速度的因素

动作速度与位移速度的主要特点都是通过肌肉系统最大限度的快速活动形式，在最短的单位时间内完成动作。由于人体肌肉活动的形式与质量受到形态、生理、心理、力学、运动技术等方面的影响，故影响动作速度、位移速度的因素也表现为多方面。

1.人体形态

人体形态对速度的影响，主要在于四肢的长度。在其他条件相等的情况下，上下肢的长度与该部位的运动速度成正比。上下肢的长度越长，该部位的运动速度就越快。人体四肢的运动形式是肢体绕关节轴的转动，效应部位（手或脚）离轴心的距离越远，运动速度就越大。如拳击和击剑练习者手臂越长，出拳与出剑的速度就越快，径赛练习者下肢的长度也是影响运动成绩的重要因素。所以，运动速度要求较高的体育竞技项目，都把人体形态作为一个重要的选材指标。

2.肌纤维类型和肌肉用力

肌肉的快速收缩是速度素质的基础。从肌肉的结构来说，人体骨骼肌分为快肌纤维（白肌纤维）、慢肌纤维（红肌纤维）和中间型纤维三种。快肌纤维主要靠糖酵解供能，并具有较高的脂肪、三磷酸腺苷（ATP）、磷酸肌酸

（CP）含量，但活动时容易疲劳。人体肌肉快肌纤维百分比越高，快速运动的能力越强。

良好的肌肉弹性以及主动肌和对抗肌之间的协调交替能力也是实现快速运动、准确完成动作技术的重要保证。关节的柔韧性对完成大幅度动作（如步幅）的作用十分明显。因此，在发展速度（特别是位移速度）的过程中，安排适量的柔韧练习，对速度素质的提高有积极意义。

3.肌肉能量储备与分解合成

肌肉收缩的速度首先取决于肌纤维中动用化学能的速度与强度，以及化学能转变为收缩机械能的速度与强度。速度与肌肉中三磷酸腺苷的含量有关，与神经冲动传入肌肉时三磷酸腺苷的分解速度有关。另外，速度是以肌肉中三磷酸腺苷再合成的速度为前提的。

4.神经活动过程的灵活性

神经活动过程的灵活性主要指运动神经中枢兴奋与抑制之间快速的转换能力，以及神经与肌肉之间的协调能力。人体部位各种形式的快速运动，都是神经中枢活动高度协调的表现。只有这种高度协调，才能保证在快速运动时，迅速地吸收所有必要的肌肉协作参与活动，并抑制对抗肌的消极影响，发挥出最高速度。另外，神经活动过程的灵活性不仅能影响肌肉的猛烈收缩，而且对肌肉随意放松的能力也有直接作用。随意放松肌肉是神经中枢合适的抑制状态造成的，练习者在发展位移速度时，如果能充分放松肌肉，就能较长时间维持高速运动。

5.注意力的集中程度

动作速度、位移速度还和练习者注意力的集中程度有很大关系。注意力的集中程度实际上是一种心理定向能力。这种能力不仅能影响中枢神经系统兴奋与抑制快速转换的速度，还对肌肉纤维的紧张程度与收缩效果有重大作用。

6.力量发展水平与技术

在许多运动项目中，力量的发展水平与技术是影响动作速度和位移速度的重要因素。从力学公式中可以知道，力量等于人体质量与加速度的乘积，力量是引起人体加速度的原因，力量越大加速度越大，加速度越大，人体运动速度就越快。相对力量越大，肌肉就能越容易在运动中克服内部和外部阻力，产生很快的收缩速度。另外，动作速度和位移速度往往也受到技术的影响，运动员的快速能力在很大程度上取决于完善的运动技术。

三、速度素质训练的基本方法

速度素质训练包括反应速度训练、动作速度训练和位移速度训练，下面从这三个方面对速度素质训练的基本方法进行分析。

（一）反应速度训练的基本方法

1. 反应速度训练的方法分析

反应速度是速度素质表现形式的一种。由于反应速度受遗传因素的影响，所以它是一个后天练习改变不明显的指标。反应速度实际上是有机体神经系统反射通路的传导时间。这种反射通路的传导是人体的纯生理过程，是某一个神经系统受遗传特征决定固有的时间过程。生理学研究证明，纯生理过程在后天是不能改变或只能产生极微小的变化。由此可见，受遗传因素影响的反应速度，即便通过运动练习也不能得以改变和提高人的反应速度。运动练习的作用只是把受遗传因素影响所决定的最高反应速度表现出来，并保持。例如，人体本能的反应速度为0.05~0.09秒，世界上优秀短跑运动员的最快反应速度为0.05~0.07秒。对一般人来说，如果遗传决定他的反应速度是0.09秒的话，那么通过练习将能把它表现出来，并使之具有较高的表现频率。最高反应速度的次数出现得多，则表示反应速度有较好的稳定性。

在运动中，反应速度最终须通过某一部分肌肉工作的形式反映出来。因而，为了能够表现出最高反应速度，加强后天的反应速度和肌肉工作形式的练习就有着重要的意义。

第五章 身体素质专项训练

（1）简单反应速度的训练

简单反应就是用早已熟悉或掌握的动作，去回答预先已知的，但又是突然出现的信号，如对短跑起跑鸣枪的反应等。

①简单动作反应速度练习的基本原理

简单反应速度存在着转移现象，即人们若对一些事物产生的反应较快，那么他们对另一些事物也会有较快的反应。各种各样的位移速度和动作速度练习可以逐步地提高这些简单反应速度，但是简单反应速度并不能影响到动作速度和位移速度的发展。因为反应速度与动作速度、位移速度之间的转移是不能逆转的。

简单反应速度与心理素质练习有关。在运动中，练习者对细微时间间隙的感觉（0.1秒以内）越精细，准备辨别这种时间差的能力就越强，就越能把这种准确时间差的感觉转移到反应速度上来。

简单反应速度的提高多取决于练习者对信号作出应答反应动作的熟练程度。这是由于动作熟练后，一旦出现信号，中枢神经系统无须再花费较多时间去沟通与运动器官之间的反射联系。

②简单反应速度的训练方法

体育科学研究表明，由视觉到动作反应的时间，普通的人平均为0.25秒（0.2~0.35秒）运动员为0.15~0.2秒；由听觉到动作的反应时间（较短），普通的人平均为0.17~0.27秒，运动员为0.10~0.15秒。对未进行过简单反应速度专门训练的练习者来说，只要对他们进行一般的速度练习，或多种多样的游戏活动及球类或者对抗性的练习等，也可以发展简单动作的反应速度，而且可以收到良好的效果。但如果想要把专项运动所需要的简单动作反应速度提高到一定的程度或较高水平，就需要采用专门的练习手段和方法。发展简单动作反应速度的方法有以下几种。

重复练习法，即对突然发出的信号，快速地作出应答反应，重复多次，以提高练习者的动作反应能力。还可以根据瞬间信号（听觉、视觉），变换动作或改变运动方向；对对方的各种动作作出预定的反应动作等。

变换练习法，即根据动作的强度和具体时间变化的信号刺激，明显地改变练习的形式和环境来提高简单动作的反应速度。应用变换练习法还可以辅以专门的心理素质练习来发展简单动作反应速度的练习（比赛的条件、模拟接近测试）。这样可以使练习者逐渐地适应多变的环境，消除多余的紧张，避免兴奋的极度扩散。

分解练习法，即分解回答反应的动作，使之处于较容易完成的条件下，通过提高分解动作的速度来提高反应的速度。例如，蹲距式起跑时，反应时间要比站立式起跑长，这是因为练习者的手臂支撑着较大的重量，要较快地离开地面有一定的困难。因此，练习时可先练习对起跑信号的反应速度（高姿势起跑或扶其他物体），而后不用信号单独练第一个动作的速度。

运动感觉法，即心理素质练习与运动实践相结合的一种方法。运动感觉法的练习可分为三个阶段：第一阶段，练习者听到信号后，用最快的速度对信号作出应答反应（如做5米的起跑），并获得实际的时间，以提高练习者的应答反应能力；第二阶段，让练习者自我判断反应时间，并与实际时间进行比较，以提高练习者的时间感觉能力；第三阶段，要求练习者按照预先规定的时间去完成某一反应的练习，以提高练习者的时间判断能力。

运动心理练习也是提高简单动作反应速度的一个方面，如注意力集中的目标，对等待信号的时间判断，采取合理的动作等，都有助于提高反应速度。

（2）复杂反应速度的练习

复杂反应速度是指对瞬间的（运动、动作）变化作出相应动作的回答。例如，在球类运动（如篮球、排球、足球、羽毛球、网球、垒球、乒乓球等），以及一对一的对抗项目（如击剑、拳击、摔跤、跆拳道、空手道、散打和气道、自由搏击等）中，由于竞争和对抗程度激烈，经常会出现应急而变换动作的情况，因此对复杂反应速度有着极高的要求。

复杂动作反应在运动中大部分属于"选择"反应。选择反应主要有两种反应形式：一是对移动目标的反应，对移动目标的反应过程主要是指对运动客体的变化做出反应；二是选择动作的反应，其主要根据对手动作的变化而作出相应的动作反应。

复杂反应速度的培养是运动技术和战术练习的组成部分，是在球类运动和格斗运动项目里显得尤为突出。复杂动作反应的提高，最有效和最主要的方法是在练习中模拟实战演练或整个竞赛活动的情况，以及参加测验和比赛。因为对方产生的变化只有在激烈竞争中才能充分地表现出来，而自己选择的反应动作是否有效也只有在实战应用中才能得到检验。发展复杂反应速度的练习方法有以下几种。

①移动目标的练习

移动目标的练习，即对移动目标产生应答反应并作出选择反应。在运动中，对移动着的目标作出应答反应需要经过以下四个阶段：

到目标移动或听到信号；判断目标移动的速度和方向；选择应答动作的方案；实现动作的方案。

上述四个阶段组成了运动条件反射的潜伏期。例如，对球类运动中"传球"的反应过程，是由看到球—判断球速、方向—选择动作—完成动作等来实现动作应答反应的。整个反应过程时间为0.25~1.0秒。其中，第一阶段所需时间最长，其他三个阶段的时间要短得多，约为0.05秒。因而，强调第一阶段练习，即观察移动物体的练习，对提高人体的反应能力是十分重要的。快速移动目标练习方法可采用以下两种。

第一，"预料"能力的培养，即培养在视野中预先"观察到"和"盯住"运动着的物体，以及预先推测和确定该物体可能移动的方向、位置的能力。这种能力需要在技术动作和战术动作的练习过程中不断地强化，才能得到一定的提高。

第二，有意识地引入和增加外部刺激因素，如在球类项目练习时增加球的数量、采用多球的游戏练习、缩小练习的场地、安排一对二或一对三的练习等练习手段。还可以采用带有程序设计装置的练习器和其他专门设备（如排球发球机、乒乓球发球机等），来提高练习者在运动中辨别和确定运动物体的能力。

缩短选择动作反应时间，提高反应速度，需要练习者能够巧妙地利用对手可能发出动作的"潜伏信息"。这种潜伏信息是通过观察对手的面部表情、身体姿势、准备动作等得来的。实践证明，一旦准确地意识到了对手可能采用的进攻方式，就能准确地选择相应的应答动作来缩短反应时间。

②选择性反应能力的练习

选择性反应能力的练习，即在同伴或对方瞬间作出动作时，迅速地选择和作出应答性动作的练习。要达到这一点，就必须在提高复杂动作反应速度的同时，提高技术动作，培养动作的协调能力。如在格斗练习中，采用防守动作时，对对方的进攻动作作出的选择动作的应答反应。这种选择性反应能力的形成，是随着运动技能的熟练性和自动化，以及动作技术的常规反应和快速反应的练习而逐步提高的。

③选择性的练习

选择性的练习，即让练习者随着各种信号的变化，作出相应的与逆反的应答动作。如在练习时，同伴发出向左转的口令，练习者则向右转；或者同伴发出蹲下动作口令，则站立不动；或者在跑动中听哨音，变化着继续向前跑、向后转跑、转身360°跑等事先规定的相应动作。这种练习动作简捷、易做，但要求练习者注意力高度集中、反应快。

总之，要有目的地发展复杂反应速度的练习，就要让练习者多模拟运动中易产生的这些复杂反应的条件和类似的形式，通过反复适应，促使反应时间缩短。由于运动中的复杂反应速度的转移范围相当广泛，因而可以采用多种形式的练习。

2.反应速度训练的方法举例

（1）两人拍击

训练目的：发展反应动作速度和上体动作灵活性。

训练说明：如图5-1所示，两人面向开立，听到"开始"口令后，设法拍击对方背部，但不能被对方击中自己。在规定时间内（每次1分钟左右），拍击对手多者为胜。

训练要求：快速、机敏地完成动作。

图5-1　两人拍击

（2）老鹰抓小鸡

训练目的：发展反应动作速度和下肢动作灵活性。

训练说明：如图5-2所示，一人为"老母鸡"张开双臂，保护身后一列若干人扮成的"小鸡"，后者双手扶住前者腰部。"老鹰"试图用手拍到队列最后面的一只"小鸡"。被拍到的"小鸡"充当"新老鹰"，原来的"老鹰"充当"新母鸡"，原来的"老母鸡"充当"小鸡"，循环练。

训练要求：快速、机敏地完成动作。

图5-2　老鹰抓小鸡

（3）反应起跳

训练目的：发展反应动作速度。

训练说明：如图5-3所示，练习者围圈并面向圈内站立，圈内1~2人，站在圆心附近手持小树枝或小竹竿（竿长超过圈半径）。游戏开始，持竿者将竹竿绕过站圈人脚下画圆，竿经谁脚下即起跳，不让竿打着脚，被打即失败进圈换持竿者。

训练要求：持竿者可突变画圈方向。快速、机敏地完成动作。

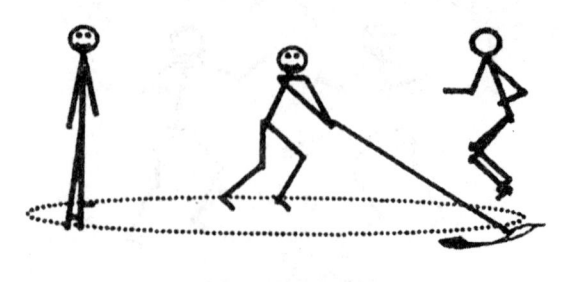

图5-3 反应起跳

（4）贴人游戏

训练目的：发展反应动作速度和灵敏性。

训练说明：如图5-4所示，练习者若干人，成两人前后面向圈内站立围成一圆圈，左右间隔2米。两人在圈外沿圈跑动追逐，被追者可跑至某两人的前面站立，则后面的第三者即逃跑，追者即改追这第三者，如被追上则为失败。

训练要求：快速、机敏地完成动作。

图5-4 贴人游戏

（5）起动追拍

训练目的：发展反应动作速度和灵敏性。

训练说明：如图5-5所示，两人一组前后相距2~3米慢跑，听到信号开始加速跑，后者追前者，追上并拍击其背部就停止。也可在追赶时，教练员发出第二个信号，让其后转身互换追赶。

训练要求：在20米内追上有效。

图5-5　起动追拍

（6）追逐游戏

训练目的：发展反应动作速度和灵敏性。

训练说明：如图5-6所示，两队相距2米面向站立，事先规定单数队和双数队。听教练口令发出是单数还是双数（教练叫一个数字），按事先的规定（叫到单数，单数跑或追），一队跑一队追。在15~20米距离内追上为胜，追不上为败。训练要求：快速、机敏地完成动作。

双数队　　　　　　单数队

图5-6　追逐游戏

（二）动作速度训练的基本方法

1.动作速度训练的方法分析

动作速度是速度素质的表现形式之一。在运动中，单纯的动作速度是不存在的。我们观察到的运动的某一部分或动作的某一环节表现出来的速度，实际上是由力量、协调、耐力、技术等因素以及速度素质来决定的。所以，动作速度的练习与其他运动素质的练习和技术练习有着密切的联系。也就是说，动作速度的培养，必须要有目的地发展相应的运动素质和运动能力。这也是动作速度练习的特殊之处。

由于速度素质不易转移，因而在动作速度的练习中，不同的练习要求，动作速度练习的具体任务和内容也就有所不同。例如，在非周期性速度力量项目练习中，动作速度主要是在具体的技术动作中表现出来的（如举重的发力、跳跃的蹬地等）。在这类项目中，动作速度负重与速度力量能力的培养任务是一致的。如果负重的重量越大，速度练习与力量练习之间的联系就越紧密，动作速度与技术动作之间的关系也更密切。另外，在周期性项目和综合性动作组成的项目中，需要多次在高速度的情况下来完成多个单个动作的综合。因而，动作速度与速度耐力的培养任务是联系在一起的。而在一些并不直接依赖极限速度的项目中（如球类项目），则需要动作速度在其他能力发展的同时得到提高，这既是动作速度水平提高的前提条件，也是提高动作速度能力的重要保证。

提高动作速度的练习方法很多，针对实践活动的需要，介绍以下几种有效练习法。

（1）减少阻力的练习法

减少阻力的练习法，即减少外界自然条件阻力和人体本身重阻力的练习。例如，利用风力进行顺风骑车、顺风跑、顺水游泳等，通过自身的动作惯性转移到速度的外部条件进行下坡跑、下坡骑车等运动的练习。可以提高练习者高速运动的感觉能力。在克服自身体重的练习中，可采用助力来减缓身体的重量，帮助练习者完成技术动作的动作速度，如体操动作的（外部）助力或保护带的帮助等。但在助力与帮助时，需要把握好助力、帮助的时机和用力的大小，有利于达到动作速度的要求。

（2）加速度的练习法

在体育运动中，加速度不单指物体运动速度大小的变化，还包括物体运动速度方向的变化等。如100米跑步，从起跑到途中跑阶段为跑的加速阶段，助跑跳跃的踏跳速度和举重的发力的动作过程等，都显示出练习者的动作速度和运动速度发生了明显的变化。为了促进运动速度和动作速度不断地提高，许多项目已把加速阶段的练习列为主要练习内容，并作为发展速度的重要练习手段。

(3) 负重物的练习法

由于运动中动作速度与力量水平有着极为重要的关系，因而，发展动作速度需要与发展力量结合起来。通常在运用举重物做专门性动作速度练习时，重物的重量应比培养单纯力量和速度力量时的重量要轻一些。为了使速度力量和速度能同时产生影响，可以把各种负重和不负重的专门练习结合起来进行练习。但是，有些比赛中的专项动作则无须附加重物，即一种以专项力量和速度是同时出现的动作形式。因此，当采用专项动作本身作为练习手段时，一般不负重。这样可使专项力量和动作速度有机地结合在一起，使得动作速度在体育比赛中完美地显现出来。

(4) 巩固技术的练习法

动作速度的提高，在很大程度上取决于已熟练掌握的运动技术。这是因为动作幅度的大小、工作距离的长短，以及运动的方向、工作的时间、动作的路线、角度和用力等都与动作速度的大小密切相关。所以，采用已巩固和熟练了的动作完成动作时，练习者可以不考虑这些因素，而把精力集中在完成动作的速度上，轻松、协调地发挥动作的水平。

(5) 利用后效作用的练习法

利用后效作用的练习法，即利用动作加速及器械重量的变化获得的后效作用提高动作速度的练习。也就是说，在完成上一次负重量的动作影响下，可以使动作速度暂时得到提高，如在跑步前先负重跑，跳高前先负重跳，推铅球先加重铅球推等。这是由于第一次动作完成后，中枢神经的"兴奋"仍保持着运动指令，可大大地缩短进行下一个动作的时间，提高动作的速度。这种后效作用的产生取决于负重量的大小和随后减轻的情况，以及练习重量的数量和采用的标准的、加重的、减轻的重量的练习交换的次序。例如，在短跑练习中合理顺序是上坡跑—水平跑道跑—下坡跑。推铅球的正确顺序是加重—标准—减轻。这种练习安排都是由后效作用决定的。

(6) 体育游戏的练习法

体育游戏是以愉悦身心、增强体质、陶冶情操为目的的一种游戏方法，由于在平常练习时，速度练习的时间短，动员有机体表现出最大限度的速度并不容易，而采用体育游戏法可以激发练习者高涨的情绪，同时，由于游戏过程中能够引起各种动作的变化，表现出最大速度的可能性就会增加。例如，"迎面接力"，发展速度和培养团队精神；"二不成三"（贴膏药），发展反应、躲闪及奔跑能力等。

2.动作速度训练的方法举例

（1）上肢和躯干练习

①俯卧撑起击掌

训练目的：发展上臂后部和肩部肌肉群动作速度和爆发力。

训练说明：如图5-7所示，双手撑地，双脚掌撑地，身体成一线。向身体下方屈肘，而后快速撑起身体并击掌，恢复开始姿势重复练习。

训练要求：快速完成动作，以肘部下降引导身体下降。全身充分伸展，保持平衡。

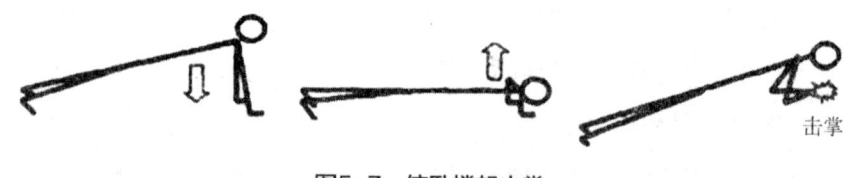

图5-7　俯卧撑起击掌

②仰卧快速单臂拉引

训练目的：发展胸部、肩部肌肉群力量，以及身体支撑和稳定能力。

训练说明：如图5-8所示，把瑞士球放在地面上，靠近滑轮拉引练习器。练习者单手握滑轮拉引练习器把手，成仰卧姿势。头和上背部在瑞士球上支撑，双脚在地面上，髋和背部与地面平行。肘关节微屈，臂从较低位置开始拉引。

训练要求：大幅度完成动作。拉引动作结束后保持1秒，再回到开始姿势重复下一次练习。

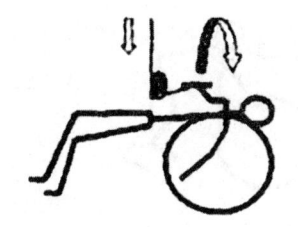

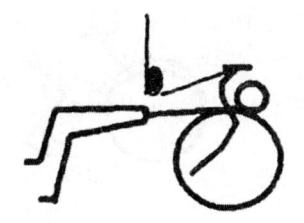

图5-8　仰卧快速单臂拉引

③双球支撑快速扩胸

训练目的：发展胸部、肩部肌肉群速度力量，以及身体支撑和稳定能力。

训练说明：如图5-9所示，把两个瑞士球左右相邻放在地面上，俯卧用双臂的前臂支撑体重。双脚在地面支撑，身体与地面约成30°。将两个球向外侧滚动，打开双臂，直到自己能够控制的动作幅度。然后回收双臂，将球滚回开始位置。

训练要求：身体完全伸直。肩部有损伤时禁止做这种练习。

图5-9　双球支撑快速扩胸

④斜立扩胸

训练目的：发展胸部、肩部肌肉群速度力量，以及身体支撑和稳定能力。

训练说明：如图5-10所示，把两个瑞士球左右相邻放在地面上，俯卧用双手扶住球面支撑上体。双脚脚掌支撑地面，身体屈膝，并向球倾斜。将两个球向外侧滚动，打开双臂，直到自己能够控制的动作幅度。然后回收双臂，将球滚回开始位置。

训练要求：保持躯干伸直。达到最大动作幅度后，保持2秒，再回到开始姿势重复练习。

图5-10　斜立扩胸

⑤快速滑动俯卧撑

训练目的：发展胸部、肩部肌肉群速度力量，以及身体支撑和稳定能力。

训练说明：如图5-11所示，将髋部压在球上，双臂撑地前行。身体在球上前移成俯卧撑姿势，小腿前部在球上支撑。做一个俯卧撑动作，再用手"走路"退回到开始姿势，重复练习。

训练要求：身体保持完全伸直姿势。如果加大难度，可以在俯卧撑姿势下提起一条腿，以双手和一条腿在球上支撑完成俯卧撑。也可以用一只手撑地，两条腿在球上支撑，来加大难度。

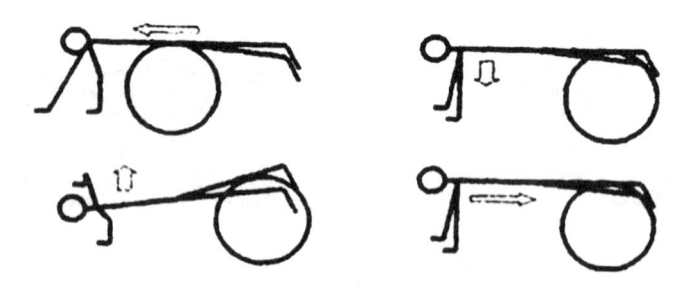

图5-11　快速滑动俯卧撑

（2）髋部和下肢练习

①立定跳远

训练目的：提高下肢动作速度和爆发力。

训练说明：如图5-12所示，面对沙坑或垫子，双脚以肩宽左右开立，双臂上举并充分伸展身体。下蹲后双腿迅速蹬伸，向前上方跳起，前引双脚落地。

训练要求：跳起时充分展体，在腾空过程中收腹、屈髋。双脚落地间距约与起跳时相同。

图5-12 立定跳远

②立定三级跳远

训练目的：提高下肢动作速度和爆发力。

训练说明：如图5-13所示，预备姿势与立定跳远相同，双脚起跳以单脚落地接跨步动作。另一只脚落地再跨步，双脚落地。

训练要求：双脚起跳动作要求与立定跳远相同，跨步跳中以扒地方式积极快速落地。最后一跳在腾空过程中展体后收腹、屈髋。

图5-13 立定三级跳远

③跨步跳

训练目的：提高伸髋和屈髋的速度与爆发力，增加踝关节肌群的紧张度和步长。

训练说明：如图5-14所示，双脚交替起跳和落地。跳起高度不要太高，摆动大腿与地面平行，步长大于正常跑进。

训练要求：脚落地时不要前伸小腿，并采用主动扒地方式快速落地。

图5-14 跨步跳

④单腿跳

训练目的：提高下肢动作速度和爆发力。

训练说明：如图5-15所示，单脚重复起跳和落地。跳起高度不要太高，起跳腿在身体腾空中前摆，大腿与地面平行。

训练要求：脚落地时不要前伸小腿，并采用主动扒地方式快速落地。上体保持正直。

图5-15 单腿跳

⑤连续蛙跳

训练目的：提高下肢动作速度和爆发力。

训练说明：如图5-16所示，双脚重复起跳和落地。起跳和腾空动作与立定跳远相同。

训练要求：身体向前上方跳起，动作连贯。

图5-16 连续蛙跳

（3）全身配合练习

①垫上后空翻

训练目的：提高下肢、背部动作速度和反应力量。

训练说明：如图5-17所示，在海绵包或垫子上双脚以肩宽左右开立，双臂上举并充分伸展身体。下蹲后双腿迅速蹬伸，向后上方跳起后仰头，双脚离地进入180°后空翻。双手先支撑海绵包或垫子引导身体下落,再收腹使双脚落地。

训练要求:跳起和腾空时充分后旋身体,双手落地间距约与肩宽相同。初学者要慎重练习,同时加强保护。

5-17 垫上后空翻

②双腿起跳背越过杆

训练目的:提高下肢、背部动作速度和反应力量。

训练说明:如图5-18所示,背对海绵包和横杆,双脚以肩宽左右开立,双臂上举并充分伸展身体。下蹲后双腿迅速蹬伸,向后上方跳起,仰头形成背弓越过横杆。过杆后收腹、团身使背部先落在海绵包上。

训练要求:下肢迅速蹬地,腾空时充分形成身体背弓,初学者注意降低横杆高度练习。

图5-18 双腿起跳背越过杆

③前抛实心球或铅球

训练目的:发展下肢、背部、肩部和上肢的动作速度和爆发力。

训练说明:如图5-19所示,面对抛掷方向,双脚左右开立约一肩半宽,直臂双手持实心球或铅球举过头顶。团身下摆实心球或铅球至两小腿间并接近地面。迅速蹬腿、挺身、挥臂,向身体前上方抛出实心球或铅球。

训练要求:身体环节用力顺序自下而上,迅猛完成动作。

图5-19　前抛实心球或铅球

④后抛实心球或铅球

训练目的：发展下肢、背部、肩部和上肢的动作速度和爆发力。

训练说明：如图5-20所示，背对抛掷方向，双脚左右开立约一肩半宽，直臂双手持实心球或铅球举过头顶。团身向下摆实心球或铅球至两小腿间并接近地面。迅速蹬腿、挺身、挥臂，向身体后上方抛出实心球。

训练要求：身体环节用力顺序自下而上，迅猛完成动作。

图5-20　后抛实心球或铅球

⑤跳起转体接实心球

训练目的：发展下肢、骨盆、躯干和上肢的跳跃和转体动作速度及爆发力。

训练说明：如图5-21所示，背对接球方向，双脚左右开立紧紧夹住轻实心球。迅速跳起，用双腿将轻实心球抛向空中，身体落地迅速转体接住实心球。

训练要求：身体环节协调配合，迅猛、连贯地完成动作。

图5-21　跳起转体接实心球

⑥弓箭步快速传接实心球

训练目的：发展上、下肢速度力量和爆发力。

训练说明：与同伴保持3~4步的距离相对站立。一人双手持实心球，一条腿屈膝、屈髋前迈并缓缓落地。前面的大腿与地面平行，膝关节弯曲90°，并且不超过脚尖的垂线。在脚落地前把实心球传给同伴，接球时前面的脚蹬地恢复开始姿势。

训练要求：保持弓箭步姿势，维持好身体平衡。

⑦持实心球弓箭步转体

训练目的：发展腿、髋和躯干部位的全身速度力量。

训练说明：站立双手持球于胸前，右腿屈膝、屈髋前迈落地。右腿的大腿与地面平行，膝关节弯曲90°，并且不超过脚尖的垂线。右脚落地时，身体和持球伸直的双臂快速转向右侧。行进间左右腿交替练习。

训练要求：躯干保持竖直。加大难度可以持重球，或加快动作节奏。

⑧持实心球侧蹲

训练目的：发展腿、髋和背部的全身速度力量。

训练说明：双脚以肩宽左右开立，向左侧分步进入侧蹲姿势，重心移到左腿上。同时充分快速前伸双臂前送实心球，保持这个姿势2秒。右腿蹬离地面形成开始姿势，左右腿交换重复练习。

训练要求：躯干不得扭转。加大难度可以持重球，或加快动作节奏。

⑨踩T形板传接实心球

训练目的：发展全身平衡控制能力，以及臂部和腿部速度力量。

训练说明：双脚以肩宽站在T形板上手持实心球，与同伴相距约2步相对站立。保持屈膝、收腹身体姿势。两人相互传接实心球，接球后在T形板上保持平衡2秒再快速传出。

训练要求：尽量保持膝关节在踝关节垂直上方。加大难度可以持重球，改变多种动作方向或加快动作节奏。

⑩肩上侧后抛实心球

训练目的：发展全身转动用力的速度力量，培养腿部、髋部、躯干和臂部的用力顺序。

训练说明：双手持实心球于胸前，背对投掷方向，双脚以肩宽左右开立。保持屈膝、收腹身体姿势。抛球前下蹲，将球沿身体一侧转到身后。然后以下肢发力带动躯干回转实心球，将球从身体另一侧肩上向后抛出。

训练要求：注意身体环节自下而上的用力顺序。加大难度可以持重球，改变多种动作方向或跳起抛球。

（三）移动速度训练的基本方法

1.移动速度训练的方法分析

移动速度在某种意义上说是一种综合运动能力的表现。它与练习者的力量、柔韧、速度耐力和协调性等有着极为密切的关系。发展移动速度可采用以下几种方法。

（1）发展力量练习法

发展力量是练习移动速度的基本途径之一。力量练习的目的是提高练习者的速度素质，但最终目的是把练习者获得的力量和速度素质用到提高移动速度上来。在力量练习中一般要注意以下几点：①力量练习应能使练习者的力量素质得到全面、均衡的发展；②力量练习应要求练习者以较快的速度重复一定负重的练习，以获得速度力量储备，继而促进移动速度的提高；③力量练习应培养练习者预防运动损伤和自我保护的能力，强调科学、安全的力量练习；④发展基本力量的练习应采用适中的强度（40%~60%的强度）进行快速的重复（负重）练习，使得肌肉力量和肌肉横断面增大；或者采用极限、次极限负荷的练习也能发展移动速度；⑤力量练习应侧重速度力量的发展，一般可采用超等长的力量练习，如立定跳远、单足跳（跳上跳下台阶）、跳深等。

在力量练习中，若要将力量的提高转化到移动速度上，通常是在力量练习负荷减少后出现的。力量向移动速度的转化大约需要2~6周的时间。例如，跑步练习阶段的几种情况：第一，在跑的时候要感到有一种贯穿于全身的力；第二，跑动中要富有弹性感；第三，跑起来要有一种有力的跨度感；第四，跑后肌肉酸痛感有所减轻。也就是说，这个阶段的练习，只有在以上几种情况出现后才能说明力量实现向移动速度的转化。

（2）重复练习法

重复练习法是移动速度练习方法之一，即以一定的速度，多次重复一定距离的练习，也是移动速度练习的基本方法之一。采用重复练习法时一般要注意以下几点。

①练习强度

练习强度是练习负荷的主导因素，也是提高练习者快速移动能力的有效手段。如采用90%~100%的强度进行速度练习时，练习者需要高度集中注意力，最大限度地调动肌肉力量，使得动作幅度大、频率快，并达到最高的速度水平。移动速度练习也不只局限于最大强度和接近最大强度的练习，有时还可以采用85%~95%的强度进行练习，这种练习不仅可以保持ATP的供能，延长练习的时间，预防练习者过早出现疲劳或产生损伤，而且还有利于改进和巩固技术动作，防止速度障碍的出现。在练习中，练习的强度并非一成不变的，有节奏、合理地变换练习强度，不仅可以提高力量速度，还有助于轻松自如地完成动作，避免动作速度恒定在同一水平上。反之，固定练习强度，或过多地采用极限与接近极限的练习，或长久地采用较低速度的练习，就会大大地限制练习者速度水平的提高，产生速度障碍，迫使绝对速度停滞不前。

②练习持续时间

移动速度的练习时间与其他练习要素一样，练习的刺激持续时间也应达到最佳化。一般指最低持续时间应从起动到加速至最高速度所需的时间。如果持续时间过短，未能达到最高速度，其练习的功用只是改善了加速度过程，而并非获得了最佳速度效果。通常改善和提高绝对速度练习的持续时间一般在5~30秒。例如，在20秒以内的短时间练习时，人体无氧代谢主要靠ATP和CP直接分解供能，所以不会出现运动能力过分降低的现象。反之，较长的练习持续时间会有助于提高无氧耐力，但由于运动能力降低，所以不能保持最大速度。因此，速度练习持续的时间还是要根据运动的项目和练习者的具体情况等来确定。如果练习中出现疲劳，运动能力下降，不能继续保持最大速度的状况，则应及时终止练习或休息调整。

③重复练习的次数和组数

与耐力素质练习相比，移动速度练习消耗的总能量要低一些，但单位时间内消耗的能量远比其他练习形式的练习要高得多，这也是移动练习时练习者较快地出现疲劳的原因。由此可见，移动速度练习的重复次数不能过多。如果练习重复次数过多，间歇时间不合理，就会使训练强度下降。为了保证有效的练习时间，可以适当地增加练习组数，即安排适量的练习组数，在确保练习的总时数的同时，还可以达到练习效果。

④练习的间歇时间

运动中的间歇时间应以练习者机体相对达到完全恢复的状态为原则。也就是说，能够使练习者在下一次练习开始时，中枢神经系统再度兴奋，机体的功能变化得到中和，以适应每一次练习的物质供能。如果间歇时间短，机体的疲劳得不到休整和恢复，就会使得练习的功效发生变化，导致每次练习的强度下降，抑制移动速度水平的发展。通常间歇时间的长短与练习者的练习强度、身体状况和练习持续时间等有关。一般来说，练习持续时间短，休息时间相对也短；练习持续时间长，休息时间相对也长。例如，练习持续时间为5~10秒，每次间歇时间约为40~90秒，组与组之间的休息时间约为2~5分钟。间歇时可以进行放松、伸展、按摩等恢复性的活动，为后续练习创造适宜的条件。

（3）综合性练习法

综合性练习法是移动素质练习方法之一，也是若干练习方法的综合运用。常用的综合性练习法有循环练习法和组合练习法等。综合性练习法可以改善练习的整体效能，灵活地调整练习负荷与休息，逐步提高练习者的运动素质、速度能力和技术动作。练习时，一般可采用以下程序。

1）肌肉建设性练习，主要采用40%~60%的强度多次重复负重练习，使肌肉力量和肌肉横截面持续增大。

2）肌肉内协调性练习，使肌肉用力时能够最大限度地动员更多的肌纤维，同时强力收缩。通常可采用75%~100%的大强度练习法以及跳深、负重物蹲跳等练习。

3）"金字塔式"练习法，即肌肉建设性和肌肉内协调性两者兼顾的练习。

4）柔韧素质练习，生理学研究证明，柔韧性提高后可以增加力的作用范围与时间，导致运动速度增加，同时能使肌肉协调性得到改善，从而减少肌肉阻力和增大肌肉合力。因此，经常采用发展髋关节柔韧性的体前屈，弓箭步肩后仰、转髋走，以及胶皮带抬腿送髋等练习，对移动速度的提高具有积极的作用。

5）改进技术动作，发展移动速度。移动速度的提高在很大程度上取决于完善的技术动作。如技术动作的幅度与半径的大小、工作距离的长短、运动时间的多少等都与移动速度的快慢有关。只有掌握了合理的技术动作，轻松自如地完成动作，消除多余的肌肉紧张，才能够充分地发挥速度水平。例如，通过短距离跑来发展步频的练习，把注意力集中到快速前摆和积极着地上，通过改进技术动作对运动速度提出更高的要求。

6）采用设若干练习点（每个点用不同的练习手段）进行循环练习，是当今世界时尚体育练习的主要方法之一，也是发展动作速度和移动速度的有效手段。

（4）发展步长、步频的练习法

步长和步频通常是影响跑动中移动速度的两个主要因素，只有将高步频率和大幅步长融合跑动中才能表现出高水平的移动速度。而影响步长和步频的共同因素则是力量的协调性。其中，影响步频的因素有肌纤维的类型和神经系统的灵活性；影响步长的因素有柔韧性、后蹬技术以及腿长等。需要指出的是，柔韧性和后蹬技术通过练习可以得到明显改进，而腿长、肌纤维类型、神经系统灵活性则主要取决于遗传。遗传因素通过后天的练习只能发生极微小的变化。因而，对一般的练习者来说，如果步频不太理想，加大步幅才是提高移动速度的有效途径。

2.移动速度训练的方法举例

（1）上肢和躯干练习

①摆臂

训练目的：提高摆臂动作效率和学习正确上体姿势。

训练说明：如图5-22所示，双脚并拢站立以短跑动作前后摆臂，肘关节弯曲约90°，双手放松。前摆手摆到约肩部高度，后摆手摆到臀部之后。

训练要求：摆臂动作不要越过身体中线，可以采用坐姿或持重物练习。

图5-22　摆臂　　　图5-23　跑步动作平衡

②跑步动作平衡

训练目的：提高踝关节肌肉群的紧张度和稳定支撑能力。

训练说明：如图5-23所示，采用最高速度时的单腿支撑姿势，左脚用脚掌支撑，肘关节弯曲约90°。左手在肩部高度，右手在髋部高度，右腿高抬，右脚踝靠近臀部。

训练要求：保持这个姿势20~60秒。可以采用负重背心，或站在不稳定的海绵垫上加大动作难度。

（2）髋部和下肢练习

①跑步姿势交换腿高跳

训练目的：发展跑动中的腿部蹬伸爆发力。

训练说明：如图5-24所示，从慢跑开始，用跑步的身体姿势进行高跳。起跳后用另一只脚落地。

训练要求：高抬膝，尽量高跳。对于初学者和体重较大的练习者，适当减少跳起的高度和次数，一般每条腿起跳动作不超过4次。

②跑步姿势交换腿高跳落点向内

训练目的：发展跑动中的腿部蹬伸爆发力和控制方向的能力。

训练说明：如图5-25所示，从慢跑开始，沿分道线或直线练习，用跑的身体姿势进行高跳。起跳后用另一只脚落地，继续练习。

训练要求：高抬膝，尽量高跳。脚在跑进方向上的直线内侧落地。

图5-24　跑步姿势交换腿高跳　　图5-25　跑步姿势交换腿高跳落点向内

③跑步姿势交换腿高跳落点向外

训练目的：发展跑动中的腿部蹬伸爆发力和控制方向的能力。

训练说明：如图5-26所示，从慢跑开始，沿分道线或直线练习，用跑的身体姿势进行高跳。起跳后用另一只脚落地，继续练习。

训练要求：高抬膝，尽量高跳。脚在跑进方向上的直线外侧落地。

图5-26　跑步姿势交换腿高跳落点向外　　图5-27 踝关节小步跑

④踝关节小步跑

训练目的：发展脚的动作速度和踝关节肌群弹性力量。

训练说明：如图5-27所示，采用很小的步长快跑，强调脚底肌群的蹬地和踝关节屈伸动作。以脚掌蹬离地面。

训练要求：脚部动作快速而安静，尽量减少脚掌与地面的接触时间。

⑤直腿跑

训练目的：发展髋部肌群力量，提高踝关节肌群弹性力量。

训练说明：如图5-28所示，膝关节伸直跑进，脚尖跷起。

训练要求：强调用前脚掌与地面的快速接触，髋部肌群用力向前"拉"动身体。

图5-28 直腿跑

⑥后踢腿

训练目的：提高脚的动作速度。

训练说明：从慢跑开始，使摆动腿脚跟拍击臀部，膝关节在弯曲过程中向前上摆动。

训练要求：上体保持正直，可以根据练习者能力适当加快步频。

⑦高抬腿折叠跑

训练目的：发展快速提高膝关节的能力和摆动腿折叠速率。

训练说明：与后踢腿相同。

训练要求：折叠摆动腿时脚跟必须在身体前面。

⑧脚回环

训练目的：发展摆动腿快速折叠和前摆能力。

训练说明：单腿支撑，手扶固定物保持平衡。另一只脚以短跑动作进行回环练习。

训练要求：在动作过程中回环拍击臀部，以扒地动作结束。脚的回环动作路线在身体前面完成。

（3）全身配合练习

①原地快速高抬腿

训练目的：提高摆臂动作效率和下肢动作频率。

训练说明：如图5-29所示，以短跑动作前后摆臂进行原地快速高抬腿，肘关节弯曲大约90°。向前摆手摆到约肩部高度，向后摆手摆到臀部之后。大腿摆到与地面平行姿势。

训练要求：摆臂动作不要越过身体中线，上体保持正直。

②高抬腿跑绳梯

训练目的：提高步频和快速高抬折叠腿的能力。

训练说明：如图5-30所示，双脚在同一格内落地，尽快跑过每格约50厘米间距的绳梯或小棍。

训练要求：强调先进入小格的摆动腿高抬。支撑腿与地面短暂地接触。

图5-29　原地快速高抬腿　　　图5-30　高抬腿跑绳梯

③跑绳梯

训练目的：提高步频和快速折叠腿的能力。

训练说明：如图5-31所示，双脚在不同格内落地，尽快跑过每格约50厘米间距的绳梯或小棍。

训练要求：强调身体正直的姿势和上、下肢配合动作。支撑腿与地面短暂地接触。

④单腿过栏架跑

训练目的：提高步频、快速屈髋能力和下肢灵活性。

训练说明：如图5-32所示，以约1米的间距摆放8~10个30~40厘米高的栏架。在栏架一端支撑腿直膝跑进，摆动腿从栏架上越过。

训练要求：强调栏架外侧支撑腿伸直，摆动腿栏架上的快速高抬和折叠。

⑤双腿过栏架跑

训练目的：提高步频、快速屈髋能力和下肢灵活性。

训练说明：如图5-33所示，以约1米的间距摆放8~10个30~40厘米高的栏架。在栏架上做高抬腿跑，在每一个栏间距内双脚落地，采用同一条攻栏摆动腿。

训练要求：强调摆动腿高抬，跷起脚尖。

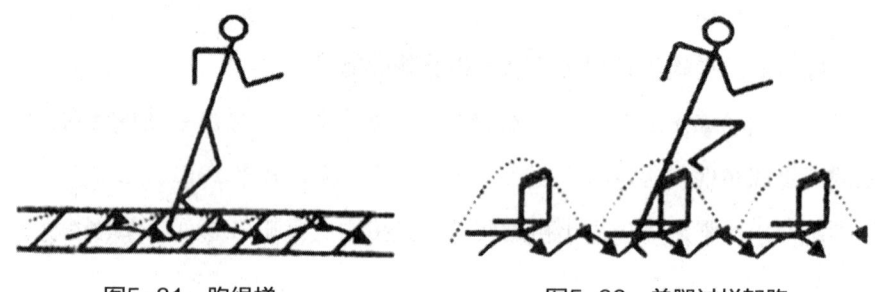

图5-31　跑绳梯　　　　　图5-32　单腿过栏架跑

图5-33　双腿过栏架跑

⑥拖轮胎跑

训练目的：提高跑进速度力量和爆发力，增加步长。

训练说明：练习者腰部系绳索，拖动一条汽车轮胎跑。

训练要求：强调正确跑进动作技术。轮胎不可太重，保持跑进的加速节奏。

⑦缓坡上坡跑

训练目的：提高跑进速度力量和爆发力，增加步长。

训练说明：在坡道上向上跑进。

训练要求：发展最大速度采用的坡度在30以下。发展加速能力采用的坡度可以适当增加。

⑧拖人和牵引跑

训练目的：前面的练习者提高跑进速度力量和爆发力，增加步长。后面的练习者提高跑进速度和突破速度障碍。

训练说明：两位练习者在腰部系一绳索前后连接起来，相距3~5米同时起跑。前面的练习者拖动后面的练习者跑进。

训练要求：后面的练习者与前面的练习者保持相同距离，以施加相同的阻力。或前面的练习者与后面的练习者保持相同距离，以施加相同的阻力。

四、速度素质训练的注意事项

（一）速度素质训练的一般注意事项

速度素质的发展受多种因素的影响，为了有效地提高人体的快速运动能力，在练习中必须注意如下事项。

1.合理安排速度训练的顺序与时间

各种身体素质及运动能力之间，具有相互联系、相互促进和相互制约的关系，在发展某一素质的同时，都会或多或少、或直接或间接地影响其他素质的变化。因此，发展速度素质时应处理好同其他素质的关系，合理安排练习的顺序，使得素质间互相促进和良性转移。

速度练习中，常使用发展力量的手段来提升速度，尤其是静力性力量练习，由于动作缓慢，会降低神经过程和肌肉活动的灵活性。而速度素质要求神经过程的灵活性高，兴奋与抑制迅速转换，肌肉收缩轻松协调。因此，速度练习应放在力量练习之前进行，力量练习也应以动力性力量为主。在力量练习过程中，应交替安排一些轻松、快速的跑跳练习或一些协调性和柔韧性练习，这对发展速度素质十分必要。

速度素质练习的时间应安排在练习者身心状态最佳、精力最充沛的时候进行。因为人体疲劳后神经过程灵活性降低，兴奋与抑制的快速转换不理想，在这时发展速度素质效果不好。

2.速度素质训练与专项技术相结合

最近体育科学研究人员发现，速度类练习对本身练习之外的动作速度发展的迁移效果较低，也就是说速度练习只是更多局限于诱发练习动作本身的速度能力。因此，速度练习需要结合专项技术动作要求进行，才能具有较高的专门性。如短跑运动员的反应速度训练应着重提高听觉的反应能力，球类运动员应着重提高视觉的反应能力，体操运动员应着重提高皮肤触觉的反应能力。一般人的视、听、触觉中，触觉反应最快，听觉反应次之，视觉反应较慢。动作速度训练应与各专项的技术相结合，让运动员在速度训练中能感觉到躯干等各部位的协调配合及在空间、时间方面的速度节奏，发展专项技术所需的动作速度的能力。

3.保证大学生体能训练的环境安全

必须保证训练环境的安全，速度训练前进行充分的准备活动，保证速度训练后的充分休息和身体恢复。当运动员进行速度练习时，如果所发出的力量以及动作频率、动作幅度超过了最大的限度，这将给运动员带来巨大的受伤风险。速度练习中的负荷对运动员的肌肉、肌腱和韧带提出了很高的要求，因此，运动损伤发生的潜在危险性很高。运动损伤的发生主要是由于如下原因，如训练手段缺乏变化、负荷过大、在气温较低或运动员疲劳的情况下运动负荷的安排不当，或是速度训练所要求的直接准备（准备活动）不充分而引起的肌肉放松能力下降等。所以对任何速度练习来说，在比赛或训练前认真进行专门的准备活动是最基本的要求。此外，在早晨的训练时间里应该注意不要安排最大强度的速度练习。如果肌肉出现疼痛或痉挛等迹象，训练的原有负荷就应该停止。在气温较低的天气里，应当选择恰当的服装（径赛服）。还应该采用按摩和放松练习等训练手段，如果在皮肤上涂擦强力的物质来促进血液循环，必须使用经过有关医疗卫生部门批准的物质。最后，还需要在保障场地设施安全的条件下进行速度训练,注意穿透气性良好、适宜的运动服和鞋袜。

4.从体能训练者的实际情况出发

训练内容的安排要充分考虑练习者训练水平和身体状态的可接受程度,在速度练习之间要保证练习者身体疲劳感完全恢复。注意采用正确的技术动作和练习内容之间循序渐进的衔接顺序,先慢后快,先易后难。

人体适宜的工作状态对发展速度素质是十分必要的,其中包括神经系统的适宜状态、内脏系统的适宜状态和肌肉系统的适宜状态。这种适宜状态可以通过集中注意力和速度练习前用强度较小并保持一段时间的活动得到满足。练习者注意力集中,可使神经系统处于适宜的兴奋状态,并使肌肉保持一定的紧张度。而强度较小并保持一段时间的活动能提高中枢神经系统功能,使内脏系统与肌肉系统间形成适宜的相互关系,对改善肌肉内协调性有良好的作用。

5.速度能力与其他能力协同发展

力量特别是快速力量和柔韧性,是影响速度素质的重要因素,所以在发展速度素质中,首先要注意发展快速力量。如采用中小强度多次重复快速负重练习,使肌肉横断面和肌肉力量增大,并提高肌肉活动的灵活性。适当采用大强度练习,使肌肉用力时能够最大限度地动员更多的肌纤维同时进行收缩,提高肌肉的收缩功效。其次,柔韧性提高后可以增加力的作用范围和时间,同时能使肌肉内协调性得到改善,从而减少肌肉阻力和增大肌肉合力,最终导致运动速度的提高。

运动员整个身体或某些关节的运动速度,是实现理想运动成绩的决定性因素。而运动项目要求的最佳运动速度经常是关节协同发力的结果,但是速度和力量并不同步发展。在一些速度能力起决定性作用的运动项目训练中,较早地进行技术动作的速度训练是很重要的,但是这些训练不一定必须遵照基本的技术模式。在一些项目中,速度与体能训练有密切的联系,因为速度可能与耐力、力量和灵活性密切相关。而且,速度训练还可能与复杂的技术训练有关,因为速度训练需要针对项目的专门要求来安排。此外,根据项目中参与的有关力量、耐力和灵活性,以及项目所要求的最佳/最大速度和关节运动速度变化之间的协同配合程度的不同，这些专门要求也有所不同。

（二）各类型速度素质训练的注意事项

1.反应速度素质训练的注意事项

（1）动作熟练程度

反应速度的提高主要取决于练习者对应答信号的熟练程度。在运动中，对动作娴熟、运用自如的练习者来说，信号一旦出现，就会即刻作出相应的应答动作。反之，则会相较迟钝。这是由于感受器受到信号刺激，中枢神经无须再花费较长时间去沟通与运动器官的反射联系。因而，要提高反应速度的最好方法，就是反复多练。但在反复练习中，需要经常不断地变化练习刺激的时间和强度等因素，否则，便会形成反应速度的动力定型，继而出现"反应速度障碍"。

（2）集中注意力

在运动中，保持注意力集中可使神经系统处于适宜的兴奋状态，并使肌肉收缩处在待发状态。实验证明，肌肉处在待发状态时，要比肌肉处于松弛状态的反应速度快60%左右。发展反应速度练习，肌肉紧张待发状态的时间大约为1.5秒，最长不得超过8秒。这里所说的注意力主要反映在完成的动作上，以及缩短反应潜伏期的时间。

（3）掌握多种技能

反应速度的练习，需要结合实际需要进行练习。如练习短距离起跑时，主要是练习听觉—动觉的反应速度，可采用"声"信号刺激来提高这种反应能力；格斗类项目动作复杂多变，这就要求练习者能在瞬间对各种复杂多变的条件作出迅速应答反应，为了达到这一要求，可多模拟实战演练或比赛的情况。因为格斗时对方所采用的动作变化只有在激烈的对抗中才能充分地显现出来，而反击对手的应答动作是否有效，则需要在对抗中得到检验。

2.动作速度素质训练的注意事项

（1）采用的动作应是熟练掌握的

采用已熟练掌握的练习动作，可以使练习者在完成动作时，无须把精力放在如何完成动作上，应把精力集中在完成动作的速度上，以提高动作速度的练习效果。

（2）掌握好练习的间歇时间和休息方式

由于练习动作速度强度比较大，因此要求练习者须有较高的兴奋性。为了保证整个练习过程不因疲劳而降低运动的强度，并达到预定的练习效果，就需要严格掌握好练习的间歇时间和休息的方式。因为休息间歇的持续时间决定着中枢神经系统兴奋的转换和与氧债的"偿还"有密切关联的植物性功能指标的恢复。休息间歇时间一方面应该使间歇时间长到植物性功能指标能得到较全面恢复的程度；另一方面又应该短到神经兴奋不会因休息而产生本质性降低的程度。

（3）动作速度练习需要与练习项目相似

实践证明，如果采用了与练习项目或动作结构不相同的动作速度练习，所获得的动作速度不会积极地向练习项目或动作结构转移。例如，短距离跑练习可使体操跳马项目的助跑速度加快，但并不能由此而获得器械上的旋转动作速度。这是因为旋转动作速度和动作速度的练习与感受器官和运动器官缺乏一致性。动作速度仅仅是提高水平速度的平行运动，旋转动作速度则是物体围绕一个轴或点所做的圆周运动。只有将两者有机地结合起来进行练习，才能达到预定的练习效果。例如，球类运动的反应练习可把视觉与四肢运动结合起来，格斗运动应把判断对手的动作与自己的攻防动作结合起来。通过简化条件的反复练习，既可以提高反应速度和动作速度，又可以掌握正确的技术动作，并协调速度的运用。

3.移动速度素质训练的注意事项

（1）防止和克服速度障碍

当移动速度发展到一定水平时，由于神经、肌肉系统等达到一定高峰后，在练习中积累、形成的步频、步幅、技术、节奏等就会产生相对稳定的状态或动力定型，继而出现移动速度停滞，阻碍其继续提高的现象，从而出现速度障碍。产生速度障碍的客观原因是：从运动技能形成规律上讲，技能动力定型的形成，使得练习者在已掌握技术动作的空间特征上固定下来，在时间特征上稳定下来；从技能形成的机制上讲，神经过程的灵活性对速度练习的作用比其他练习显得更为重要，而神经过程的灵活性练习难度是很大的；从能量供给上讲，肌肉收缩所需的能量值的立方与肌肉收缩的速度成正比；从运动医学上讲，人体向前移动克服的阻力与其前进的速度平方成正比。由此可见，产生运动障碍的主要原因是：过早地发展绝对速度，基础练习不够；技术动作不合理；训练手段片面、单调；负荷过度、恢复不当等。在练习中，防止和避免速度障碍应注意以下几点。

1）强化运动能力，发展全面身体素质，着眼于使练习者掌握好基本技术动作，提高机体的活动能力，不要过早、过细地进行专门化的练习。

2）发展肌肉力量和弹性，培养练习者轻松自如、准确协调地完成动作的意识。

3）练习手段要多样化，尤其要多采用一些发展速度力量的练习手段，以变化的频率、节奏完成动作，建立起中枢神经系统灵活多样的条件反射。

4）采用极限速度练习时，安排适中的运动负荷。在极限速度练习后，则要使肌肉得到一定的放松，这样做不仅可以尽快地恢复机体的活动能力，还可以促进纤维工作同步化和肌肉工作的协调性。

5）采用减少外部阻力的练习。为了防止和避免速度障碍的形成，训练中可以通过变换练习方法或增加一些能够产生运动过程兴奋，具有强烈刺激性的练习内容。因为多次重复新的刺激能使练习者产生新的更快速度的动力定型。如减少外部阻力的下坡跑、牵引跑、顺风跑等练习。

（2）预防和克服心理障碍

心理障碍是妨碍练习者发展快速移动能力或潜力的主要因素之一。如认为对自己的成功与否难以预测，自信心较弱；消极思维导致过度紧张和焦虑，感觉提高成绩是不可能的事。要克服心理障碍应做到以下几点：①设置适宜的目标激发练习者顽强拼搏、奋勇进取的勇敢精神和坚定的信心。②可在练习中有意识地安排一些接力跑、集体游戏等练习内容，激发练习者在练习中发挥快速移动的能力。③在练习中有针对性地采用一些竞赛活动，通过斗智、较力、比速度、比技术、比成绩等手段激励练习者的高昂斗志和运动动机，使练习者在竞争中充分地发挥速度水平的潜力。④在练习或测验、考核、比赛中，可采用"让步赛"的活动形式，即强者让出一定的优势给弱者，以促使练习者尽量地发挥最快的速度水平。

（3）注重肌肉放松的练习

肌肉的放松对速度的提高有着极为重要的作用。这是因为肌肉放松，张弛有度，能够减少肌肉本身的内阻力，增大肌肉合力，促进血液循环旺盛。生理学研究表明，当肌肉张度达到60%~80%时，会严重阻碍血液流动，动作协调性严重失控，已具备的快速能力将无从发挥；而肌肉放松时，肌肉中的血流情况则大为改善，比紧张时提高15~16倍。由于血液循环旺盛，能够给予参加活动的肌肉输送大量的氧气，加快ATP再合成速度，节省能源物质，使得机体储备有限的ATP得到合理的利用，有效增加肌肉收缩的速度。❶

第四节　耐力素质训练

一、耐力素质训练概述

（一）耐力训练的意义

耐力训练具有多重意义，在体能训练领域一直是核心问题。首先，耐力素质是所有中长距离项目（田径、游泳、划船、滑雪、自行车等）的专项能力，练耐力很大程度上就是练专项。其次，耐力训练是提高人体能量代谢与储备能

---

❶ 曾理，曾洪林，李治.高校体能训练理论与训练教学指南[M].北京：新华出版社，2018.

力的重要手段，能量的代谢（分解、氧化、合成）、运转效率是影响运动员持续运动能力的关键因素。长期的耐力训练对奠定扎实的能量系统基础，构建良好的能量链（磷酸原—糖酵解—有氧）具有直接作用。最后，有氧耐力练习是放松、恢复、组织再生的重要手段，在大强度的训练之后，进行适宜强度的慢跑，可以促进血液回流和代谢废物排除，并利于激烈运动中造成的肌肉损伤修复、软组织的再生，尽快消除疲劳。同时在健身、健康领域，耐力训练也是流行项目。医学权威认为，慢跑是锻炼心脏和全身的好方法，跑步可以预防肥胖、高血压、糖尿病、血脂异常、癌症等疾病。即使是相对低的跑量，也可以显著降低心血管疾病发生率和死亡率；跑量相对越多，健康收益也就越大，运动与健康之间存在着显著的"剂量–效益"关系。慢跑对于保持中老年人良好的心脏功能，防止肺组织弹性衰退，预防肌肉萎缩，防治冠心病、高血压、动脉硬化等具有积极的作用。最新的研究表明，运动是最佳的健脑丸，运动刺激为大脑创建理想的环境，从而提高记忆、学习能力。运动可以平衡大脑，使大脑生长，同时降低甚至治愈焦虑、抑郁、成瘾等心理类疾病，长期坚持运动可以预防大脑退化，延缓衰老。

（二）耐力训练方法的演变

早期耐力训练的变化主要体现在训练方法上。持续跑是中长跑最原始的训练方法，1910~1936年出现了自然跑训练法，主要有匀速跑、节奏跑和越野跑。1936~1948年，法特莱克跑训练法和间歇训练法逐渐形成。瑞典的考斯达·何尔穆教练在研究芬兰等国训练方法的基础上，找到了一种既能提高速度又能发展耐力的训练方法，发展了自然跑训练方法，创造出法特莱克跑，并以此训练出了一批世界级优秀中长跑选手。

间歇跑训练法具有里程碑的意义，意味着中长跑运动进入"速度时代"。后期反复跑、高原训练等方法相继出现，发展成今天的综合训练法。但各种训练方法各有优势和不足，运动员取得成就的基础是优秀的运动天赋和适合他们的训练方法的结合。

（三）耐力训练模式

各系统能量供应的特点是耐力训练的主要理论依据，现有多数理论对以大强度、极限强度运动时各系统可以持续供能的时间认识基本一致。人体各供能系统以最大输出功率供能，对于维持运动的强度和时间，磷酸原系统最短，可供极限强度运动6~8秒，不超过10秒；糖酵解系统可供极限强度运动30~90秒；糖有氧氧化系统供亚极限强度运动约90分钟，是中长跑运动的主要能量供应系统；脂肪酸氧化供能时间不受限制，适宜中低强度运动，通常认为超过30分钟以上较大强度的持续跑才会动员脂肪物质参与代谢；蛋白质和氨基酸供能时间可从运动开始后30~60分钟起持续到比赛结束。以福克斯（FOX）为代表的美国学者提出了能量连续统一体的概念，根据时间划分为4个不同的区域，如表5-2所示，界定了不同能量供应系统在不同运动中的参与情况。至此，基于运动持续时间不同的运动项目，其有氧和无氧能量供应比例逐渐得到人们的重视和接受，成为判断运动项目能量代谢特征的主要依据。

表5-2　能量连续统一体的4个区域

区域	运动时间	主要能量系统
一区	小于30秒	ATP-CP
二区	30~90秒	ATP-CP和糖酵解
三区	1~3分钟	糖酵解和有氧氧化
四区	大于3分钟	有氧氧化

（四）耐力素质与力量

原来中长跑不太重视力量（包括力量耐力）的训练，主要以长时间的持续跑和高强度的重复跑、间歇跑为主。但研究表明，在近代马拉松运动员中，优秀运动员与一般运动员的最大吸氧量无显著差异，但腿部力量相差明显。优秀运动员腿部力量达到$5kg/cm^2$，一般运动员为$2.5kg/cm^2$，说明成绩的提高不是主要依靠心血管系统机能的改善，而与肌肉力量耐力、速度耐力的改善有关，也是随着对项目属性认识的深化，训练负荷结构变化，使机体产生适应，提高了肌肉的性能，对能源物质使用、代谢、快速清除乳酸等有毒物质，能够更有效地发挥作用的结果。

由于有氧训练强度低，主要是慢肌纤维在工作，而对快肌纤维的刺激减少，所以近年来有氧训练出现了较大的变化，最为突出的是在有氧训练中融合了技术和力量的内容和要求，强调"耐力-技术""耐力-力量"的结合。有研究认为，最大力量与耐力是有关的，而且与高强度耐力项目的关系更大。力量训练对高、低强度耐力相关的素质和因素有影响，力量训练量的大小对其耐力素质水平的高低变化有影响。但如何把力量训练有效融入耐力训练之中，又不至于有氧能力与无氧能力发生冲突仍然是一个有待深入研究的问题。

（五）我国耐力项目的训练观点

我国田径耐力性项目中，可谓喜忧参半，既有一直在世界田坛有较高竞争力的男、女竞走（尽管有起伏，但仍不失为优势项目）；也有90年代一枝独秀、形成突破和集群优势但很快沉寂并一蹶不振的女子中长跑。但到近几年甚至出现没有运动员有能力参加世界田径锦标赛、奥运会中跑比赛的局面。

20世纪80年代以前，我国中长跑项目长期落后。这种长期的落后现象主要是由于对项目本质特征的认识出现了偏差，长期对跑的速度不够重视，认为中长跑、马拉松是以有氧供能为主的耐力性项目，甚至提出过"向公里数要成绩"的口号。虽然练得很苦，但由于未能从认识上突破对该项目性质的误区，所以训练成效不大。通过长期的训练实践，我国体育工作者，重新认识了中长跑、马拉松是高速度的耐力性项目，运动员既要有很高的耐力水平，又要有很强的速度能力，才能达到世界水平。正是由于改变了对该项目性质、特征的认识，在训练指导思想上提出，训练中长跑、马拉松运动员要全面，耐力、速度耐力和速度都要好，成为多面手，只是耐力好、速度不好，才导致出不了高水平的中长跑、马拉松选手。在训练上集中体现在三个突破：训练量的突破、训练强度的突破、训练后身体恢复过程的突破。运用"三氧"综合训练法，同时抓有氧、有氧—无氧、无氧三种供能能力，并注意合理安排"三氧"的比例、组合、方式、课间间歇、负荷量、负荷强度、训练阶段和专项需求。也有研究者归纳为四结合，即大运动量结合高强度、慢跑结合快跑、长距离结合短距离、高原训练结合平原训练，训练结构的设计和训练方法、手段的使用都与传统训练不同。

其实重视速度训练、"三氧"结合训练并不是一个新观点。苏联早期的理论就认为，取得长跑的优异成绩在很大程度上还取决于速度训练水平，世界优秀长跑运动员100米的成绩为10.8~11.0秒，使他们能以较高的平均速度跑完全程。长跑运动员的另一个特点是根据个人机体的生理、生化特点能在比较短的距离（1 500米）或是比较长的距离（20，30千米）中跑出很好的成绩。我国训练理论认为，随着水平的提高，中长跑运动员速度水平越来越重要，无氧训练和速度训练越来越重要，对中长跑运动员速度耐力、专项耐力的要求越来越高。因此，必须走"多项化"道路，全面发展项群素质，提高短翼项目和长翼项目的运动能力，以短促长，以长补短，细化培养专项能力，才能不断促进主项成绩的提高。

二、耐力素质训练的影响因素

大量的运动实践和科学研究证实，人体运动时并不存在单独发挥作用的能量供应系统，3个能量代谢系统几乎同时工作，如表5-3所示。但由于运动时间、强度的差异，3个能量供应系统参与的程度不同。从生理学的角度看，有氧氧化供能能力、糖酵解供能能力、磷酸原供能能力相互影响，形成一个有机联系的能量供应体系。因此，耐力训练要树立系统观，对心肺功能、能量供应、神经肌肉、专项特点充分考虑，实施系统的综合性训练，才能有效提高耐力素质水平。

表5-3 不同项目供能系统参与的比例（%）

项目	时间	ATP-CP系统	乳酸能系统	有氧氧化系统
100米	10~15秒	95	2	3
200米	20~35秒	95	3	2
400米	45秒~1分钟35秒	80	5	15
800米	1分钟50秒~3分钟	30	5	65
1 500米	3分钟45秒~6分钟	25	25	50
3 000米	8~16分钟	20	40	40
5 000米	14~25分钟	10	20	70
10 000米	28~50分钟	5	15	80
马拉松跑	130~180分钟	—	5	95
田赛项目	5秒以内	98	2	—

（一）耐力素质的概念与分类

1.耐力素质的概念

耐力素质是指有机体长时间工作，克服工作过程中产生的疲劳的能力。理论认为，耐力与力量结合表现为力量耐力，与速度结合表现为速度耐力。但这种结合并不是简单的拼接，而是在神经肌肉、能量系统、运动技能等方面的有机融合。

影响耐力素质的因素主要有：运动器官、系统长时间持续工作能力，能源物质的储备及利用能力，运动员的心理耐受能力，运动技能的熟练程度等。耐力素质是各项运动水平的基础，对于以有氧代谢为主要供能来源的项目尤其重要。

2.耐力素质的分类

根据耐力特点、属性及作用的不同，可以把耐力分成不同的类型，如图5-34所示，这里对常用的几个耐力素质进行界定。

第五章 身体素质专项训练

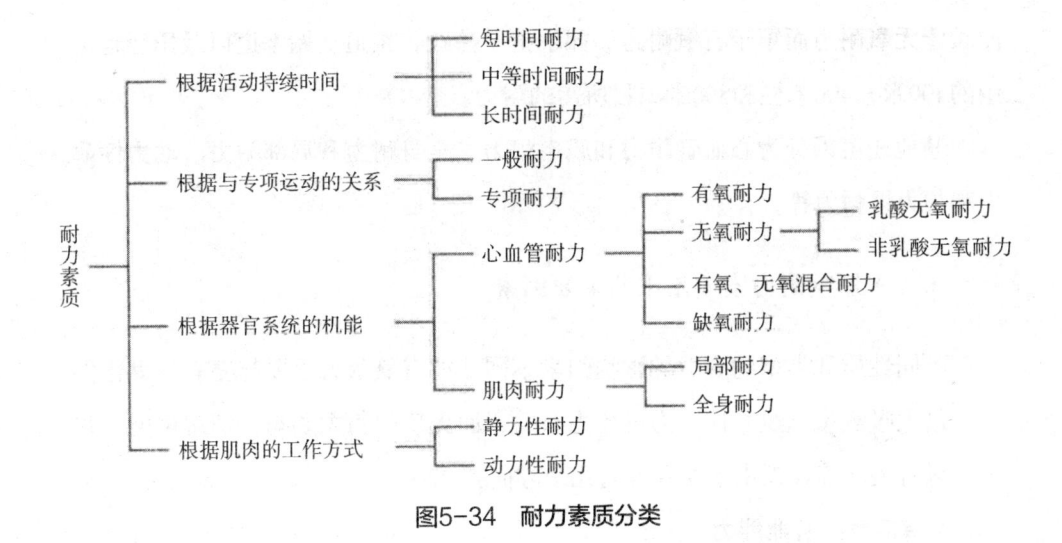

图5-34 耐力素质分类

耐力素质
- 根据活动持续时间
  - 短时间耐力
  - 中等时间耐力
  - 长时间耐力
- 根据与专项运动的关系
  - 一般耐力
  - 专项耐力
- 根据器官系统的机能
  - 心血管耐力
    - 有氧耐力
    - 无氧耐力
      - 乳酸无氧耐力
      - 非乳酸无氧耐力
    - 有氧、无氧混合耐力
    - 缺氧耐力
  - 肌肉耐力
    - 局部耐力
    - 全身耐力
- 根据肌肉的工作方式
  - 静力性耐力
  - 动力性耐力

（1）一般耐力

一般耐力是一种多肌群、多系统长时间工作的能力，是各运动项目的基础能力。进行一般耐力训练时，应充分考虑一般耐力与专项耐力之间的关系。

（2）专项耐力

专项耐力是指运动员为取得专项成绩而最大限度地激发机体潜能，克服因专门负荷所产生的疲劳的能力。不同项目的专项耐力存在很大的差异，主要是由于环境、阻力、比赛过程等方面有各自的特点。

（3）有氧耐力

有氧耐力是指有机体在氧气供应比较充分的情况下，坚持长时间工作的能力，如马拉松、越野跑、长跑、长距离竞走项目所需的耐力。有氧耐力对众多项目有基础性作用。

（4）无氧耐力

无氧耐力是指有机体在氧气供应不足的情况下，能坚持在较长时间内工作的能力，如体操、短距离游泳、短跑、投掷和跳跃项目在比赛中需要的耐力。无氧耐力对动作稳定性、维持高强度的对抗能力有积极的意义。

（5）混合耐力

混合耐力是介于无氧供能和有氧供能之间的一种耐力。它的特点是持续时间长于无氧耐力而短于有氧耐力，如拳击、摔跤、柔道、跆拳道以及田径运动中的400米，400米栏和800米项目所需的耐力。

其他还可以分为心血管耐力和肌肉耐力、全身耐力和局部耐力、动力性耐力和静力性耐力等。

（二）影响耐力素质水平的主要因素

不同性质和类型的耐力的影响因素不同，如有氧耐力主要与糖有氧氧化供能、最大吸氧量、线粒体、力量耐力有关，而无氧耐力主要与糖酵解供能、快速力量有关，综合起来主要有下列几个方面：

1.有氧系统机能能力

（1）最大吸氧量

最大吸氧量是指在运动过程中，人体的呼吸和循环系统发挥出最大的机能水平时，每分钟所能吸取的最大氧气量。最大吸氧量对耐力素质的影响十分明显，并且很大程度上受遗传因素影响。

（2）机体的能量储备与供能能力

机体活动时的能量供应和能量交换的程度，在某种意义上取决于各种能量储备的多少和能量交换过程的动员水平。能量储备越多，耐力发展的潜力也就越大。肌肉中的CP储备能保证速度耐力活动中的能量供应，而肌肉中的糖原储备则是耐力活动中的能量供应的物质基础。能量供应的速度主要取决于能量交换的速度，耐力训练能有效地提高各种酶的活性，加快ATP的分解与合成速度。

（3）红肌纤维数量与比例

白肌纤维与红肌纤维比例影响耐力水平。耐力性项目中红肌纤维所占的比重极大，高水平运动员通过系统的训练可以达到80%，给发展耐力素质提供了足够的物质条件。

（4）机能稳定性

机体机能的稳定性是指机体的各个系统在疲劳逐步发展，内环境产生变化时，仍然能够保持在一个必要的水平上。一般来说，机能的稳定性取决于机体的抗酸能力，主要和血液中的碱储备有关。运动员的碱储备比未受过训练的人高出10%左右，这对提高运动员的抗酸能力、保持机能稳定性是有利的。

2.中枢神经系统的功能

运动造成的疲劳既可能发生在外周系统，也可能发生在中枢神经系统。因此，中枢神经系统的功能对耐力素质有很大的影响。中枢神经系统通过交感神经对肌肉、内部器官和各神经中枢起到适应和协调作用，另外，还可通过神经体液的调节来提高人体的耐力素质水平。耐力训练的结果又反过来促进中枢神经系统工作能力的增加。同时，中枢神经系统的功能对耐力素质有制约作用，耐力素质的练习又能促进神经系统有关方面功能的改善。

3.技术因素

耐力素质的水平还取决于机体的机能节省化程度。合理的、高度机能节省化的运动技术，可使人体运动时的能量消耗减小到最低程度，从而保证人体更长时间的运动。在中长跑等长距离项目的训练中，往往会忽视技术训练，多次重复不合理的动作，造成能量物质的浪费。

4.速度储备

速度储备即以较少的能量消耗保持一定速度的能力。速度储备也是影响耐力特别是专项耐力的因素之一。速度储备较高的运动员能以较少的能量消耗保持一定的速度，达到轻松持久的效果。合理的速度、速度耐力储备是耐久跑成绩的重要保障。

5.个性心理特征

耐力训练是艰苦的活动，运动员的运动动机和兴趣，以及面临运动训练的心理稳定性、主观努力程度、自持力、忍耐力和意志品质等心理因素都直接影响到耐力水平的发展，特别是忍耐力在耐力训练中起着非常重要的作用，在以强度为主的长时间训练中，机体发生缺氧以及酸性物质的堆积，运动员的机体会处于十分难受的状态，这时运动员的忍耐力决定了运动员能否坚持下去。

三、耐力素质训练的方法与手段

提高运动员的摄氧、输氧及用氧能力，保持体内适宜的糖原和脂肪的储藏量，提高肌肉、关节、韧带等支撑运动器官对长时间负荷的承受能力，是发展耐力素质的基本途径。大多数运动项目和训练手段中有氧、无氧都有着特定的比例，根据运动项目对有氧和无氧比例要求的特点，选择同样比例的训练手段，往往可以达到比较好的训练效果。

（一）耐力素质训练的要素

耐力素质训练的效果取决于运动形式、训练强度、持续时间、训练频率四个方面。在训练实践中选择训练方法的时候，要充分考虑专项特点、训练阶段和任务，有序组合四个方面的内容。

1.运动形式

运动项目众多，在竞技比赛中对耐力素质都有要求，但所需的耐力性质不同。运动项目的表现形式和运动环境有很大差异，造成了运动过程中能量消耗与代谢方式的不同。例如，同样是体能类项目，长跑对有氧耐力有更多的依赖，游泳对持续的糖酵解（乳酸）供能能力要求更高，而划船要求全身有良好的肌肉耐力水平。球类项目也同样如此。因此，耐力训练要充分考虑专项运动需要，有计划地选择耐力训练方式。那种以单一运动为主，千篇一律的耐力训练方式是不可取的。

2.训练强度

强度是耐力训练的核心，对强度的把握很大程度上决定了耐力训练的效果。无氧耐力、有氧耐力、专项耐力在训练强度的要求上有较大的差异。例如，有氧耐力训练通常采用70%以下的强度，心率低于160次/min。无氧乳酸耐力训练一般采用高于80%强度的练习，心率在170~180次/min。研究显示，不同耐力训练强度对机体的影响和作用功能是有层次性差异的，对快肌、慢肌的作用也不同，如表5-4所示。因此，针对专项和训练需要，选择适应的负荷强度十分重要。实践中要注意防止用偏大的强度进行一般耐力、有氧耐力的训练。

表5-4 不同耐力训练强度的主要功能及对机体的影响作用

强度	主要功能	功能及机体适应
恢复性、代偿性耐力训练强度：<70%	恢复、调节机体能力	①加速恢复体能 ②维持一般有氧耐力水平
基础性耐力强度：75%~90%	提高运动和技术动作经济性	①次最大负荷时最大摄氧量、心率、血乳酸下降 ②基础储备（糖原、氧化酶等）提高 ③有氧基础代谢增加 ④神经肌肉运动稳定化（慢肌）
基础性耐力强度：90%~95%	改善机能能力和快速动作幅度	①最大摄氧量和抗血乳酸运动能力增强 ②有氧、无氧混合代谢能力提高 ③运动单位运动能力提高（快肌）
比赛性专项耐力强度：95%~105%	增强极限机能	提高完整的专项最大机能能力

3.持续时间

持续时间与训练强度有对应关系，强度大则运动时间短，反之则时间长。因此，耐力训练持续的时间要根据强度确定，以维持足够的运动时间。通常中等强度运动保持30 min以上，大强度运动保持20 min以上，对耐力素质的提高较为理想。在耐力训练实践中，要避免强度过大的做法。因为强度与时间成反比，运动时间太短不会对心肺功能有理想的效果。

4.训练频率

提高耐力不是短期内能解决的问题，要常年坚持，在一周中也要间隔性的安排。通常在耐力训练中，一般中等强度训练可以每周5次，或者大强度训练每周3次（隔天练），也可以两者互补安排。同时要注意专项特点，与专项耐力训练有机结合并考虑所处的训练时期。例如，准备期一般耐力训练安排的次数多一些、时间长一些，专项耐力训练相对较少；比赛期一般耐力训练安排得少一些、时间短一些，专项耐力训练安排相对增加。

（二）不同耐力素质的训练方法与手段

1.一般耐力训练

（1）一般耐力训练的形式

1）各种形式的长时间跑。

2）长时间进行的其他周期性运动，如速度滑冰、划船、自行车等。

3）长时间重复做某一非周期性运动，如排球、篮球、足球等。

4）反复做克服自身体重或坚持较长时间的抗小阻力（重量）的练习，如较慢速度的连续蹲起、小重量的杠铃上推练习等。

（2）一般耐力训练的具体操作方法

1）持续练习法：是指在相对较长的时间里（不少于30分），以较为恒定的强度持续进行练习的方法。持续练习法具有持续刺激机体的作用，利于改善大脑皮层神经过程的均衡性，提高心血管系统和呼吸系统的功能，能经济地利用体内储备的能量，有利于发展有氧耐力和一般耐力。持续练习法由于持续时间较长，又没有明显的间歇，所以总的练习负荷量较大。但强度较小，比较恒定，维持在60%左右的强度，对机体产生累积性的刺激比较和缓。持续练习时，内部负荷心率一般控制在140~160次/分的范围内为宜，优秀运动员可达160~170次/分。

2）重复练习法：是指不改变动作结构和外部负荷表面数据，在相对固定的条件下，按照既定间歇要求，在机体基本完全恢复的情况下反复进行练习的方法。重复练习法每次练习的负荷量与强度可大可小，根据具体任务、目的而定。由于每次练习时都需要恢复到练习之前的水平，故每次练习可以保证强度在中等偏大或极限强度90%~100%范围内。

3）间歇练习法：是指在一次（或一组）练习之后，按照严格规定的间歇时间和积极性间歇方式，在机体未完全恢复的情况下从事下一次（或下一组）练习的方法。间歇后心率下降到120次/分左右，练习时心率达到170~180次/分，有利于提高机体的心肺功能和无氧代谢能力。根据负荷大小，可分为低强度和高强度间歇训练法。

4）变换练习法：是指在变化各种因素的条件下反复进行练习的方法。由于耐力练习比较枯燥，采用变换练习法可以在一定程度上提高运动员的练习兴趣和积极性，提高练习的效率。变换的因素一般有：练习的形式、练习的时间、练习的次数、练习的条件和间歇的时间、方式与负荷等。因素的改变，会对运动员机体造成负荷刺激的变化。

5）"法特莱克跑"：是变换练习法的一种特殊形式，也可以将它理解为是一种由持续练习法和变换练习法综合而成的组合练习法。具体方法是：在各种变换的外界自然环境条件下进行持续且变速跑的练习，时间长达1~2小时，强度自我调节，有节奏地变化。法特莱克练习法对练习的过程没有明确的限制，运动员可自由选择地形、确定速度和路线。因此，这种方法能使耐力练习变得较为生动，使运动员在练习中能主动投入、积极进取，有利于发展一般耐力。

6）游戏练习法与比赛练习法：是指运用游戏或比赛的方式进行练习的方法。这种方法能较快地提高运动员练习的兴趣和积极性，并在练习中充分发挥主动精神，使机体能够承受较大强度的负荷，有利于提高有氧耐力和无氧耐力。游戏练习法与比赛练习法是两种有紧密联系的练习方法。比赛练习法是从游戏练习法发展而来的，但其练习强度大于游戏练习法。

7）循环练习法：把训练内容设置成若干个练习站点，按规定顺序进行练习，练习时的各站点内容及编排，必须符合训练课的目的，满足专项或训练任务的需要。组织形式有流水式、分配式、轮换式等。在设计上要注意"渐进负荷"或"递增负荷"的原则。

8）高原训练法：主要利用高原空气稀薄，在缺氧情况下进行训练。这有利于刺激机体改善呼吸及循环系统的机能，提高最大吸氧能力，刺激造血功能，增加循环血中红细胞和血红蛋白的数量，提高输氧能力。因而高原训练具有提高运动员对运动后过量氧耗的承受能力，进而提高有氧耐力和无氧耐力的水平。

以上所介绍的耐力练习方法基本上是单一类型。在实际发展耐力素质的练习过程中，往往还要采用综合练习法，即组合练习法。通过各种方法的综合运用，使得练习过程变化更大，更具选择性，从而有效提高耐力素质。

2.有氧耐力训练

（1）负荷强度

通常负荷强度低于最大强度的70%，一般运动员的心率可控制在140~160次/分，高水平的运动员则可相对提高些。计算合适的心率公式为：

训练强度=安静时心率+（最大心率–安静时心率）×70%

（2）无氧阈

无氧阈是指人体在逐渐增加工作强度时，由有氧代谢供能开始大量动用无氧代谢供能的临界点，常以血乳酸含量达到4mol/L时所对应的强度来表示。超过这个强度时，血乳酸将急剧增加。在径赛项目的训练中，往往又把运动员血乳酸值在36mg百分比跑速确定为无氧阈速度。用接近无氧阈的速度训练是发展有氧耐力的有效方法。

（3）持续时间

练习持续时间应根据专项特点、运动员自身的情况和训练的不同阶段来确定，如为了提高高强度的速度耐力，可持续60~90秒；为提高有氧耐力，可多次重复3~10分或持续20~120分。有氧练习通常以高于30分为佳。

（4）重复次数

使用重复训练法时，重复次数应根据维持高水平氧消耗的生理能力来确定，不能一概而论；通常3~5次/2~3组。

（5）间歇时间

应在运动员机体处于尚未完全恢复时再进行下一次的练习，一般不超过4分。一般当心率恢复到120~130次/分时，开始进行下一次练习。低水平或少年儿童可以适当低于这个标准。如果采用重复法进行专项耐力强度训练，间歇要相对充分。

3.无氧耐力训练

（1）乳酸供能无氧耐力的训练

1）主要采用间歇训练法和重复训练法。强度：最大强度的80%~90%，心率可达180~190次/分。负荷持续时间：长于35秒，一般在1~2分之间。距离：300~600m跑；或50~200 m游泳。

2）练习次数、组数和间歇时间：根据训练水平、跑速、段落长度和组间间歇时间而定。段落短，则间歇时间也短，如：200~400 m段落跑，共练习3~4组，每组重复跑3~4次。

3）练习顺序：为了提高有机体迅速动员无氧糖酵解的能力，则从长段落开始到短段落，如（400m×2＋300m×2＋150m×2）等。若为了提高有机体长时间维持糖酵解的能力，加强训练效应积累，则从短段落到长段落，或者交替安排。

（2）非乳酸供能无氧耐力的训练

1）强度：90%~95%。

2）练习持续时间：5~30秒。

3）重复次数与组数：以不降低训练强度为原则，重复次数不宜多。次数、组数根据运动员水平与具体情况，水平高，则组多些，如练习4~5次或5~6组。

4）间歇时间：短距离如30~70m跑：间歇时间为50~60秒。较长距离如100~150m跑，间歇时间为2~3分。间歇时间要确保能量物质的恢复。要适当控制总量在700~1000 m范围，过多速度会明显下降，达不到训练非乳酸供能的效果。

四、耐力素质训练的注意事项

（一）必须遵循耐力素质发展的基本原则

大学生耐力素质的发展要根据其生长发育的特点来进行，选择适宜的耐力训练手段和方法，大学生耐力素质发展的基本原则有以下内容。

1.从实战出发原则

在进行耐力训练时，必须要处理好比赛和训练之间的关系，必须把握好实战要素和训练要素之间的和谐统一。

2.适宜时机提高专门性原则

在进行常规的耐力素质训练的同时，还要掌握适宜时机进行专门性耐力训练。

3.周期性原则

科学、合理的耐力素质训练，其过程会呈现出鲜明的周期特征。

4.一致性和协调性原则

大学生的耐力训练要与取得发展耐力运动成绩的要素之间形成统一的目标，做到相互协调。

5.针对性和持续性原则

大学生的耐力素质训练要有明确的目的，并具有系统连贯性。

6.循序渐进原则

在进行耐力训练时，训练负荷的增加要做到循序渐进，不能激增，防止运动伤害事故的发生。

7.持久训练控制原则

在发展大学生耐力素质的过程中，必须不间断和高效率地控制训练部全过程。

（二）注意有氧、无氧耐力训练相结合

在机体代谢的过程中，机体的有氧耐力和无氧耐力之间有着密切的关系。其中，有氧耐力是无氧耐力发展的基础。有氧耐力练习能使心脏体积增大，每搏输出量提高，从而为无氧耐力的发展打下了坚实的基础。在发展有氧耐力过程中，可以合理穿插一些无氧耐力练习，能对学生的呼吸能力和循环系统的功能进行有效的改善，在增强学生机体输送氧气能力的同时，也大大提高了学生的有氧耐力水平。由此我们可以看出，机体有氧耐力和无氧耐力之间是能够相互联系和促进。所以，在耐力练习中要注意两者的结合，至于有氧耐力练习和无氧耐力练习的比例，应视实际情况而定。

（三）注意呼吸问题

大学生在进行耐力训练时，正确的呼吸节奏是在耐力训练时有效摄取自身需要氧气的关键。在训练过程中，当学生进行中等负荷耐力训练时，机体的每分钟耗氧量与氧供给量之间会出现一些不平衡的现象，如果是大负荷训练，这种不平衡就会表现得更加明显。氧的摄取是通过提高呼吸频率和加深呼吸深度来实现的，大学生在耐力训练中应将加深呼吸深度为主的供氧能力的培养。同时，还应注意强调呼吸节奏与动作节奏配合的一致性，使呼吸与动作协调。

（四）注重专项特点

大学生在运动过程中，运动方法不同，其增进各种能量系统的作用也会出现差异，如表5-5所示。在训练时必须根据项目的特点和需要，选择适合的训练内容、方法和手段，以达理想的训练效果。而在同一项目的不同训练周期中，耐力训练也有着特定要求，多是按照一般耐力阶段、专项耐力基础阶段和专项耐力阶段的划分来进行训练的。

表5-5　不同训练方法对增进各种能量系统的作用（%）

训练方法	ATP-CP系统和乳酸能系统	乳酸能系统和有氧系统	有氧氧化系统
加速疾跑	90	5	5
持续快跑	2	8	90
持续慢跑	2	5	93
间歇疾跑	20	10	70
间歇训练	0~80	0~80	0~80
慢跑	—	—	100
重复跑	10	50	40
速度游戏	20	40	40
疾跑训练	90	6	4

(五) 有意识地培养意志品质

大学生在耐力训练中，意志品质在其耐力素质提高的过程中起到了至关重要的作用。这是机体产生的一种心理内驱力，在身体承受运动极限的同时，用坚毅的品质可作为内在驱动，而继续坚持。因此，在耐力训练过程中既要注意学生承受的生理负荷，同时又要对意志品质的培养给予足够的重视。

第五节 力量素质训练

一、力量素质训练概述

（一）力量素质的价值

人的运动素质由力量、速度、耐力、灵敏、柔韧五大素质组成，其中力量素质至关重要，被视为体能训练的抓手。力量素质在许多运动项目中被视作竞技能力的基本要素，往往对运动成绩和比赛胜负有很大影响。力量训练是培养优秀运动员过程中的重要内容，也是身体训练水平中关键的评定指标。其意义在于下列几个方面：

（1）力量素质直接影响其他运动素质的发展水平

速度、耐力、灵敏、协调甚至柔韧等运动素质都是通过肌肉收缩产生力量来完成的，快速力量与速度能力密切相关，最大力量直接影响爆发力水平，力量耐力对有氧耐力也有重要的价值。

（2）力量的高低与特点决定了技术的水平与风格

力量素质直接关系专项能力和运动成绩。运动员往往有自己的技术特点，水平越高，个人技术特点越突出。这种突出的技术风格建立在个人体能特点之上，特别与力量素质关系密切。如著名古巴跳高运动员索托马约尔与我国三破世界纪录的朱建华相比，后者由于力量相对较小，采用了以速度为主的助跑快、起跳快、过杆快的"三快"技术风格，腿、臂的摆动速度快，幅度小；索托马约尔由于力量出众，采用了大幅度、双臂摆技术。研究显示，在跳跃项目的起跳过程中，地面给予腿部的冲击力可以高达700 kg以上，速度越快，起跳越充分，冲击力越大。如果没有出色的力量作基础条件，就无法采用力量、幅度型技术方式。

（3）力量素质是各项运动项目的基础

没有力量作保证便无法移动得更快、跳得更高，支撑就不稳定，击球就没有力度，对抗就会处于下风。世界优秀的女子网球运动员小威廉姆斯发球时速超过200 km/h，优秀男子羽毛球运动员发球速度可以达到350km/h，没有突出的力量能力是无法实现的。我国在NBA打球的球员，由于综合力量水平低，很难适应高强度的身体对抗。

力量是完成运动技能的原动力。人们认识到改善神经-肌肉系统的功能，增强肌肉收缩时产生的力量是提高运动成绩最直接和有效的途径。因此，几乎所有的竞技体育项目，无论是以力量为依托的体能类项目，还是以技术和灵巧为主的非体能类项目，以及以技术、战术配合为特点的集体项目，均加大了对力量训练的重视程度。

（二）神经肌肉理论

肌纤维类型理论对力量训练影响深远。Burke将运动单位分为三类：快收缩、易疲劳型（FF），快收缩、耐疲劳型（FR）和慢缩型（S），其中慢收缩型对疲劳的耐受力最强。快收缩、易疲劳型的运动单位以白肌为主。Henneman的研究指出，运动单位的动员遵循"大小原则"，即当运动神经元被反射性激活时，峰电位最小的运动神经元的阈值最低，峰电位最大的神经元的阈值最高。大的运动神经元支配易疲劳型肌纤维，而小的运动神经元支配耐疲劳型肌纤维。在力量训练中表现为：小负荷、较慢练习，红肌纤维首先参与工作，白肌纤维很少参与收缩；随着负荷的增加，越来越多的白肌纤维被激活参加工作；大负荷时，主要参与的是白肌纤维。根据运动单位动员的原则，不同类型的项目就需要安排符合项目特征的训练负荷，以达到最好的神经肌肉的刺激效果。

有理论认为，力量训练的生理学基础是大强度的力量训练促进神经系统快速调动较大的神经元支配运动的能力。这些能力表现在以下几个方面：快速地募集运动单位，增加运动单位的活化速率，运动神经元的释放同步性，单一肌肉的兴奋与抑制作用的改善，肌群间协调能力的改善等。当今越来越多的学者开始重视神经肌肉系统对于专项力量的适应，认为神经肌肉系统对训练强度具有敏感的选择性适应，长期低强度的刺激无法使肌肉的快肌纤维（白肌，Ⅱ型）得到训练，而只能使慢肌纤维（红肌，Ⅰ型）得到优先发展，一部分快肌纤维的中间型（Ⅱa和Ⅱc）纤维会朝慢肌转型，甚至典型的快肌纤维（Ⅱb）也会在组织结构和功能上逐渐转向慢肌，如体现在线粒体增多和有氧能力提高等。现代最新的研究已把肌肉纤维类型划分为Ⅰ、Ⅰc、Ⅱac、Ⅱa、Ⅱax、Ⅱx。Ⅱx型肌纤维被视作肌纤维的"储藏库"，在被激活的情况下，沿连续区域经亚类转化，改变成氧化能力更强的肌纤维。有研究显示，有氧高强度训练后，几乎所有的Ⅱx转变为Ⅱa型肌纤维。这提醒人们负荷及效果是分层次的，其效果也有特异的方向性，准确地选用负荷直接影响肌纤维的转化。

提高肌肉组织的神经支配能力主要取决于提高肌肉组织的随意激活能力和力量形成速度（快速力量能力）。在力量增长的初期，神经因素起重要作用；随后，肌肉的增大作用逐步超过神经因素，在力量增长中起主导作用。神经系统初期对力量增长的适应表现在神经系统的内协调提高，主要原因在于主动肌、协同肌、稳定肌与中和肌发放兴奋冲动都有所加强，而对拮抗肌则形成抑制冲动加强，从而促使神经系统内协调的改变。在运动过程中，各肌肉正是由于受多个运动神经元协调支配才能使肌肉分工配合。有研究证明，优秀运动员肌肉收缩时拮抗肌的用力较非优秀运动员小，说明拮抗肌的放松在一定程度上加大了主动肌收缩的力量和速度，提高了主动肌的收缩效率，从而可以达到提高运动成绩的目的。

第五章　身体素质专项训练

神经系统不但支配了肌肉的力量，而且使运动员对技术的感觉也十分有利。如田径等基础大项，不仅对运动的生理强度要求高，其技术动作的有效性和经济性与技术感觉有直接联系。有研究显示，通常所说的球感、水感等对技术的感觉，就是通过中枢神经系统对肌肉的收缩进行不断的反馈式调节和修正的途径形成的。神经系统对力量的影响同样表现在肌肉的协调工作方面，动作之间的衔接和配合，以及整套技术动作的节奏感和流畅程度，均取决于运动神经对肌肉的支配能力，这种能力的培养应当贯穿力量的训练之中。丹尼尔·卡尔发现，训练肌肉记忆是另一种神经肌肉训练法，即运动员在无意识的思维情况下让肌肉反复地进行收缩运动，形成身体记忆。得到所需的正确的肌肉记忆关键在于重复练习。因此，在动作一致的基础上反复练习就可以练就所需的肌肉记忆。在训练时，重复性动作必须在一定速度内完成，并且与技术结合，从而提高并保持神经冲动模式的完整性。因此，在训练中适当降低难度的、快速的专项或力量训练十分必要，有利于建立迅速、正确的神经肌肉活动模式，如投掷轻器械。

现在仅以最大力量来评断力量的优劣已经无法适应力量训练的要求。20世纪苏联的三代链球世界冠军，成绩差不多逐代提高10 m，而同时各项"力量素质"指标全面地大幅度减少，其中卧推力量逐代递降达30 kg。说明最大力量和专项力量还有很大的差距，需要更细致地认识不同性质和类型的力量。

众多竞技运动项目的差异，要求对力量的分类越来越细致。根据运动项目对不同类型力量的需要，目前的运动训练学理论通常把力量素质分为四类：最大力量、相对力量、快速力量和力量耐力。在一些运动项目的专项训练理论中，把力量分为一般力量和专项力量。长期以来，这种对力量类型比较笼统的划分方法，一直影响着具体训练的操作层面，力量训练内容基本上根据这种分类进行选择和实施。这种分类方法明显的不足在于，只注重从力量角度出发而没有充分考虑专项技术、专项能力，常常引起在力量训练方向上产生很大的反差。实践中许多运动员的力量素质增长并没有反映在专项成绩的提高上。现在人们将力量的结构进行了更为详细的分类，如把最大力量进一步细分为神经肌肉支配能力和肌肉横断面两种。虽然都属于最大力量的范畴，但这两种分类方式针对的专项训练具有本质意义的区别。

从神经肌肉系统的角度审视力量训练有利于专项力量的提高。专项力量指的是运动员完成专项技术时神经肌肉系统表现出的力量。当今国内学者普遍认为，专项训练是运动训练的核心，通过强化力量训练中肌纤维之间和肌肉、肌群之间的协调性，使整个神经肌肉系统形成正确的"用力链"，使肌肉收缩与放松交替更加合理，在改善运动神经对肌肉的精确支配能力的基础上提高专项力量。

（三）超等长训练

超等长训练是提高快速力量能力（爆发力）的一种训练方法，20世纪60年代由苏联人尤里·维尔霍山斯基提出，早先是在一定的高度范围内采用跳下—跳上—再迅速起跳的形式进行训练。超等长训练于1984年开始引入我国的运动生理学教材并沿用至今，且在近年来得到大力发展，出现超等长训练研究热潮。超等长训练也被称为快速伸缩复合训练、反应力训练或弹性力量训练，美国称之为增强性训练。

超等长训练的工作形式是首先将肌肉拉长，使肌肉做被动离心收缩，最终使肌肉在向心收缩阶段产生强有力收缩的一种爆发力训练方式。这种训练的目的在于通过动作的速度和力量来不断提高肌肉的快速工作能力，其优势主要体现在能充分利用和提高肌肉的弹性以及活化肌肉的牵张反射能力上。如各种形式的跳跃和跳深训练，就是利用这种练习方式引发髋伸肌和股四头肌做快速离心收缩后，使随即的向心收缩能够获取更大的力量荷载。

肌肉的"超等长收缩"受中枢神经的支配和调节。肌肉超等长工作时神经的调节作用是通过位于肌肉和肌腱的运动感受器——肌梭和腱梭及其反射弧实现的，其中由肌梭引起的牵张反射在增强肌力方面的作用尤为重要。超等长收缩力量的调节通过运动单位的募集和兴奋频率的改善进行。许多研究指出，根据神经单位募集的原则，当肌肉被拉长时，运动神经中枢根据肌梭传来的信息，调动更多的运动单位参与工作或提高每个参与工作运动单位的兴奋频率。当今还有通过器械进行负重超等长力量训练的研究，显示负重超等长训练使高尔基腱器的敏感性显著降低，以弥补肌梭敏感性降低的适应性，产生神经适应。

二、力量素质训练的影响因素

力量是人体肌肉工作时克服阻力的能力，不仅是重要的竞技能力要素，更是人维持正常工作生活状态、提升生命质量和从事体育锻炼的最基本素质。力量与身体的其他素质关系密切，实践操作过程中有"优先发展力量，带动和影响速度和耐力"的观点。力量素质对灵敏、协调等素质有着良好的支撑作用，可以说力量训练是整个体能训练的基础。同时力量训练还是掌握运动技术、战术的重要基础条件之一，甚至影响运动中的心理状态。力量训练既能够根据需要改变运动员的局部能力，也可以改变综合竞技能力，最终影响运动员的比赛成绩。

根据表现特点，力量可以分为最大力量、相对力量、爆发力、力量耐力、一般力量、专项力量等多种类型，但实际上人体运动中各种类型力量并不是独立表现的，而是多种力量类型在神经系统支配之下的综合体现。在神经、肌肉支配和能量系统协同下，各种类型的力量相互影响，相互制约，形成一个有机联系的体系。因此，在训练实践中要树立系统的观点，进行全面的力量训练，发展坚实的力量能力体系。

（一）力量素质的概念及分类

1.力量素质的概念

力量素质是指在神经系统的支配下，人体或身体某部分通过肌肉收缩克服阻力的能力。根据力量的表现可以分为多种类型。

2.力量素质的分类

（1）绝对力量

绝对力量是指肌肉中或一组协作肌中总的力量潜力。绝对力量作为一种潜在的力量形式，是不少运动员所追求的，但受运动员状态的影响较大，在特殊的状态下才有可能被部分激发出来，表现为最大力量。有研究显示，普通人运动时只有60%左右的肌纤维参与工作，训练有素的运动员可以动员近90%的肌纤维进行高效的工作。因此，如何更大地发挥出力量潜力也是运动训练的重要任务。

（2）最大力量

最大力量是指人体或身体某部分肌肉克服最大阻力的能力。最大力量通常在比赛中表现出来，可以测试，可用1RM（可重复一次的最大重量值）表示，即只能重复1次最大用力移动的力量。最大力量虽然不是专项力量，但在竞技体育中有特殊的价值，它是影响爆发力的因素之一（爆发力$P=FV$），力量大可以较轻松地克服较小的阻力。

（3）相对力量

相对力量是指人体每千克体重具有的力量，等于最大力量与体重的比。对一些受体重影响的项目，如举重、拳击、摔跤、体操、技巧等项目有较大影响。

（4）快速力量

快速力量是指人体或某部分肌肉快速克服阻力的能力。快速力量是力量中最重要的一种形式，与速度、灵敏、协调密切相关。许多运动项目都把快速力量作为重要的训练内容。快速力量又可以细分为爆发力、起动力、反应力、制动力等不同的形式。

（5）爆发力

爆发力是指神经肌肉系统以最短的时间、最大的加速度，爆发出最大力量来克服一定阻力的能力。爆发力通常在0.15s内达到最大力值，用力的梯度和冲量表示，是速度力量性项目提高成绩的关键。跳远、跳高的起跳动作，投掷项目的出手是典型的爆发力动作。

（6）（快速）力量耐力

力量耐力是指肌肉长时间工作克服阻力的能力，或者能以预定的力度维持动作的能力。例如，如400m的后程、划船、中长跑最后的冲刺等。竞技体育中完成动作时对力量耐力都有一定速度的要求，要在较快的动作速度下完成。

（7）专项力量

专项力量是指以高强度专项运动的形式完成动作、克服阻力的能力，即指"那些在时间和空间特征上严格符合专项比赛要求的力量"，也就是"和比赛动作的动力学张力特征曲线一致的力量"。提高专项力量是力量训练的核心目的。

（8）反应力

反应力是指肌肉在由离心式拉长到向心式的收缩过程中，利用弹性能量在肌纤维的储存再释放，以及神经反射调节所爆发出的力量，也被称为弹性力量或超等长。表现在关键动作环节中，如短跑的缓冲与蹬伸，球类的急停与起跳，体操跳马的触马与推手等。近年来，对反应力的研究受到世界的高度重视，鉴于反应力量对提高运动素质有良好效果，有人主张将反应力列为专门的力量类别。

力量的分类随着运动实践和训练科学的发展在不断细化、深入，最大力量、相对力量、快速力量、力量耐力的分类方式已不能很好地满足训练实践的需要。运动项目的不同决定了对不同性质力量需要的差异，不能把快速力量、速度耐力、力量耐力看成是速度、力量、耐力等因素的简单组合，各种不同的力量素质具有相对独立性，都必须经过专门的训练才能获得和发展。最大力量提高未必就会使专项成绩一定提高，力量的增加不一定能转化成相应的速度、耐力素质。在各专项的训练实践中，需要对项目的专项特征给予足够的重视，要注意全面考虑，避免训练方法、手段、内容的选择过于单一，而导致效果不佳的情况出现。要高度重视反应力量、专项力量、核心力量在竞技体育领域的价值。

对力量素质分类的深入和细化，有利于人们在发展具体力量时更深刻地理解训练负荷及要求的重要性，改变了传统力量训练中比较模糊、大而化之的做法，使力量训练具有更加明确的针对性。实践中应根据训练课的目的和项目的需要，有计划、按步骤地发展力量亚类，形成有层次的力量体系，为专项力量的提高打好基础。例如，短跑运动员的力量训练需要强调的是神经肌肉支配力量，各阶段需要的力量类型不同，起跑阶段主要是起动快速力量，途中跑阶段最需要的是次最大力量耐力，此时短跑运动员单步与地面接触一般小于 80 ms，这就要求各种跳跃练习应以快为主，充分发展短程式反应力量。不同项目对有氧力量耐力、次最大力量耐力和最大力量耐力的需要程度不同，需要区别对待，有序安排。力量分类的细化不仅是神经肌肉训练理论的发展趋势，也很好地满足了训练实践发展的需求，将对竞技体育领域的力量训练产生深远影响。

（二）力量素质的影响因素

根据目前的研究可知，影响肌肉力量的因素有：肌肉生理横断面、肌纤维类型及比例、神经支配调节、骨杠杆的机械效率、缺氧情况、钾钠代谢、心理因素、训练的系统性、外界刺激条件、生物节律、年龄变化等。下面陈述主要因素的内容。

1.肌纤维类型及比例

肌肉由不同的肌纤维类型组成，慢肌纤维收缩速度慢、力量小、不易疲劳；快肌纤维收缩速度快、力量大、易疲劳，原因是两种肌肉的酶及其活性不同，快肌中的ATP-CP酶的活性是慢肌纤维的三倍。肌纤维类型及比例构成了人体肌肉系统能力的基础。

2.神经支配调节

改善神经支配调节，可以增加参与收缩的运动单位（肌纤维），改善主动肌与协同肌、对抗肌的协调关系，增强神经活动的强度和灵活性，从而达到增加力量的效果。

3.肌肉生理横断面

横断面大小是肌肉力量的物质基础,横断面大则肌肉力量大。肌肉训练导致的肌纤维增粗,包括肌纤凝蛋白质含量的增加、肌毛细血管增多、肌肉结缔组织增厚、肌糖原增加等,有利于增大肌肉力量。

4.骨杠杆的机械效率

人体运动的各种动作是以肌肉收缩为动力,以骨骼为杠杆,以关节为支点的杠杆运动,力、方向、支点、作用点影响用力效果,与运动技术紧密相关。

5.钾钠代谢

钾钠离子除参与物质代谢、维持正常渗透压、调节酸碱平衡等生理作用外,还积极参与神经兴奋的传导过程,对肌肉收缩起重要作用。钾的作用是使肌肉收缩,钠的作用是使肌肉放松。合理地摄取钾钠是力量训练的新课题。

6.心理因素

面对大负荷和激烈的对抗,首先需要进行心理动员,激发神经活性,提高兴奋度。不良的心理因素是神经系统受到抑制的重要原因。通过"意识集中""自我暗示"等形式提高神经系统的易化作用,使机体各系统同步进入工作状态,有效解除抑制,从而使肌肉发挥出极限力量。

7.训练的系统性

训练会提高肌肉力量水平,若停止训练,已经练出来的肌肉力量会消退,一些与力量增长相关的机能特性也会下降。一般认为,肌肉力量消退的速度是提高速度的1/3。因此长期的、系统的力量训练十分必要。

(三)力量素质训练的注意事项

1.正确选择训练手段

不同的训练手段有直接作用,也有间接作用,有长期效应,也有短期效应,要根据需要选择训练手段。要考虑有利于改善肌肉正确的发力方式,有恰当的要求,如下蹲、蹲跳练习,对整个下肢都起作用。要针对某个薄弱环节训练,如提高小腿肌肉力量就要选择专门的手段,进行负重提踵练习,相对固定膝关节，效果就更好一些。

2.确定合理的负荷

训练手段确定后，负荷大小成为影响训练效果的直接因素。负荷过大易造成动作变形，甚至伤害和疲劳；过小则刺激不够，达不到理想的效果。负荷选择不同也容易造成对快肌、慢肌刺激效果的不同。因此，要考虑训练阶段、时期，结合运动员特点和项目特点，处理好训练量、强度、间歇的关系。

3.确定与其他训练手段的正确组合

研究证实，任何单一的手段其效果都有局限性。组合训练是促进力量转化的有效方式，主要组合有：力量与技术练习、力量与专项练习、力量与速度、力量与跳跃、大负荷与小负荷、慢速—中速—快速组合等。尤其不能忽视不同速度的力量组合练习方式。

4.合理安排顺序

设计安排顺序，使不同练习有逻辑关系是值得重视的。一般顺序是小负荷→大负荷→小负荷、大肌肉练习→小肌肉练习、较慢速度的练习→快速练习、改变肌肉结构的练习→改善肌肉内协调能力的练习、核心力量练习→一般性力量练习→专门性力量练习、力量性练习→速度性练习等。这里所讲的顺序既指一节课里的顺序，也指阶段性的序列。同时不同性质的练习并非决然分开，而是应有所偏重，打好基础，使训练效果可持续，形成叠加、整合的效果，达到更高的层次。

5.处理好负荷与恢复的关系

恢复包括每组练习间的恢复、课次间的恢复（隔天）、周期间的恢复（大、中、小的结合）、赛前的调整与恢复等。在没有恢复的情况下进行练习会影响力量训练的效应，特别是对爆发性力量训练。在系统的力量训练中要注意负荷的逐渐递增原则，负荷应该分层次安排，若跨度过大，不利于力量体系的整合和力量能力的衔接。

6.注意力量训练后的放松

力量练习作为高强度的训练，对肌肉的刺激极大，会出现肌肉疲劳，代谢物积累，肌丝紊乱，功能下降等情况。在训练间歇特别是力量训练后，要注意使用牵拉、泡沫轴以及心理学手段、医学-生物学手段进行综合放松，要合理安排训练负荷和间隔时间。不合理的间歇安排对力量训练效果有极大的负面影响。

7.与专项技术正确结合

强调与专项技术结合的目的是为了提高专项能力，与技术结合是促使一般力量向专项力量转化，获得专项力量的有效途径。要注意运用激活效应、痕迹效应和神经肌肉记忆功能，安排力量与技术训练的有序结合。处理好不同水平和年龄层次的训练负荷，因为专项力量练习的负荷强度通常较大，要避免早期形成错误的动力定型。

8.平衡协调发展

要处理好"力量区"与"非力量区"、大肌肉与小肌肉、主动肌与协同肌及拮抗肌、近端肌肉与远端肌肉、力侧与弱侧、核心力量与四肢力量、前群肌与后群肌等之间的关系。力争全面协调发展，有序推进，避免短板效应及错误的代偿性动作，降低受伤概率。

9.系统安排，循序渐进

力量素质具有增长快消退也快、增长慢消退也慢的特点，消退的速度是增长速度的1/3。要系统、长期地坚持力量训练，不要突击式地强化力量训练。

三、力量素质训练的方法与手段

力量分为最大力量、相对力量、快速力量、力量耐力、反应力量等，各种力量对人体运动起到不同的作用。由于人体系统是复杂的，人的运动也是复杂的，特别是在较长时间的持续运动时所能表现出的能力，绝不是各种力量的简单相加，而是在人体神经系统的支配下，各系统协同作用，通过肌肉、肌群、关节有序配合的结果。科学训练的目的，就是根据运动专项需要，挖掘各种力量的潜力，通过长期的整合，形成一个结构完整、功能完善的力量体系，应对各种复杂运动的需要。各种力量之间的关系，如图5-35所示。

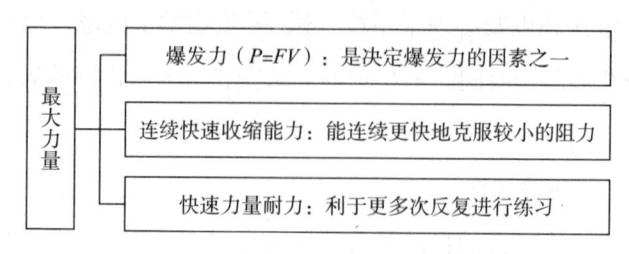

```
          ┌─ 爆发力（P=FV）：是决定爆发力的因素之一
最大力量 ──┼─ 连续快速收缩能力：能连续更快地克服较小的阻力
          └─ 快速力量耐力：利于更多次反复进行练习
```

图5-35　最大力量与其他力量的关系

（一）力量素质训练方法的种类和要素

1.力量素质训练方法的分类体系

力量训练主要有动力性、静力性和电刺激三种方法。动力性力量训练包括克制（向心）、等动（等速）、退让（离心）和超等长4种训练方法。克制训练法又含有重复法、强度法、极限训练法、快速用力和极端用力法5种训练方法。

2.力量素质训练方法的要素

（1）基本要求。

动力性力量训练方法主要由负荷的强度（重量）、组数、每组的重复次数、组间的间歇时间等要素组成，不同的训练目的要求对这些要素进行调整。这些要素之间的关系，如表5-6所示。

表5-6　发展不同类型力量的负荷安排（动力性）

目的	强度（%）	组数（组）	每组重复次数（次）	动作速度	每组间歇（分钟）
最大力量	≥85	6~10	1~5	快—适中	2~5
快速力量	70~85	6~8	3~6	极快	充分
肌肉体积	60~70	4~8	≥8	适中—慢	1~1.5
力量耐力	≤60	2~4	≥12	适中	≤1

(2)力量训练的频度

一般可以每周进行3次力量练习,每次持续45~75分钟。每次力量练习之后休息一天,或安排其他性质的练习,保证肌细胞的恢复和重建,使肌肉更强壮。因此,一周力量练习可以安排周一、周三、周五或者周二、周四、周六。

(3)每次练习的组数

目的不同,采用的组数有差异。在体能训练中,通常认为3~5组能使力量练习的效果达到最佳状态,5组之后的练习效果显著下降。

(4)负重及重复次数

训练目的和项目差异对负重及每组练习的次数有很大影响,如表5-5所示。开始练习时可采用较轻重量,以每组可重复8~10次左右的重量为宜(腹部练习除外),再逐渐增加负重。

(5)增加重量的时机

典型的增加力量的训练计划,通常选择可以完成8次的重量开始,当达到能够完成12次负重能力时,就可以增加重量(约5 kg)。

(6)不同的练习方式及效果

低重复高强度和高重复低强度是两种不同的力量练习方式,分别产生不同的效果。通常低重复高强度对发展力量速度、爆发力更为有效,而高重复低强度可以有效地提高力量耐力。

(二)最大力量训练方法

1.训练原理

最大力量是指人体募集尽可能多的肌纤维克服最大阻力的能力。最大力量并不是专项力量,但同专项力量与竞技能力和专项成绩的高低关系密切,如图5-5所示。人体运动能力与特定肌肉刺激的方式有关,肌肉受到特定的刺激产生力量,带动骨骼、关节的各种运动。运动包括简单的、单一的关节运动和复杂的关节运动,两者对肌肉的要求不同。体能训练计划应包括对多关节进行必要的训练,训练的重要性是建立在神经肌肉活动与协调性的基础上。运动单位被募集会产生不同形式的力量——最大力量、快速力量、爆发力等。快肌纤维与慢肌纤维的收缩特点不同，如表5-7所示。

表5-7 不同肌纤维的收缩特点

类型	阈强度	肌纤维数量	收缩速度	产生力值	要求刺激强度
快肌	大	多	快	大	高
慢肌	小	少	慢	小	低

对神经-肌肉系统来说，负荷强度不同可以引起不同类型肌纤维的优先适应。根据Henneman肌肉募集原则，肌纤维具有由小到大动员的顺序，即小运动单位（慢肌）先动员，负荷逐渐增大，大运动单位（快肌）才参与收缩。肌肉受到不同强度刺激时，慢肌和快肌的参与方式不同，阈强度低的运动单位（慢肌，红肌）先于阈强度高的运动单位（快肌，白肌）参与活动。通常较小负重、慢速的练习会优先刺激慢肌参加工作，而快肌基本不参与。而大强度负重或虽然较小负重但以极限速度完成动作时，在神经系统的调配下可以动员全部或大部分白肌纤维首先参与收缩，后期红肌纤维也参与进来，从而达到发展最大力量的目的。

因此，最大力量训练的特点是让所有的或绝大多数的运动单位（包括慢肌）都参与运动，选择大负荷、刺激更多几乎全部肌纤维参加工作才能有效提高最大力量。力量耐力的训练负荷要采用中小强度、次数多、持续时间较长才能达到目标。快速力量训练因为对速度、动作技术有极高的要求，负重要控制在70%~85%，因此，负荷的选择对力量训练效果十分重要。现代体育科学研究表明，不同强度的负荷方式，力量训练效果不同，如表5-8所示。

表5-8 不同强度负荷方式的力量训练效果

序号	负重及收缩方式	原因及效果
1	轻负重，次数少，爆发式用力	可以募集几乎所有的运动单位收缩，训练神经对肌肉的支配能力，使肌肉快速收缩能力优先发展

续表

序号	负重及收缩方式	原因及效果
2	轻负重，次数多，速度慢	慢肌单位主要参与，肌肉能量供应系统活动加强，促进肌肉收缩耐力优先发展
3	大强度，高于90%，次数少	调动几乎所有的运动单位参与运动，刺激神经对肌肉的支配能力优先发展，是发展最大力量的主要方式
4	次最大强度，负重区间为80%~90%，重复次数较多	调动较多的肌纤维参加收缩，反复刺激，使肌纤维体积、肌肉横断面优先发展，增加人体瘦体重主要使用这种方法，健美运动员也常用此方式

2.训练方法

根据上述原理，通过两种方式可以提高最大力量：

（1）提高神经支配能力

使用85%以上的负荷强度，极限用力，尽可能多地募集肌纤维参加工作。注意组间间歇相对充分，速度适中。

（2）增加肌肉横断面

使用60%~85%的负重，次数较多，接近力竭但留有余地，可以动员尽可能多的肌纤维参加收缩。次数多于6次，一般在8~12次。特别是后面几次和后面几组练习要尽力坚持。

（3）负荷安排

发展最大力量训练的主要方法有重复法、强度法、极限强度法、极端用力法、离心（退让）练习法，还有静力练习法和电刺激法等，不同的方法选择的负荷有差异（表5-9）。其中离心训练由于可以承受比向心收缩更大的负荷，其效果被证明是十分突出的，但在实践中常常被忽略，应该引起重视。而且单一的训练方法容易使肌肉产生高度适应，从而降低训练效果，因此，多种手段综合使用对最大力量训练的效果更好，可以避免产生"力量障碍"。

表5-9 最大力量训练方法的负荷比较

方法		负荷强度（%）	组数	每组重复次数（次数）	组间间歇（分钟）
动力性方法	重复训练法	75~90	6~10	3~6	3
	强度发	85~100	6~10	1~3	3
	极限强度法	90	3	3	3
		95	2	2	
		97.5			
		100		1	
		100以上	1~2		
静力性方法		70~90	4~6	8~12	3
		90以上	3~5	3~6	3~4

3.最大力量训练举例

1）金字塔负荷模型（图5-36）：训练负荷依次为85%×6→90%×（3~4）→95%×（2~3）→100%×1。

2）双金字塔负荷模型（图5-37）：训练负荷依次为80%×4→85%×3→90%×2→95%×1→95%×1→90%×2→85%×3→80%×4。以上练习的次数和组数可根据需要和个人实际适当调整。

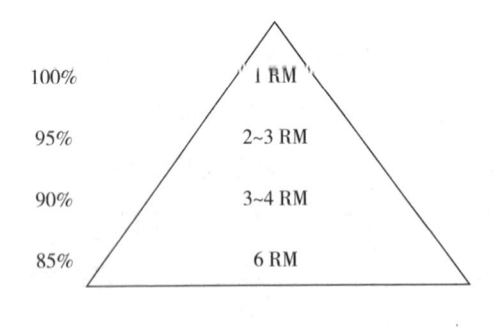

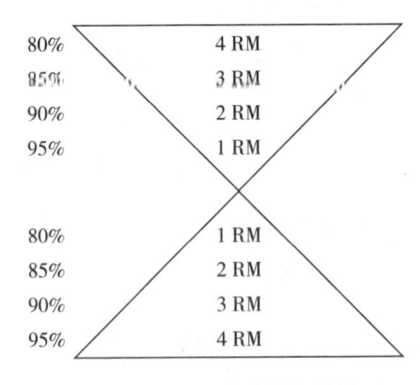

图5-36 金字塔负荷模型　　图5-37 双金字塔负荷模型

4.退让性、静力性训练举例

1）深蹲、卧推：负荷110%~150%，加助力推起，加保护缓慢放下。静力性训练时，选择在某一关节角度保持静止。

2）仰卧直臂下压：仰卧凳上，两手持哑铃（适当重量），快速直臂下压（头上），慢速直臂上摆。静力性训练要求同上。

由于离心和静力性训练时负荷大、刺激深，因此要注意以下几个方面：

a.控制时间因素：离心收缩的时间要长于向心收缩的时间，如卧推时缓慢下放动作3~4秒，然后快速上推动作1~2秒。静力性练习要根据负荷强度保持5秒以上，以便取得良好的效果。

b.准备充分：在离心和静力性练习之前要有较好的动力性力量基础，并以中、低强度进行适应性的静力性、离心训练。

c.注意结合专项：离心、静力性练习的动作结构与专项动作有较大差距，因此，练习后要注意安排专项性的轻负荷、动力性训练，促进力量转化。

d.及时放松：离心和静力性训练对神经肌肉的刺激极为深刻，课后要进行充分的按摩、牵拉，并用其他手段进行积极放松，及时梳理肌丝、筋膜。

（三）爆发力训练

爆发力是竞技体育中十分重要的能力，受先天因素的影响较大，后天训练提高的幅度受到限制，但提高最大力量可以在一定程度上完善爆发力的水平。研究认为：当发挥快速力量时间超过150毫秒时，最大力量起作用。当发挥快速力量时间小于150毫秒时，爆发力和起动力起作用。许多运动项目都要求练习者具有良好的爆发力，如举重、摔跤、柔道、田径、短程游泳、球类、体操、对抗类项目、场地自行车和短程速滑等。通常可以用原地纵跳、立定跳远、三级跳来直观地反映爆发力的水平。

爆发力的练习负荷范围比较宽，强度在30%~100%，也说明爆发力的提高是复杂的、困难的，关键是需要极限速度用力，使神经募集几乎全部的肌纤维参加工作。爆发力的负荷要素，如表5-10所示。

表5-10　爆发力的负荷要素

负荷强度（%）	组数	每组次数	动作速度	组间间歇（分）
30~60	3~6	5~10	爆发式	3~4
70~85	4~6	4~6	爆发式	3~4

下列几种方法可以有效地提高爆发力水平。

1.组合训练

单一的负重练习对爆发力的提高是有限的。有些学者甚至认为，力量的提高未必就能产生最大动力，一是由于负重大，动作速度慢，和快速动作模式存在差异；二是和专项技术在动作结构上有较大差异。现实中有大量的运动员最大力量突出，但运动表现并不显著的例子。实践中安排组合训练可以促进最大力量向爆发力的转化。在大力量训练后，紧接着安排快速跳跃、起动和专项动作练习，充分利用力量练习后激活效应，可以提高力量训练的专项化效果。组合练习举例：

1）杠铃半蹲起+徒手半蹲跳：半蹲起要求上下转换要快，放下杠铃后立即进行爆发式蹲跳练习。为增加爆发力的效果，蹲跳时可以借助上拉动作减轻阻力。

2）杠铃提踵+徒手直膝跳：主要提高踝关节爆发力，练习时其他关节（膝）尽量保持固定，以脚腕活动为主。直膝跳时，跳过前后左右的标志物（较低），单腿跳也可以提高训练效果。

3）卧推+推实心球：用于提高上肢爆发力，实心球可以对墙推，也可以在队友的帮助下采取仰卧姿势向上推。实心球不宜过重，接球、缓冲、上推要衔接迅速，加上超等长练习因素。

4）力量+超等长+协调性+投掷：美国投掷项目常用这种组合练习，在每组的力量训练后，做超等长的弹性力量练习，再做简单的协调性练习，最后做专项投掷练习。以上练习要注意次数、组数的搭配，不应使动作速度有明显的下降。

组合练习时,要考虑专项的特点,根据需要设计多种组合形式,对全身多个部位进行刺激,并非只有上肢、下肢才能进行组合训练。躯干在核心力量练习后,可以加上投抛实心球,进行组合训练。

2.反应力量训练

反应力也叫弹性力量、超等长和快速伸缩复合,被公认为训练爆发力效果突出的手段。其原理在其他专业书籍中甚多,不再赘述。

值得注意的是,负荷的安排不当会降低训练效果,甚至起反作用。如负重过大引起动作变形,影响正确的动作活动结构,或跳栏架时栏架过高,造成缓冲时间过长等。图5-38为跳深练习时通过测力台获得的生物力学曲线,左侧栏架高度比较合适,力学曲线显示缓冲—蹬伸很快,起跳迅速。右图为栏架过高,造成缓冲时间过长,蹬伸慢,影响爆发力练习效果,甚至起到反作用。

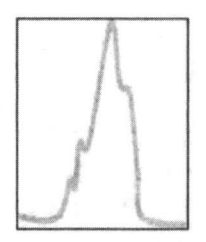

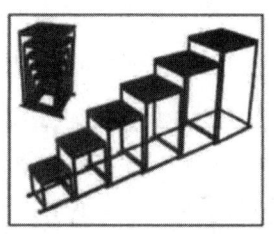

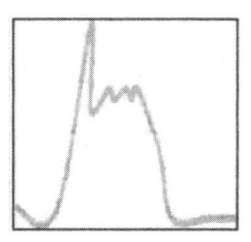

图5-38 不同跳深高度生物力学曲线

反应力训练举例:

1)连续跳栏架或跳箱练习:距离适当,高度适中,以能快速连贯地起跳为宜。前后左右方向可以变化,高低搭配,单腿练习或适当负重可以增加难度,提高效果。

2)俯卧撑击掌:属于上肢的反应力练习,练习时迅速推起在胸前完成1~2次击掌。可以适当负重,或垫高腿部支撑,或者借助协调绳进行横向移动,以增加难度。

3)推、抛实心球或能量球:可仰卧上推(在同伴帮助下),也可以两人对推。只要进行动作设计,连续各种方向的抛实心球都可以进行反应力练习。要注意重量适宜,动作衔接迅速,没有停顿。

要改变只有下肢才可以进行反应力练习的思维，根据专项需要，遵循反应力（超等长）的动作原理，设计有效的动作，也可以对核心技术动作实施反应力练习。

3.弹震式训练

传统力量抗阻训练由于负重较大，在连续动作的过程中，每一次动作的结束阶段实际处于减速状态。有研究认为，减速的时间甚至达到动作时间的24%以上，这就说明有肌肉参与程度开始降低，从而大大影响了力量训练特别是爆发力训练的效果。弹震式训练在动作过程中全部肌肉一直处于高强度的工作状态，使动作全程处于加速状态，并将重物推（抛）出，从而提高爆发力训练的效果。如在卧推中把杠铃推出去，负重杠铃（较轻）跳起，都属于弹震式练习。

弹震式训练举例：

1）壶铃跳：两脚适当分开，双手持壶铃，下蹲紧接跳起，连续动作。或站在两个高度、宽度适宜的跳凳上，使壶铃不着地。用杠铃时不宜太重，以免对肩背造成损伤。

2）负重单足跳越标志物：负沙袋连续单足跳，跨越标志物6~8个，距离适宜，高度30~50厘米。本练习强度较大，前期要做好充分的准备。负重不宜过重，以免动作变形。

3）使用末端释放器进行练习，单、双侧都可以进行练习。

自由重量的弹震式训练和利用末端释放器进行的训练还有差异，主要是负荷的调整上不灵活，末端释放器负荷范围更大，更安全，可以尽力进行爆发式用力。

4.功率训练

功率训练有时也叫功效训练。力量训练中经常遇到的一个问题就是如何处理负荷重量和动作速度的关系。负重过大，速度变慢，虽然可以提高最大力量，但很难向专项转化。负重过小，速度变快，但对肌肉的刺激又不够。要解决好二者的关系，既能提高力量，又可以有效发展速度，就要选择适当的负荷，以既定的速度进行训练。物理学上解决这个问题并不困难，测量计算就可以。

运动生物力学认为,爆发力是一种力的梯度变化,等于力量和速度的乘积($P=FV$)。理论研究认为,以最大负重30%的强度进行快速练习,可以获得最高的爆发力值(功率P最大)。也有观点认为,用70%的负荷强度进行训练最佳。但现实中并不是这样,项目之间的差异大,有些偏重大力量的项目,如举重、投掷、短跑等低负重训练显然不会取得理想的效果。研究认为,功率反映的是肌肉收缩速度与动作速度之间的关系,主要与练习者能够尽快地产生力有关,而不仅仅与最大力量有关。因此,建议使用最大负重30%~80%区间的重量进行快速练习,可以取得理想的爆发力效果。根据项目和运动员的实际情况选择负荷强度和练习次数,如中长跑、乒乓球、羽毛球等项目可以选择较轻的负荷进行功率训练,短跑、游泳、划船等可以使用中等负荷,而投掷、举重等对最大力量要求高的项目,可以使用80%甚至略高的强度进行功率训练。

进行功率训练时,要注意动作的连贯和连续性,次数和组数以不产生较明显的速度下降为宜,不能贪多。功率练习的好处是兼顾了力量和速度二者的关系,促进神经对肌肉控制能力的有效提升,而且是非极限强度,强调过程而不是一次性效果,安全性提高。

(四)力量素质训练常用手段

1.下肢常用动作

(1)杠铃深蹲(后蹲)

1)目标肌肉:臀大肌、股四头肌。

2)开始姿势:双脚平行站立与肩同宽,上体正直,抬头,展肩,挺胸,别腰。双手掌心向下握住杠铃杆,放置于颈后肩上。

3)动作要领:向下时屈膝屈髋,保持上体姿势不变,抬头挺胸,向后抬肘,脚后跟着地,膝关节不要超过脚尖位置,大腿与地面平行,上体略前倾,脚后跟离地。向上时伸膝伸髋,保持上体与地面角度不变,伸膝直至呈完全站立姿势。

4)常见错误动作:两膝外张或内扣;手臂放松;肘关节朝下或朝前;向

上运动阶段脚后跟离地过早，上体前倾过大，向后仰头。

5）动作变化：可做宽窄站位变化；上下速度变化；也可以用壶铃代替接跳起动作。可做前蹲练习（杠铃置于胸前——三角肌前部和锁骨位置）。

利用练习器进行俯身蹬伸练习，是较好的单侧练习方法，对运动员的起动速度有较大的帮助。

（2）坐姿推蹬（腿）

1）目标肌肉：臀大肌、腘绳肌、股四头肌。

2）开始姿势：坐在器械座椅上，将背部、臀部靠在座位上，两脚放在踏板中部，两脚略微张开，脚尖向上，双手握住器械把手。

3）练习动作：向前时伸髋伸膝至两腿完全伸直，双脚踩实踏板，上体保持不动，脚后跟不能抬起。向后时屈膝屈髋，以较慢速度回到原来位置，臀部和背部保持不动。

4）常见错误：脚后跟或臀部抬起，膝关节内收或张开，向前运动阶段锁膝。

5）动作变化：可根据器材调整角度进行斜上蹬或斜下蹬；也可以进行单腿练习或左右交叉练习；做屈伸速度上的变化，固定的速度练习容易产生高度适应而影响效果。

（3）单腿上台阶

1）目标肌肉：股四头肌、臀大肌。

2）开始姿势：肩负杠铃，手肘向后，腰背挺直。

3）动作过程：左腿蹬上台阶，右腿随后蹬地上摆。当两脚站立至台阶上时左腿下，右脚紧接着移下，后腿积极做好蹬伸配合动作。

4）易犯错误：弯腰弓背，腿蹬伸不直；台阶过高。

5）动作变化：可使用徒手或手持哑铃进行练习；负较轻重量或台阶较低时，可在台上跳起，做换腿下；可配合摆动腿负重（弹力带）做上步摆动练习，做蹬摆配合练习。

（4）杠铃硬拉

1）目标肌肉：竖脊肌、股四头肌、臀大肌。

2）开始姿势：双手握紧杠铃，两手距离略比肩宽。

3）练习动作：保持后背平坦，向上时臀部抬起并且膝关节稍稍弯曲。向下时慢慢将杠铃放下超过膝盖5~7厘米，此时感觉到臀部肌肉和后群肌被拉直。

4）常见错误：弯腰弓背，弯曲动作幅度太大造成脊柱过度弯曲引发损伤。

5）动作变化：可用哑铃或弹力带（脚踩住）代替。

（5）杠铃弓步

1）目标肌肉：股四头肌、臀部肌肉、后群肌。

2）开始姿势：两手握紧杠铃，双脚与肩同宽或略宽于肩，挺胸，抬头，展肩向后抬肘，将杠铃撑起放置于三角肌后部颈部下方，上体正直。

3）练习动作：一条腿向前跨出一大步，弯曲前腿，使大小腿折叠呈90°，前脚脚趾朝前或略微内扣，保持前腿膝、踝、髋关节在同一平面内。膝盖不要超过脚尖位置。后腿屈膝屈髋，膝关节与地面距离为3~5厘米，重心保持在两腿之间。当后腿充分降低时，前腿强有力地蹬伸回到开始的姿势。

4）常见错误：向前迈步幅度过小，前腿的膝关节超过脚尖的位置，上体前倾或侧弯，上体后移至原来位置时用力过猛。

5）动作变化：可以左右腿交替行走练习；可以改变迈腿方向（左右前方、侧方）；可用壶铃代替；轻负重时可做弓步换腿跳练习，提高快速力量。

（6）俯卧屈腿

1）目标肌肉：腘绳肌。

2）开始姿势：俯卧在器械板上，膝关节与器械的运动轴对齐，两脚后跟放在器械圆垫下，脚跟靠拢，大腿、小腿和两脚保持平衡。

3）练习动作：向上时屈膝至圆垫靠近臀部，双手抓紧扶手，上体紧贴器械板上，向下时伸膝缓慢放回到开始姿势。

4）常见错误：向上动作阶段时臀部抬起；借助摆动力量屈膝；阻力过大造成动作幅度偏小。

5）动作变化：可以单腿练习，左右腿交替练习；可以用橡皮筋或手部阻力练习；变化速度。

（7）坐姿外展

1）目标肌肉：大腿外展肌群。

2）开始姿势：坐于训练器上，调整挡板到膝盖位置，双手握住把手，背部紧靠背垫。

3）动作过程：两腿用力外展，腿保持较直的状态，然后返回初始位置。

4）易犯错误：阻力太大造成动作幅度偏小，要注意保持幅度。

5）动作变化：可一腿固定另一腿练习，交替进行；可使用弹力带或拉力器进行站姿或坐姿的外展练习（内收可采取类似方式）。

（8）坐姿内收

1）目标肌肉：大腿内收肌群，和外展相对应。

2）开始姿势：坐于内收肌训练器上，调整挡板到膝盖位置，双手握住把手，背部紧靠靠背。

3）动作过程：两腿用力向内夹紧，直到相互接近，然后返回初始位置。

4）易犯错误：阻力太大，动作幅度小。

5）动作变化：可使用弹力带或拉力器进行类似练习；做单侧练习，或交替进行。

（9）站姿杠铃提踵

1）目标肌肉：腓肠肌、比目鱼肌。

2）开始姿势：身体直立，将杠铃放置于颈后肩上，两脚站在平地上。

3）练习动作：用力提起踵，通过脚的运动将躯干尽可能地抬高，运动到动作的最高点，缓慢将脚后跟放低，也可快速连续进行。

4）常见错误：躯干运动幅度过小，利用落地反弹力起踵，达不到训练目的。

5）动作变化：单腿进行；脚前部垫高；用壶铃代替；轻负重时直膝跳。

2.上肢力量动作

（1）杠铃卧推

1）目标肌肉：胸大肌、三角肌前部、肱三头肌、胸小肌。

2）开始姿势：仰卧于训练凳上，双手正握杠铃，握距与肩同宽，置杠铃于胸上部，收腹挺胸，两脚踩实地面。

（2）立姿快推杠铃

1）目标肌肉：三角肌、肱三头肌、前锯肌、斜方肌。

2）开始姿势：双脚并立或前后开立，两手同肩宽握住杠铃于胸前。

3）动作要领：向斜上方挺举，双脚可做前后交叉动作，动作连续快速。

4）易犯错误：负荷过重，动作缓慢、变形、碰触下颚。

5）动作变化：可用哑铃代替；可在前后或左右移动中练习，提高难度。

（3）哑铃仰卧飞鸟

1）目标肌肉：胸大肌、三角肌、前锯肌。

2）开始姿势：仰卧于训练凳上，两手各持一哑铃在胸上方，伸直双臂。

3）动作要领：向体侧做扩胸运动至大臂与地面平行，双臂再向上举至起始位置。

4）易犯错误：扩胸时肘关节弯曲过大。

5）动作变化：可采用不同斜度；哑铃路线变化；可增加不平衡因素（如背垫实心球等）。

（4）拉力器夹胸

1）目标肌肉：胸大肌、三角肌前束。

2）开始姿势：两手左右抓住拉力器把手，掌心向内，两脚开立，比肩略宽（或两脚前后开立，一脚略前于另一只脚）站在拉力器中间，背部挺直，肘关节微屈。

3）动作要领：向身体斜下方拉绳索至两手相触，保持1~2秒，再缓缓还原至起始位置。

4）动作变化：可单臂或左右交替进行练习；也可以调整拉力器高度做由下往斜上方的夹胸运动；用弹力带练习。

（5）杠铃俯身划船

1）目标肌肉：背阔肌、肱二头肌、斜方肌、菱形肌。

2）开始姿势：深蹲姿势，手握杠铃，握距略宽于肩，伸直双腿。

3）动作要领：屈膝屈髋，身体前倾，提拉杠铃至腹部，然后伸直手臂。

4）动作变化：可使用哑铃进行练习，也可单臂或单腿或交替进行；俯身45°左右效果更好。

（6）拉力器夹胸

1）目标肌肉：胸大肌、三角肌前束。

2）开始姿势：两手左右抓住拉力器把手，掌心向内，两脚开立，比肩略宽（或两脚前后开立，一脚略前于另一只脚）站在拉力器中间，背部挺直，肘关节微屈。

3）动作要领：向身体斜下方拉绳索至两手相触，保持1~2 s，再缓缓还原至起始位置。

4）动作变化：可单臂或左右交替进行练习；也可以调整拉力器高度做由下往斜上方的夹胸运动；用弹力带练习。

（7）杠铃俯身划船

1）目标肌肉：背阔肌、肱二头肌、斜方肌、菱形肌。

2）开始姿势：深蹲姿势，手握杠铃，握距略宽于肩，伸直双腿。

3）动作要领：屈膝屈髋，身体前倾，提拉杠铃至腹部，然后伸直手臂。

4）动作变化：可使用哑铃进行练习，也可单臂或单腿或交替进行；俯身45°左右效果更好。

（8）坐姿划船

1）目标肌肉：背阔肌、肱二头肌、大圆肌、斜方肌、菱形肌。

2）开始姿势：坐姿屈膝，双脚放于地面，面对拉力器，两手手心相对握住器械把手。

3）动作要领：收腹挺胸坐直，将把手拉向腹部，手臂贴紧躯干，再返回到起始姿势。

4）易犯错误：动作幅度过小，过分后仰等。过程中注意腰背挺直。

5）动作变化：可单臂或者交替进行；也可抬肘成水平做宽拉练习；可以

弹力带替代；可增加不稳定因素（坐于平衡垫或瑞士球上）。

（9）器械高位下拉

1）目标肌肉：背阔肌、肱二头肌、大圆肌、前臂肌群。

2）开始姿势：坐姿，双手正握器械，握距比肩略宽。

3）动作要领：下拉把手至胸口处，向上时手臂接近自然伸直。

4）易犯错误：耸肩、后仰、弓背等。

5）动作变化：可以改变握距来增减动作难度；可以采用反握来增强肱二头肌的训练；可以增加不平衡因素（坐在平衡球上）；可单臂或交替进行；可跪姿进行，拉至颈后。

（10）引体向上

1）目标肌肉：背阔肌、肱二头肌、大圆肌、前臂肌群。

2）开始姿势：双手正握单杠，握距比肩略宽。

3）动作要领：将身体上拉至下颌靠近横杆，再下降至初始位置。

4）易犯错误：动作幅度过小；下放过快，造成拉伤。

5）动作变化：握法可变为反握，增强肱二头肌的训练；握距作宽窄变化；可以负重或正反握结合进行；也可以变化上下速度；可配合收腹动作。

（11）杠铃耸肩

1）目标肌肉：斜方肌。

2）开始姿势：提杠铃于身体前方，收腹挺胸。

3）动作要领：向上使双肩靠近耳朵，向下回到起始位置。

4）易犯错误：下落不充分；屈肘上提。

5）动作变化：可以使用哑铃代替进行练习；做肩前后画圈的动作；可单侧、双侧交替进行练习。

（12）杠铃站姿提拉

1）目标肌肉：三角肌、斜方肌、肱二头肌。

2）开始姿势：双手正握，握距较窄，提起杠铃。

3）动作要领：杠铃始终贴紧身体向上，拉至大臂和地面平行，肘关节与肩关节、手部同高或略高，向下返回起始位置。

4）易犯错误：耸肩，身体前倾后仰，利用踮脚尖、摆杠动作惯性。

5）动作变化：两手距离可做适当变化，可以哑铃进行练习；也可以加上不稳定因素或单腿支撑进行练习；利用弹力带。

（13）哑铃俯身飞鸟

1）目标肌肉：三角肌、斜方肌。

2）开始姿势：站姿，身体前倾，双手持哑铃自然下垂。

3）动作要领：向身体两侧举哑铃成飞鸟姿势，大臂与地面平行，肘关节稍屈，再还原至起始位置。此动作可以站立进行。

4）易犯错误：弓背弯腰，身体上抬的替代动作过多。

5）动作变化：可以改变躯干的角度进行；也可以俯卧在实心球上增加难度；弹力带练习。

（14）仰卧臂屈伸

1）目标肌肉：肱三头肌。

2）开始姿势：仰卧在训练凳上，双脚踩实地面，双手持杠铃于胸上方，手臂伸直。

3）动作要领：大臂不动，小臂往下置杠铃于头上方，然后伸直手臂，重复动作。

4）易犯错误：腰背上拱，肘外翻，上推动作过多。

5）动作变化：可用哑铃或弹力带替代；可支撑在实心球上增加难度；可单臂或双臂交替进行；可与划船动作结合练习。

（15）杠铃弯举

1）目标肌肉：肱二头肌、肱肌、肱桡肌。

2）开始姿势：直立，双手反握杠铃，置于大腿前。

3）动作要领：大臂不动，将杠铃举至胸前，再缓慢返回初始位置。

4）易犯错误：身体后仰，下放过快。

5）动作变化：可用哑铃弯举或者拉力器弯举，采用单臂或双臂交替进行；可改变姿势进行（仰卧、斜卧）；也可用不稳定因素增加难度。

3.全身协调用力动作

（1）杠铃高翻

1）目的：全身协调用力，提高将力量从下肢传导至上肢的能力。

2）开始动作：两脚开立，与肩同宽。下蹲，髋部低于肩。两手闭握杠铃，握距宽于肩。两臂置于两膝外侧，肘伸直。小腿距离杠铃约3cm。头与躯干成一条直线。

3）动作要领：用力伸髋伸膝将杠铃抬离地面，杠铃贴近身体上行至胸前，迅速翻腕下蹲。

4）易犯错误：上行杠铃离身体过远，过于依靠上肢力量。

5）动作变化：可用哑铃或壶铃替代；可分两次进行，先提至膝处，再行高翻。

（2）杠铃深蹲抓举

1）目的：同上面杠铃高翻。

2）开始动作：同上面杠铃高翻。

3）动作要领：两脚开立，与肩同宽，杠铃置于前方地面，双膝靠近杠铃。深蹲同时双手垂于体侧抓住杠铃杆，迅速伸膝、伸髋，双臂快速提拉，紧接举起杠铃至头顶并下蹲，杠铃置于头部上后方，然后站起保持静止，随后将杠铃放置于地面。

4）常见错误：弯腰弓背，手臂弯曲，腰腹前倾过度导致杠铃向后掉落。

（3）杠铃挺举

1）目的：全身爆发式协调用力。

2）准备姿势：同上面杠铃高翻。

3）动作要领：站在杠铃后方，双脚与肩同宽呈深蹲姿势，双手正握杠铃。然后伸膝伸髋，同时快速提拉杠铃至胸部成高翻姿势。待稳定后，屈膝预蹲，紧接着发力上举至头上，同时做前后弓步分腿，再上举杠铃至头顶，停留几秒，然后下放杠铃至胸部，放于地面。

第六节　功能性训练

一、功能性训练概述

（一）功能性训练的起源及发展

功能性训练源于物理性康复治疗领域，同时也受到力量训练、健美、举重等抗阻运动的影响。两次世界大战出现了大量的伤残人员，客观上推动了物理医学和康复医学的产生和发展，人们开始重视运动治疗手段用于伤病员的身体功能恢复。第二次世界大战后，康复治疗的发展经历了骨骼肌肉、中枢神经系统、关节和动作4个阶段，逐渐由重视肌肉练习到更加关注以神经支配为主的动作控制。Panjabi自1985年相继提出了脊柱稳定性和核心稳定性的概念，认为人体的核心稳定性是一种"稳定人体系统，以使椎间的中部区域保持在生理极限范围内的能力"。这也使得人们开始重视核心稳定性及核心肌群的训练。

竞技体育领域的功能性训练起源于20世纪末的美国职业运动队。1997年，Gary首次提出了"功能性训练"的概念，并致力于功能性训练的理论与实践研究，指出运动员应注重身体的动力链作用，避免孤立地对一个环节进行力量训练，为功能性训练在体育领域的系统开展打下了基础。在此期间，美国国家体能协会（NSCA）和美国国家运动医学会（NASM）都对功能性训练予以充分的关注。如NASM将其定义为"所有功能性训练形式都包含有运动链和运动三维平面中的加速、稳定和减速的动作"，突出功能性训练的生物力学要素。NSCA把体能训练定义为"以力量为核心的人体器官功能与机能系统活动的系统再平衡"，强调力量训练和各系统机能特别是神经系统的整合。同期进行了体能训练师的培训认证，把功能性训练列为重要的培训内容。这些观点和做法对功能性训练在世界范围内的发展起到了极大的推动作用。

现阶段对功能性训练的概念及理解还不统一。有人认为功能训练不是一个严谨的概念，而是一个重要的理念。1996年奥运会金牌获得者美国女子冰球国家队体能教练Mike Boyle将其解释为：训练运动的动作。而"功能性训练之父"Gary给出的定义是：发展身体被设计的动作。后两个解释，从神经肌肉控制理论的角度，突出了动作程序化、自动化训练的重要性。

还有一些国外专家认为，功能性训练就是有目的的训练，是一种与专项训练不同的且有用的训练。其实质是为了克服一般和专项训练中由于性质相对单一的负荷效果的不足而带来隐患所采用的动作设计体系。功能性训练重在提高训练手段的个体化、专项化，缩小训练和比赛的差距，有利于帮助运动员达到最佳竞技状态。

目前认为，功能性训练是根据人体解剖结构、生理特征、动作特征以及相关理论知识相结合而设计出来的成套动作模式训练。功能性训练可以改善身体姿势，发展运动员在不同运动状态下对身体姿势的控制能力，形成主动肌、辅助肌、拮抗肌的合理互动，提高运动员完成动作的经济性和有效性。功能性训练中的动态平衡训练可以大幅度提升人体的平衡能力，加强运动员的本体感受和核心稳定性，有效地协调四肢运动，达到完成动作的最佳状态，深入挖掘运动员的运动潜力。此外，通过多种形式的动作控制练习，不仅可以加强运动员完成动作的稳定性、维持关节的灵活性及提高动作的精准性，还可以提高运动员全身关节及周围肌肉、肌腱和韧带的稳定性，确保比赛时良好的运动表现，并且能够有效地预防运动损伤。

我国功能性训练起步较晚，2006年，国家体育总局为了改善我国运动员体能方面相对落后的现状，开始不断地学习和取国外先进的训练方法、理论及经验。在此背景下，功能性训练逐渐走进我国广大教练员和体育学者的视野。这一全新的训练方法和理念不断地冲击传统训练的观点，并得到了广泛的关注。功能性训练作为一种新兴的训练方法体系，打破了以往的高强度、大负荷、单一性的传统训练观点和方法，注重高质量的正确动作模式训练，强调核心区的稳定性和身体控制下的动态平衡性，符合生物力学特征的多关节、多平面进行的训练方式。

20世纪90年代，核心力量训练开始出现在竞技体育领域并引起人们的重视，同期也开展了核心力量的相关研究。理论研究显示，核心稳定性训练、功能性训练、核心力量训练于2005年出现交叉。三者虽然在主要目的及要求上各自有所偏重，但涉及的部位、使用的方法手段多有重叠，现阶段有融合的趋势，因此，可以将核心力量训练视为功能性训练的有机组成部分。

总体来看，功能性训练主要起到下列几个方面的作用：

1.丰富了体能训练的理论与方法体系

功能性训练根据人体解剖结构、生理特点及专项动作的需要，结合康复和物理治疗的理论知识，设计完整的动作模式进行训练，改变了传统的以力量、速度、耐力为主的大运动量、高强度、较为单一的身体训练方法和理念，形成了新的训练理论，丰富了体能训练的理论与方法体系。

2.注重矫正性训练，有效预防运动损伤

功能性训练源于康复领域，注重通过矫正性训练克服肌肉、关节及其他身体能力的薄弱环节，使人体的系统机能、神经支配、运动素质处于更加平衡、和谐的状态，有效预防因某一能力和环节过度发达或不足，或者由于经常的代偿性动作而可能引发的运动伤病。

3.提高力量、能量在运动链之间的传递效益

由于功能性训练注意对全身各部位身体姿态的整体控制，使运动员在复杂、多变的运动状态下，身体各环节处于合理的位置，主动肌、辅助肌、拮抗肌协同配合，使力量、能量在运动链之间的传递没有大的损耗，提高了人体完成动作的经济性和时效性。

4.挖掘运动潜力，形成最佳状态

运动训练就是不断挖掘运动员身体潜力的过程，竞技状态的高低很大程度上与体能发展水平直接相关。功能性训练注重通过大量不同支撑条件下的动态平衡训练，提升运动员维持平衡的能力，加强人体本体感受的敏感性和核心稳定性，协调上下肢运动，可以有效挖掘身体潜力，使运动员处于最佳运动状态。

5.提高运动表现

运动技术由各动作环节组成，各个动作完成的效果直接影响整体运动技术的规格。功能性训练重视动作完成的合理性及效率，实质是注重神经对肌肉的精细控制，这不仅能加强动作完成的稳定性、精准性，促进关节的灵活性，还能提高运动员全身关节及周围肌肉、肌腱和韧带的稳定性，使人体在激烈的运动、比赛中呈现良好的运动表现。

（二）功能性训练与传统体能训练的区别

与传统体能训练相比，功能性训练（包括核心力量训练）作为一种新的训练理论和方法体系，与当前世界竞技体育的发展特征和要求是密切相联的，具有一定的先进性。与传统体能训练相比其差异体现在以下几个方面：

1.训练理念不同

传统体能练习多以躯干表浅肌群的动力性练习为主，动员的多为动力性肌肉，通常是单关节肌、表浅的、多个分段、以向心收缩形式的训练为主，能够产生爆发力和加速度；而功能性训练所涉及的肌肉，多以多关节肌、深层、短肌、以等长收缩的形式训练为主，起到稳定作用。与传统的力量训练相比，其增加了人体运动中的不稳定因素，更加强调人体核心稳定性的基础性作用。

2.针对的部位不同

核心功能性训练重视人体核心部位在运动中所起的作用和价值，认为核心部位是人体运动时的"缸"，起到储存能量和输送能量的作用，强调核心部位所具有的强大肌群是完成任何运动的基础。传统力量训练多以大肌肉群训练为主，注重四肢肌肉力量的发展。

3.支撑条件不同

传统的体能训练多在一种身体重心相对稳定的状态下练习，通过高强度、大负荷、器械等抗阻练习的方式来提高力量素质，容易导致在平时训练中所增加的力量在实际运动过程中出现丢失的现象。而功能性训练多以一种不稳定、动态的形式进行，如采用瑞士球、平衡板及悬吊训练，更多是从运动训练的实际出发，注重平时训练所增加的力量在运动过程中得到充分的利用。

4.训练重点不同

传统体能训练的内容、手段、方法与专项能力的诸多训练非常相似或接近，以较大负荷甚至极限强度的力量、速度、耐力训练为主，同时重视上肢、下肢大肌肉力量的提高，动作模式及维度相对单一，以单维、双维为主。与传统体能训练对核心部位重视不够，协调、平衡、稳定、灵敏训练不足相比，功能性训练注重从人体各组织、器官、系统的特征及需要出发，以人体解剖结构、生理特征、动作特点为依据，设计目的和功能不同的内容体系，以多关节、多维度的完整动作模式训练为主，注重身体各部位的均衡，强调在不稳定和动态环境中人体对神经肌肉、运动环节的精细支配。同时可以有效地预防运动损伤，在康复上也能够起到积极的作用。

功能性训练、核心力量训练是在传统体能训练基础上的一种进步和优化，而不是可以完全否定和取代，但明确两者之间的差异十分必要（表5-11）。二者优势互补，注重核心部位力量与四肢力量的协同发展，力量与稳定性并重，动力性与静力性结合，才能更全面地发展体能。

表5-11 功能性训练与传统体能训练的区别

功能性训练	传统体能训练
训练对象是动作	训练对象是肌肉
注重多维度、多关节整体动作模式训练	注重单块肌肉、单关节训练
链式运动、强化弱链接	非链式运动、动作发生代偿
重视核心力量训练	重视四肢力量发展
符合生理、生物力学特征	与生理、生物力学特征有距离
重视神经肌肉的控制	忽视神经肌肉的控制
服务于专项训练和比赛	与专项训练脱节
多为克服自身体重的训练	以负重抗阻训练为主
强调动作质量	强调大运动量

二、功能性训练的基础理论

（一）功能性训练的原理与内容

1.功能性训练的基本原理

（1）以核心柱为支撑的神经肌肉控制体系训练

这里的核心柱是指肩关节、躯干、髋关节的联合体。与传统体能训练强调肌肉力量和动作速度不同，功能性训练注重以提高全身肌肉整体工作能力和效率为目的，强调建立以躯干（核心柱）部位支撑、各关节周围小肌肉群起到有序的稳定辅助作用的力量能力体系。功能性训练兼顾了专项和一般体能训练，兼顾了神经控制和肌肉用力，是一种为提高专项运动能力，通过加强核心力量并能使神经肌肉系统更加有效率的训练方法。它包括了身体的稳定性，动作衔接的加速、减速等练习在内的多关节、整体性、多维度的动作。

（2）以人体运动链为依托的动作模式训练

人体运动功能的基本系统由运动系统，包括神经系统、肌肉系统和骨骼系统组成。这3个系统在能量系统的支持下，通过运动在人体链中相互作用，形成了人体生物力学的动力链。功能性训练是一种依托动力链进行的动作模式训练，包括柔韧训练、平衡训练、稳定性训练、核心训练和动态的本体感觉训练。

（3）以关节灵活性为基础的多平面（维度）训练

人体运动是通过关节运动和肌肉收缩来实现的，对关节运动的控制在功能性训练中占有非常重要的地位。附着在关节上的肌肉，围绕人体不同的轴和面产生运动，活动幅度有很大的差异性，分别起着稳定性关节和灵活性关节的作用（表5-12）。运动时一旦伤害稳定性关节就会产生运动损伤，同样，灵活性关节的活动度不足也会产生运动损伤。因此，训练实践中要按照人体解剖特点，以有针对性的训练来提高不同类型关节的稳定性和灵活性。

表5-12　各关节主要动作功能

关节名称	主要动作功能
踝关节	灵活性（矢状面）
膝关节	稳定性（矢状面和水平面）
髋关节	灵活性（多平面）
腰椎	稳定性
胸椎	灵活性
肩胛骨	稳定性
盂肱关节	灵活性（多平面）
肘关节	稳定性

身体运动功能性训练应按照人体的基本位面来设计各种动作模式。其中，矢状面是指将身体分成左右两个部分且贯穿身体前后的垂直面；冠状面是指将身体或身体的其他部位分成前后两个部分且贯穿身体左右两侧的垂直面；水平面是指将身体分成上下两个部分。3个面交叉的部分（轴线）分别叫作垂直轴（上下）、冠状轴（左右）、矢状轴（前后）。人体各环节的运动是复杂的，围绕不同的轴和面进行不同程度的运动，这就要求关节在神经肌肉系统的控制之下，能够根据动作要求做出适当且多维度的动作。

在功能性训练实践中，可以按照人体运动面将各部位动作划分为不同的动作模式。例如，上肢动作可分为双臂和单臂，双臂和单臂动作模式可分为推、拉、推拉同步，推和拉的动作模式可在矢状面、冠状面、水平面和多平面进行，使肩关节、肘关节周围，甚至整个上肢的肌肉、韧带、软组织以及神经对肌肉的控制都得到发展。在功能性训练中，根据关节在不同动作中所起的作用（稳定性、灵活性），进行合理的多维度运动是很重要的原则。

（4）恢复再生训练

是指依据生物学再生原理，通过专门的运动手段促进人体组织的修复和功能再生。主要是通过按摩、牵拉等手段刺激筋膜、肌腱、肌肉、韧带等组织，使疲劳或受损的肌肉和筋膜得到减缓和修复。实践表明，训练后及时安排再生训练对预防伤病、加快恢复是有积极效果的。这也是功能性训练课的重要组成部分。

2.功能性训练的理念

功能性训练之所以成为当今体能训练的主流，是由于它有比较合理的理念（表5-13）。

表5-13 传统体能训练与身体运动功能性训练的理念比较

传统体能训练	身体运动功能性训练
多即好	强调以动作质量为基础的（最终）综合效果
尽可能大负荷，容易导致过度训练，运动损伤	有系统的解决方案，适量训练，通常是较小运动量，高质量，减少运动损伤
没考虑运动寿命问题	充分考虑运动寿命
一般性训练居多，针对性不足，方法主要来自举重、田径等	更具个性化，方法来自专项"运动模式"
通过比赛进行检测	注重过程性、定期化的测试和评价
以自我恢复为主	注重能量再生与恢复性训练
计划跨度长，体现在大—中—小周期计划中	注重调整计划，完美的每日计划

功能性训练注重动作质量和安全性，传统体能训练关注负荷且以大负荷为主。传统体能训练的理念是进行单方向、单关节、实效性较低、有序的训练，单一的以比赛成绩论成败，往往负荷大、损伤多，导致运动寿命缩短。而身体运动功能性训练的宗旨是为运动员提供最优质的服务，整合各种资源，预防运动损伤，提高运动成绩。在提高运动成绩的同时，帮助运动员尽可能地延长运动寿命，并制定实现目标的成功策略。

功能性训练理念是围绕多维度、多关节、无轨迹、无序的场上所需动作设计动作模式的，强调的是动作质量而不是肌肉力量，目的是使运动员在比赛时能够有效地展现运动技能。在训练系统的设计方面，功能性训练将哲学、方法学、战术训练等融合在一起，形成一个整体，在各训练系统内实现了整合与协调。其训练方法包括训练的程序、技能以及训练思路。在解剖位置上，功能性训练更强调躯干部位和各关节周围肌肉的训练；在生理功能上，更强调稳定和平衡，更强调辅助肌群的固定作用和拮抗肌群的适宜对抗作用，更强调神经对肌肉的支配能力；在作用上，功能性训练强调的力量属于"柔性力量"，它并不直接提高单块肌肉的收缩速度或力值，而是通过肢体稳定性的加强，主动肌与协同肌、拮抗肌之间协作能力的提高，以及神经-肌肉支配能力的改善，来提高一个动作不同环节之间的衔接，动作与动作之间的配合，整套技术动作的节奏感和流畅程度，最终达到提高多块肌肉参与完成的整体力量的目标。

3.功能性训练内容体系

世界竞技运动训练在体育职业化和市场化的影响下，赛事密度、对抗程度大幅度增加，如美国NBA，每年常规赛有80多场，再加季后赛可多达近120场。密集的比赛使一些长期占据主要地位的传统训练理论已不再适应当前训练形势的发展，一些曾经对运动训练起到重要作用的训练方法也不再符合训练实践的需求，进一步强化理论的变革和实践创新成为当代竞技体育训练的主旋律。

功能性训练打破了以往一般训练和专项训练的习惯，强调"像准备比赛那样准备训练"，强调训练的针对性和实战性，注重多维性和动态性的训练。功能性训练认为"竞技就是动作"，强调动作是身体运动的基石，注重机体的系统化功能；它的训练是基于对机体基本功能性动作测试与评价的基础上，利用专门性的动作进行针对性的训练，来降低运动过程中存在的风险以及提高运动水平和完成动作的效率。功能性训练由七大部分组成，包括躯干支柱力量训练、动作准备训练、快速伸缩复合训练、动作技能训练、力量与爆发力训练、软组织再生训练、拉伸训练（表5-14）。功能性动作体系已经涵盖了传统的灵敏、协调、柔韧训练。由于动作很多，本书只介绍部分动作类别并举例说明。

表5-14 功能性动作训练板块构成表

内容板块	分类	功能作用	动作示例
躯干支柱力量训练	肩部训练、脊柱训练、髋部训练	改善身体姿势，提高能量传递效率；改善动作模式，有效预防运动损伤	瑞士球练习，侧桥俯卧1字或T字等
动作准备训练	臀部激活、动态拉伸、动作技能整合、神经激活	建立、强化正确的动作模式；提升机体温度；有效伸展肌肉；唤醒、激活肌肉的本体感觉	迷你带深蹲、抱膝前进、纵向军步走、单侧快踢腰等
快速伸缩复合训练	上肢练习、下肢练习、躯干练习	提高上下肢、躯干处的力量和爆发力，增强力的传递	双脚跳、多方向跳跃、头上抛球、俯卧撑等
动作技能训练	纵向练习、横向练习、多方向练习	有效地提高机体的反应能力、移动能力、爆发力和灵敏性并降低运动风险	3步起跑、踏步跑、向后之字形交叉步
力量与爆发力训练	上下肢推拉练习、全身推拉练习、旋转练习	增强支持动作模式的完成能力；提高全身肌肉整体工作能力和效率；增强脊柱周围小肌肉群的稳定性；提高神经肌肉的控制能力	杠铃高拉、哑铃推举、哑铃平举、站姿飞鸟等
软组织再生训练	上肢练习、躯干练习、下肢练习	激活、放松机体各部位的肌肉和组织，促进机体的恢复和再生；刺激淋巴循环，加快肌纤维修复，缓解运动疲劳	泡沫轴-腓肠肌、泡沫轴-下腰背按摩棒-前臂等
拉伸训练	静态拉伸、动态拉伸、PNF拉伸、AIS	调节肌肉的张力，提高关节的活动度；加快代谢产物的排出，促进机体的超量恢复	静态拉伸-胸大肌、AIS-斜角肌、PNF-前锯肌等

（二）功能性训练注意事项

1.重视体能诊断与评估

有针对性的训练是功能性训练的要求之一，诊断与评估是功能性训练的起点。通过诊断发现能力不足、伤病隐患，提高训练科学性，而不是盲目地提高力量。如传统的专项训练与力量训练累积，对膝关节的刺激很大，一方面造成膝关节前部（股四头肌）力量强，受负荷刺激多；而另一方面关节内侧、外侧、后侧相对薄弱，容易使膝关节部位发生"代偿性"动作，增加膝关节受伤、变形的风险，所以需要针对性地加强训练，使膝关节四周的力量都得到加强，提高关节稳定性。

2.重视平衡能力和本体感觉训练

身体平衡能力和本体感觉对人体运动能力有很大的影响，不仅体操、跳水等项目如此，球类、体能类项目也一样，利于感知身体的位置，保持平衡，提高精细动作能力。但一般训练和专项训练对平衡和本体感觉的重视不够，而功能性训练通过非平衡条件下的各种动作练习，促进了平衡能力和本体感觉的提高。

3.重视矫正性的无伤化训练

任何专项训练或某部位过度使用，都会对身体局部关节造成过重负担，长期积累会造成左右腿、前后群、上下肢等力量的不均衡以及关节的变形，既影响人的整体动作能力，也很容易使人受伤。现实中许多运动员脊柱变形，腰、膝、踝受伤都与此有关。功能性训练注意对身体形态、不均衡部位的矫正、调整，重视在没有疼痛的情况下进行各种训练。一旦有痛点出现，除非因为技术因素，则说明存在某种问题，需要进行专门的矫正性训练。但需要注意的是，即便康复训练也需要在无痛情况下进行，以免起到副作用，加重伤情。

4.重视功能性柔韧训练

"功能性柔韧"是指与某关节作用相反的肌肉群都得到积极的拉伸练习，利于在随后的训练或比赛中做出理想的表现，使主动肌快速收缩，被动肌快速放松。传统的拉伸可以分为静力性、动力性和摆动性拉伸。传统的静力牵拉练习不能提供这种功能柔韧性，实际上会"使肌肉进入睡眠状态"，使肌肉反射敏感性减弱，肌肉、肌腱韧度或神经肌肉激活能力下降，影响发力效果。有研究认为，过多的静力性柔韧练习，会使随后的力量、爆发力下降近30%，而且会持续近60分钟。而爆发性的摆动性拉伸，由于速度太快存在拉伤的风险。

柔韧对竞技能力有特殊贡献，多维度的柔韧与力量训练相结合，训练效益才能更加显著。另外，注意柔韧性的提高不能以失去关节的稳定性为代价，要适度发展，考虑项目特点。操作中要求做到以下几点：

1）区别对待课前准备活动和课后放松活动：热身、比赛前主要使用动力性柔韧方法，即主动拉伸，少做或不做静力性柔韧，以免肌肉过于松弛而影响用力。

2）力量与柔韧相结合：力量练习和柔韧练习是密切相关的，不存在独立的动作，力量训练的同时对柔韧也有刺激作用，柔韧差会影响力量的发挥。要经常采用专门的方法同时对力量素质和柔韧都起到作用，如PNF训练法。

3）使一个关节周围肌肉韧带都得到锻炼：不仅拉伸常用的主动肌及韧带，而且对抗肌、协同肌部位的肌肉、韧带，都要进行练习。

5.重视与专项性技术动作的衔接

功能性训练是体能训练体系的重要一环，其本身并不是目的。功能性训练是为了提高专项练习的效率，要充分考虑专项技术动作的要求，在一般体能和专项体能之间架起桥梁，提高体能训练的专项性。在运动水平逐渐提高的过程中，训练、比赛负荷逐渐接近极限，大强度地完成专项技术动作对身体各部位、环节、系统乃至心理带来极大的刺激，需要有强大的身体功能能力作为储备和支撑，为训练负荷（强度、持续时间、频率）符合专项的需要（耐力、力量）打好基础，提高训练的目的性、系统性。

6.重视层次化的训练设计

人的功能性动作能力是一个由低到高的发展过程，如同发育过程中从爬行、直立到行走、奔跑的顺序，不能跳跃式提高，有必然的规律和层次之分，需要打好基本动作基础。功能性训练动作多样、负荷多样，要精心设计，形成由低到高、由简单到复杂的动作体系，不断提高功能性动作能力储备。

三、躯干支柱力量训练与动作准备

（一）躯干支柱力量训练

为了尽可能降低职业运动员的损伤风险，针对常见运动损伤的原因，很多体能训练师对预康复训练进行进一步改良，以减少常见的肩部劳损、脊柱腰段劳损和髋关节运动功能异常导致的下肢关节劳损等运动损伤。由于这种简化版的预康复练习主要针对躯干部位的肩关节、脊柱腰段各关节、髋关节进行练习，因此又被称为"躯干支柱力量"。后来一些专家在躯干支柱力量训练的基础上，对常见的运动损伤预防练习进行进一步的整理，并总结出原因：肌肉力量下降，关节稳定性降低，由此引发的相邻关节动作代偿现象。这不仅深化了躯干支柱力量训练的理论基础，还丰富了肩部、脊柱腰段和髋部的功能性训练方法和手段。

躯干支柱力量训练是通过激活关节弱侧肌肉，进而改善关节异常位置，纠正全身骨性排列顺序，最终实现长期保持良好动态、静态肌张力，改善身体姿势的目的。良好的身体姿势和正确的关节位置还可以为相邻关节肌肉用力提供稳定的支点，有利于提高上下肢通过躯干传递能量的效率。

躯干支柱力量训练具体可分为三个部分：肩部训练、脊柱腰段训练、髋部训练。每个部位可以根据不同身体姿势对动作模式进行划分，如卧姿动作、跪姿动作、站姿动作等；每个动作根据对身体稳定性的要求高低可分为四点支撑、两点支撑和高难度单点支撑等（表5-15）。最后，在动作模式训练的基础上也可根据项目特点选择不同器材进行练习，如弹力带、瑞士球、迷你带等。

表5-15 躯干支柱力量基本动作模式

身体稳定类型	卧姿	跪姿	站姿
全支撑	俯、仰、侧	—	—
四点支撑	—	俯、仰	—
三点支撑	—	俯、仰、侧	—
两点支撑	俯、仰、侧	俯	直立

第五章 身体素质专项训练

续表

身体稳定类型	卧姿	跪姿	站姿
一点支撑	—	—	直立

1.肩部力量训练

（1）动作模式

肩部力量训练的基本动作模式共有I、T、Y、W、L字形5种，在此基础上还有两两搭配的组合动作。根据身体姿态和稳定性的不同，上述动作分为三个难度等级。其中"全支撑-俯卧"姿势为最初级难度动作，也称为基础动作模式；站姿为中等级别难度动作模式；瑞士球由于存在不稳定因素，因此，瑞士球支撑练习为高级别难度动作模式。部分动作模式练习方法，如表5-16所示。

表5-16 肩部力量训练部分练习动作

模式	动作名称	动作要点	作用	负荷
俯卧练习	俯卧-T字形	俯卧于垫上，双臂外展与躯干呈"T"字形；双侧肩胛骨向下收紧，双臂抬起2~3厘米，保持3~5秒；回到起始状态，完成规定次数	通过不同姿势、不同器材的动作练习，激活肩胛骨周围肌群，提高肩部稳定性，预防肩部运动损伤	根据个人能力，每组5~10次，涉及对称性动作，左右分开练习。组数1~2组，间歇30~60秒
泡沫轴练习	泡沫轴-俯卧Y字形	俯卧于垫上，左臂放于泡沫轴上与躯干成45°角，呈"Y"字形；肩胛骨向下收紧，双臂抬起2~3厘米，保持3~5秒；回到起始状态，完成规定次数后换另一侧		
瑞士球练习	瑞士球-屈伸肘	双膝跪地，双臂曲肘90°放球上；双膝伸直保持背部平直，双肘撑起向前推球；拉回瑞士球回到起始状态，完成规定次数		
站姿练习	站姿-L字形	站立，抬头挺胸，身体前倾，背平直，双手放两侧；肩胛骨向内收紧，肘部上抬至曲肘90°，然后向上抬起呈"L"字形		
跪撑练习	跪姿-肩胛骨推	呈双手双膝跪姿，双臂伸直；双手推起，使胸部尽量远离地面；身体下压，回到起始位		

（2）动作要领

1）半球俯卧撑：采用俯卧位，双手支撑于bosu半球球面，双脚分开比肩略宽，从侧面看耳、肩、髋在同一条直线上；向下至胸部接近球面但不接触球面，吸气；向上速发力，呼气，回到起始位置。

2）振动棒站姿冠状面摆动：深蹲。双手从上往下握住振动棒，双臂向前伸展，在头高的位置，与地面平行。向后/向前摆（30~60秒），身体保持自然站立状态，不要出现向一侧屈的体态，肘关节避免出现大幅度屈，保持均匀呼吸。

3）悬吊绳肩部支撑：双手直握把手置于胸部正前方，距离略比肩宽，手臂伸直，保持躯干稳定，双腿伸直，身体从头到脚成一条直线，向前倾斜适当角度，双脚并拢，保证悬吊绳斜挂绷直。保证躯干和下肢不动，屈肘，身体下沉，至肘关节呈90°夹角，保持双臂与躯干60°夹角，快速推起身体，回到起始姿势，重复规定次数。

4）跪姿瑞士球前推：双腿自然分开并拢跪于垫上，双手置于瑞士球上，肘关节微曲，吸气准备，呼气向前推，保持身体稳定，尽量做到身体与地面平行，然后吸气收紧腹部还原至初始位。

5）站姿L型练习：正常站立，抬头挺胸，双臂自然放置体侧，肩胛骨收紧，双臂屈肘上抬，达到90°时，固定肘关节，转肩向上，双臂上伸并伸直成Y形，沿之前轨迹还原。

2.脊柱腰段力量训练

（1）动作模式

根据肌肉用力方式不同，把脊柱腰段力量训练分为静力性练习和动力性练习两类，如四点支撑类动作，全是静力性动作。运动员可通过静力等长收缩练习，有效激活身体一侧动力链上的肌群，并提高神经-肌肉连接的兴奋性，达到提高身体姿态和关节稳定性的目的，为即将开始的动态练习建立稳定的基础。静力性练习是人体进行动态练习的基础，因此建议在动力性练习之前先进行静力性练习。而三点支撑和两点支撑中的部分动作既可以采用静力性练习，也可以采用动力性练习。部分动作模式练习方法，如表5-17所示。

表5-17 脊柱腰段力量训练部分动作

模式	动作名称	动作要点	作用	负荷
跪撑练习	跪撑-单腿单手伸	双手推起躯干呈双手双膝跪姿，双臂伸直，腹部收紧；同时抬起右手左脚，直至与地面平行；回到起始状态，换对侧练习	通过不同姿势、器材动作练习，激活腹壁深层肌群，提高脊柱腰段稳定性，预防脊柱腰段运动损伤	根据个人能力，每组5~10次，涉及对称性动作，左右分开练习。组数1~2组，间歇30~60秒
俯姿支撑练习	平板支撑-俯卧撑	呈俯卧撑姿势；腹部收紧，降低身体到将要触地高度；双手推起，保持腹部收紧，尽可能使躯干远离地面		
侧姿支撑练习	分腿侧平板撑	身体呈一条线侧卧于地面，右手放于肩关节下方，双脚打开，左脚在前；右手直推起躯干，双腿伸直；保持10~15秒换另一侧		
仰姿支撑练习	瑞士球-卷腹	仰卧于球上，上背部触球，双脚撑地；臀部及肩部自然贴住瑞士球，腹肌有微微牵拉感；腹肌收紧，躯干弯曲，肩部推起，卷腹上推		

（2）动作要领

1）瑞士球平板支撑：在瑞士球上呈平板支撑姿态，腰腹肌发力，从侧面看耳、肩、髋在同一条直线上。需要克服瑞士球的不稳定性，控制身体晃动。

2）瑞士球屈腿内收：将一个瑞士球放置在身体附近的地面上，双手与肩同宽撑地，做出俯卧撑的姿势。保持上半部分姿势不变，双腿向前弯曲，使瑞士球在脚踝下向前拉动，同时呼气。挤压腹部并保持该动作1秒，然后缓慢伸直双腿，使瑞士球向后滚动到初始位置。

注意事项：膝关节向身体方向运动时呼气，回到初始位置时吸气。

3）瑞士球侧卧单侧摆腿：侧卧于瑞士球上，肘部接触球面。上侧支撑脚踩实地面，下侧支撑腿伸膝，向前摆动（不宜过大）。左右侧交替进行。

4）瑞士球卷腹：后背平躺在地面上，双脚放在瑞士球上，膝关节弯曲

90°。双脚分开3~10厘米，脚趾向内靠拢。双手放在头的两侧，保持肘关节向内。后背小部分着地，使肩膀抬起离开地面，下背尽可能下沉。肩膀抬起离地约10厘米，下背要一直贴地，身体抬到最高点时腹肌保持最大用力停顿1秒。然后缓慢回到开始姿势。

5）瑞士球仰卧转体：仰卧，背靠瑞士球，将下背部靠在瑞士球上，然后慢慢将瑞士球移到颈部及肩胛骨上部。同时将双膝上挺，双脚脚掌支撑地面，并用身体移动瑞士球，使大腿与上半身保持一条直线后与地面平行，小腿接近与地面垂直。双手手臂伸直核心收紧以后，身体向右侧旋转的同时颈下的瑞士球也随着身体向身体背部的方向滚动，然后右肩外侧支撑在瑞士球上，伸直的双臂保持不变。左右交替进行。

6）动态侧支撑：侧卧于球面上，一侧上肢前臂支撑球面，上臂与地面垂直，下侧脚外侧着地，上侧手臂伸直，维持侧支撑的姿态，然后外侧腿缓慢抬起。在保持身体姿态不变的前提下尽可能抬高，至能力最大点时保持3~5秒，然后有控制地下落，大臂垂直于球面，侧面看耳、肩、髋处于同一条直线，避免出现撅屁股、塌腰的现象，动作速度不要过快，保持均匀的呼吸。左右侧交替进行。

7）振动棒侧面撑举：侧卧，双臂伸展成侧撑。骨盆提起，上面的腿撑开。握住振动棒，做手臂垂直向上、向下运动，尽量减少手腕的活动，保持身体的稳定避免出现前后晃动。左右侧交替进行。

3.髋部力量训练

（1）动作模式

髋部力量训练的目的以激活髋关节周围臀大肌，内旋髋、外旋髋关节肌群为主，其动作类型主要为髋关节的屈伸、内收和外展动作。其中仰卧练习主要以激活臀大肌为主；侧卧练习以激活髋关节内旋、外旋肌群为主；跪姿练习是在侧卧练习基础上加入脊柱腰段稳定性练习，并且在激活多裂肌及竖直肌的前提下，激活髋关节内旋、外旋、伸髋肌群。因此，可以把跪姿练习看成髋部力量训练的高级练习。部分动作模式练习方法，如表5-18所示。

表5-18　髋部力量训练部分练习动作

模式	动作名称	动作要点	作用	负荷
仰卧练习	臀肌桥－双腿	仰卧垫上，双手放于身体两侧，屈膝勾脚尖；臀部收缩抬起髋部，至肩、躯、髋、膝一条线；保持3~5秒	激活臀大肌兴奋性为主要目的，提高髋关节稳定性，预防下肢运动损伤	根据个人能力，每组5~10次，对称性动作，左右分开练习。组数1~2组，组间间歇30~60秒
侧卧练习	直膝髋外展	侧卧垫上，头枕手臂，且躯干保持一条线，双腿伸直，双脚脚尖勾起；抬起左腿，保持双脚勾脚尖姿势；回到起始状态，换另一侧		
跪撑练习	瑞士球－交替伸髋	俯卧瑞士球上，腹部贴球；保持背部平直，向上抬左腿；回到起始状态，抬另一侧腿		

（2）动作要领

1）臀桥挺髋：仰卧于垫上，双臂置于身体两侧，屈髋屈膝，脚后跟撑地，臀肌收缩挺髋呈臀桥姿势，使大小腿呈90°，另一条腿伸直与躯干平直，维持姿势，回到起始位置。左右交替进行。

2）振动器单脚背桥支撑：背桥支撑，脚后跟置于平台上，伸直一条腿，使之与身体呈一条直线。背部挺直，避免身体塌陷或旋转，维持稳定与平衡。左右交替进行。

3）平衡气垫顶髋：仰卧姿，单腿放在平衡气垫上，腿微曲，另一只腿伸直固定，把臀部和腹部抬起来。抬起臀部直到身体处于一条直线上并保持身体稳定，臀大肌收紧，动作过程中保持核心收紧，身体稳定，动作流畅。左右交替进行。

4）气阻训练器髋关节内收：侧躺在瑜伽垫上背对气阻拉力器，外侧大腿与小腿折叠成90°并抬起90°。把连接拉力器的腿套套在外侧腿上，此为初始位置。外展90°保持稳定。外侧腿内收至贴紧内侧腿并吐气，外展还原至初始位置并吸气。注意在此过程中保持身体挺直侧躺，不要向前俯身或向后仰身。左右交替进行，也可以用于内收。

5）跪撑伸髋：跪姿撑于垫上，左腿屈膝成90°夹角，向上抬起至最大幅度并保持稳定。避免发生身体旋转，回到起始位置。左右交替进行。

（二）动作准备训练

动作准备训练是一种适应运动员日常训练和比赛要求而设计的一套系统训练方法，在针对性、个性化等方面有突出的特点。它有热身的性质，但又与传统的准备活动有很大不同。从功能性训练理论来讲，动作准备训练是一种精心安排的训练模式，也可以成为独立的系统训练构件。动作准备有明确的目的性，既可以用来预防运动损伤，又可以作为重要的训练手段以提高运动员的综合运动能力。

动作准备训练是在诊断、了解运动员基本运动能力的基础上，结合训练课和专项的需要而进行的专门设计的系列活动。在设计时具有下列几方面的考虑：

1）与运动员现阶段的基本运动能力相适应，难度适中。

2）与本次训练课的内容和目的相吻合，目的性强。

3）重视建立动作模式和对中枢神经系统的刺激作用。

4）突出针对性和个体性，针对某种需要和个人需求。因此，动作准备练习有利于建立和强化正确的动作模式，有效伸展各环节肌肉，激活人体的本体感受器和神经系统，提高体温和肌肉工作效率。在内容上涵盖了臀部激活（迷你带）、神经激活、动态拉伸和动作技能整合四个练习模块。

1.臀部激活（迷你带）训练

（1）动作模式

臀部肌肉位于髋关节后部，是人体中体积最大的单块肌肉，蕴含很大的力量。由于处于核心位置，在身体重心附近，臀部肌肉成为连接下肢和躯干、上肢的枢纽，在维持脊柱稳定性方面具有基础性作用。但在运动和训练过程中，臀部肌肉参与运动较少，动作幅度小，往往很难训练到，远没有发挥应有的作用。通常下肢的多数动作都在过多地使用股四头肌和腰部肌肉，在反复的运动中，容易造成膝关节和腰背的损伤。因此，在平时的训练中，如何充分激活、动员臀部肌肉，使其主动参与到各种动作中去，提高多关节联合工作效率，减少错误的代偿性动作，成为重要的训练任务，也是动作准备练习的目的之一

（部分练习动作，表5-19）。

在臀部激活的动作练习中，要注意保持正确的身体姿势，通过专门的器材（迷你带）给下肢适当的阻力，突出髋关节特别是臀后部肌肉的运动，以充分激活臀部肌肉，使其在动作过程中发挥主要作用。

表5-19 臀部激活（迷你带）训练部分练习动作

动作名称	动作要领	作用	器材选择
迷你带-深蹲	直立站位，双脚与肩同宽，手臂自然下垂，背部挺直，腹部收紧；下蹲至大腿与地面平行，双手抬起，脚尖向前，膝盖不能超越脚尖，始终保持背部平直和双膝间的距离	激活臀部肌肉，加强臀部大肌肉在动作模式中的主动发力，减轻由于臀肌薄弱带来的关节损伤	一般情况下，使用一根迷你带置于膝关节上3~5厘米，可用两根增加难度，置于踝关节上3~5厘米；另外选择不同阻力迷你带调节难度
迷你带-运动姿单腿后蹬	单腿站立，左脚抬离地面3~5厘米，双臂微屈，背部挺直，腹部收紧；保持身体平衡，左腿向右后方慢慢蹬出，收紧左侧臀部至左腿与背部保持直线，左脚回位，换对侧重复练习		
迷你带-运动姿纵向走	运动基本姿站立，双脚与肩同宽，双臂微屈，背部挺直，腹部收紧；左脚向前迈出一个步长距离，右脚再向前迈出一个步长，双手前后摆动，重复练习；始终保持双膝分离，膝盖内扣，脚尖向前，迷你带处于拉紧状态		

（2）动作要领

横向移动，呈站姿状态，双脚分开与肩同宽，屈膝曲髋。将弹力带放于膝关节上方，使弹力带撑紧。然后臀部收紧向左或者向右一步一步移动，注意避免双腿并拢。此类练习也可用于向前、向后的移动。

2.神经激活训练

神经激活训练可以很好地提高运动员神经系统的专注度和参与度，使大脑的反应速度加快，提高中枢神经系统的兴奋性。神经系统兴奋性的提高能够增强运动中枢间的相互协调，使机体在神经系统的控制下，协调、有序、准确地完成动作，为训练和正式比赛做好准备（部分练习动作，表5-20）。

进行神经激活训练时，一般以运动基本姿势为起始动作，进行快速反应和快速移动练习，力求在最短的时间内完成尽可能多的动作，或者根据口令进行相应动作练习。这里需要注意的是，针对神经激活的练习并没有标准化的范式，只要能使运动员的神经起到兴奋作用都可以进行练习，如发展灵敏素质的绳梯练习就很有效果。

表5-20 神经激活训练部分练习动作

动作名称	动作要领	作用
双腿前后蹬	运动基本站姿，双脚比肩稍宽，脚跟微抬，背部平直，腹部收紧，双臂微屈放于体侧；双腿有节奏、有弹性的向前后方快速跳跃，双脚前脚掌着地后迅速起跳，节奏由慢变快到达极限速度；保持身体姿势，脚尖向胫骨靠拢，注意踝、膝、髋关节发力	提高运动员神经系统的专注度和参与度，使大脑的反应速度加快。提高中枢神经系统的兴奋性，使机体在神经系统的控制下，协调、有序、准确地完成动作
碎步跑	运动基本站姿，双脚比肩稍宽，脚跟微抬，背部平直，腹部收紧，双臂微屈放于体侧；脚每次抬高约60厘米，以最快的频率碎步运动，并缓慢前移，节奏由慢变快到达极限速度；保持身体姿势，脚尖向胫骨靠拢，注意踝、膝、髋关节发力	
单侧快速提腿	运动分腿站立，右腿伸直，脚跟微抬，背部平直，腹部收紧，双臂成摆臂姿势；右腿快速向身体前方蹬出至髋部位置，同时伸直左腿，左脚跟微微踮起，成单腿军步式站立，然后回到开始姿势，循环进行	

3.动态拉伸训练

（1）动作模式

动态拉伸是以动态的方式进行，通常选择4~8个动作，每个动作在拉伸到最大拉伸范围内保持1~2秒，目的是实现对关节和肌肉的拉伸以及提高机体温度。此外，由于提前预演了各种动作，在神经肌肉中留下了痕迹，因此，也有利于减少运动中代偿现象的出现，且提高了动作质量。在动作准备练习过程中，应有顺序地对身体主要肌群进行拉伸，首先对髋部的肌群进行拉伸，其次对多关节进行拉伸。此外，也应根据不同项目、不同水平运动员及主体部分练习的内容，对相应部分进行专门性拉伸（部分练习动作，表5-21）。

表5-21 动态拉伸训练部分练习动作

动作名称	动作要领	作用
抱膝前进	直立站位，双脚与肩同宽，左腿向前迈一步，成运动分腿姿；右膝抬至胸前，双手抱膝向上提拉，勾脚尖，同时左脚跟踮起，左臀收紧，背部挺直，拉伸1~2 s；向前迈右腿，重复练习，练习中保持胸部挺直，支撑腿一侧臀大肌收紧	通过各种动态拉伸动作练习，实现对肌肉、关节的拉伸及升高体温，同时预演各种动作模式，减少运动中代偿性动作出现，提高动作质量
侧弓步移动	直立站位，双脚与肩同宽，背部平直，腹部紧收，双臂垂于体侧；右脚向右迈出呈弓步，重心前移，脚尖向前，下蹲至深蹲位且保持右腿向右伸直，两手前平举，保持1~2秒；换方向重复练习，注意保持胸部背部直立，且膝关节不得超过脚尖	
脚后跟抵臀–手臂上伸	直立站位，双脚与肩同宽，背部平直，腹部紧收；双臂垂于体侧；右腿微屈，左手抓左脚踝至脚跟抵臀，同时右臂上举，左手用力拉伸股四头肌1~2 s；换对侧重复练习，注意保持臀大肌收紧，腰部挺直，膝盖指向地面	

（2）动作要领

1）燕式平衡：直立姿站位，单腿抬离地面，背部挺直，双臂伸直与身体成90°夹角，半握手掌，大拇指朝上，身体呈一条直线，俯身并向后抬起左腿至身体与地面保持平行，拉伸1~2 s，保持身体平衡，支撑腿保持微屈，回到初始位置。左右交替进行。

2）万能拉伸：直立姿势，左腿向前做弓步，俯身，右手支撑地面，左肘触及左脚内侧，拉伸保持1~2秒。左臂外展，转躯干，眼睛看着手指方向，两臂呈一条直线，拉伸保持1~2秒。双手撑地，左膝伸直，脚跟支撑，拉伸保持1~2秒，起身，回到弓步动作。左右交替进行。

4.动作技能整合训练

（1）动作模式

传统体能训练中"力量""速度""耐力"等素质的测量是通过量化的

形式进行描述，这往往忽视动作本身的内在质量；而功能性训练是从动作的内在本质出发，注重动作模式的建立与练习及动作质量的提高。动作技能整合训练把协调性与灵敏性密切结合，强调在身体整体动力链的参与下，建立起在神经支配下各运动系统之间的联系，使身体各环节有序地组合运动，从而强化正确的动作模式。动作技能整合训练主要适用于一些基本运动能力发展较好的运动员，可以很好地提高动作的经济性和实效性，减少一些不必要的动作代偿现象，同时也可以通过"痕迹效应"为后面的主体训练做好准备，提高训练质量（部分练习动作，表5-22）。

表5-22 动作技能整合训练部分练习动作

动作名称	动作要领	作用
原地垫步跳	直立站位，双脚与肩同宽，背部平直，腹部紧收；双臂垂于体侧；抬左侧大腿与地平行，勾脚尖，自然摆臂呈垫步姿；左腿从提起到支撑过程中，前脚掌用力蹬地，在脚掌落地时快速做下一个垫步跳，然后继续蹬地，即左脚与地面有两次接触，同时换右腿重复练习	整合并强化正确的动作模式，增加动作的经济性，减少不必要的能量损耗，提高训练质量
纵向军步走	直立站位，双脚与肩同宽，背部平直，腹部紧收；双臂垂于体侧；抬左侧大腿与地平行，勾脚尖呈踏步姿；右手在前，左手在后；左脚脚掌落地并用力向下蹬地，重心前移，同时换右腿抬起；交替练习，注意下蹬时保证髋部伸展	
交叉垫步跳	直立站位，双脚与肩同宽，背部平直，腹部紧收；双臂垂于体侧；抬右侧大腿与地平行，同时摆动对侧手臂；向左横向移动时，从左侧支撑脚内侧往脚外侧发力蹬地，右腿提起后向左侧做交叉并下蹲，在脚掌着地时快速做下一个垫步跳，然后继续蹬地，即右脚与地面有两次接触，重心左移，左腿从交叉状态，继续向左侧踏步；两腿交替重复练习	

（2）动作要领

1）原地垫步跳：动作要领，如表5-22所示。

2）直腿小步跳：直立站位，双脚与肩同宽，背部平直，腹部紧收，双臂垂于体侧。右腿伸直向前踢出，脚尖勾起，踢腿时，摆动手臂，用脚前掌用力蹬地，在脚掌着地瞬间，借助地面的反作用力快速做一个垫步跳，然后继续蹬地，左脚与地面两次接触后身体重心向前移动。左右交替进行。

四、核心力量训练

（一）核心区域

核心力量训练最初来源于康复训练领域，主要针对腰以下病患者进行康复治疗。近年来，随着竞技体育理论的不断发展，核心力量训练也逐渐在竞技体育领域得以应用，并得到广泛认可。从目前专家学者的研究结果来看，核心区域主要指肩部到髋关节的身体部分，也是人体运动链的主要核心环节。由肩、躯干、腰、髋及向四肢辐射的肌肉组成，该部分有大约30对肌肉，力量大，储存能量多，附近是身体重心所在，起稳定、传导、发力、减少发力、平衡等作用，在带动小关节的运动中起先导作用，提高了动作效率。

髋关节是人体最粗壮的联合性关节，可以看作是人体力量的"发动机"，而相邻的腰比较薄弱，容易受伤，特别是背部。其实武术上所讲的"力从腰发"是不准确的，真正的应该是"力从髋发"。躯干部位可以作为支点，发力或带动发力的主要是髋部和肩部，在人体运动中十分重要。从运动链的角度看，核心区域和四肢组成了完整的运动链，且处于中心环节。如果核心区力量不足，整个运动链就非常薄弱，造成力量、能量泄露或内耗。

核心力量训练作为一种有效的辅助训练手段，对运动核心区域肌肉力量的发展起到良好的作用，同时也促进运动技术的发展并降低运动损伤发生的概率。核心力量训练是在传统力量训练的基础上发展形成的，主要是针对传统力量训练中核心肌肉发展不足而进行的较为全面、系统的科学训练。

核心力量训练模式主要是围绕腰椎—骨盆—髋关节联合周围肌群进行的训练。目前，有关核心力量训练的方法和手段较为繁多，总体可以概括为以下几类：徒手训练、瑞士球训练、实心球训练、弹力带训练等。核心力量训练方法主要通过身体的非稳定性训练，增加核心区域的不稳定来提高核心区域肌肉群的力量，尤其是对深层小肌肉群力量的提高极为有效。

（二）核心力量训练的意义

核心力量训练的作用主要体现在以下几个方面：

1.增强核心部位的稳定性

核心力量的训练最主要的作用就是可以增强核心部位肌肉群发力的稳定性，在运动中控制骨盆和躯干部位肌肉的稳定姿势，为上下肢运动创造支点，并协调上下肢用力，使力量的产生、传递和控制达到最佳。传统的力量训练是以某一块肌肉或是固定状态下进行训练，与实际运动轨迹不相符。与此同时，核心力量训练强调深层次小肌肉群的训练，这对于稳定核心部位具有重要的实际意义。

2.促进核心部位力量的有效传递

核心力量这一特点符合现在"运动链"的观点，即人体在运动过程中，身体的每个环节都是运动链中的一个节点，每个环节都对力量的传递起到积极的作用。特别是人体核心部位由于拥有强大的肌肉群，在这条链上起到了核心环节的作用。例如，短跑运动是通过上下肢的协调用力来完成的；网球的击球动作需要全身包括下肢一起用力。核心部位对力量的传输起到了承上启下的作用，可以提高远端环节完成各种动作的效率。

3.支撑运动技术的提高

在众多运动项目中，赛艇、游泳、皮划艇等水上竞技运动项目以及标枪、跨栏等田径项目，除对体能素质要求较高以外，专项技术动作的优劣及其效率也是能否取得良好运动成绩的关键因素。良好的专项技术的形成与提高主要取决于核心力量的发展，只有两者协调发展、密切结合才能更好地促进专项技术能力的提高。

4.弥补传统力量训练的不足

核心力量训练的本质不同于传统力量训练，能够弥补传统体能训练中协调、灵敏、平衡能力等方面的不足。核心力量训练通过对核心部位肌肉特别是深层肌肉的刺激，能够很好地提高肌肉间的协调性、灵敏性和平衡性，这就弥补了传统力量训练在发展速度力量、力量耐力等方面的不足，同时也建立了一种新的训练理念，创新了力量训练的方法与手段，为传统力量训练提供新的发展思路与方法。

5.有效预防运动中的损伤

在运动过程中，身体处于一种不稳定的状态，如果核心力量不足，进而出现能量代偿现象，四肢的部分肌肉将参与维持身体稳定性，使四肢部分肌肉超负荷做功，导致肌肉拉伤。核心力量训练中经常采用静力性的等长训练方式，可以使肌肉能够承受较大的负重，有效发展该部位的最大肌肉力量。另外进行等长练习时，肌肉对血管造成很大的挤压，影响肌肉中血液的回流和氧气的运输，对肌肉无氧代谢能力的提高有积极的作用，如促进肌肉毛细血管增生、肌红蛋白含量增多。同时肌膜厚度增加，使肌膜、韧带的抗张程度增强。身体核心部位的肌肉分布多，肌纤维的走向复杂，一般训练对表面的大肌肉较为有效，对深层次的小肌肉效果受限。通过核心力量训练，可以加大对深层小肌肉群的刺激，弥补传统训练的不足，降低因小肌肉群力量不足可能带来的损伤。

（三）核心力量训练注意事项

1.多维度练习

传统腰背力量训练中，单维、双维训练较多，由于躯干部位肌肉多，走向复杂，深层次的肌肉往往很难锻练到，影响效果。功能性核心力量训练，要求实施多方向、多维度、多支撑条件下的多样化训练，前后、左右、旋转等力量都可以得到有效改善。

2.以提高专项力量为目的

专项力量依然是运动训练的主要目的。核心力量训练要解决一般性力量与专项需要之间相差较大的矛盾，促进以脊柱为支撑的核心稳定性，为专项动作的发力提供良好的稳定基础。

3.核心力量发展优先于四肢力量

四肢力量主要是表层肌肉，走向简单，训练起来相对容易，但其力量的传递要通过核心部位。如果核心部位不稳，充实度不够，就会增加能量和力量的内耗，影响发力效果。因此，核心力量是其他部位力量的支撑系统，要优先发展。

4.核心力量要分层安排

核心力量训练手段繁多，要有整体使用的设计规划，由简到繁，由轻到重，由一般到专项，使骨骼、关节、肌腱、肌肉逐渐适应，打好基础，才能获得理想的效果。通常的顺序是：

（1）垫上练习

主要在（硬）海绵垫上做一些基本的腰背肌肉练习，多增加一些旋转的、静力性的、不同支撑部位的练习。"八级腹桥"、侧桥等也属于这类动作，可逐渐负重。

（2）单个专门器械练习

利用单个的瑞士球、平衡板、悬吊、振动器等进行上述练习，逐渐增加不稳性，结合实心球进行投、抛、摆练习，可逐渐负重。

（3）两个专门器械结合练习

如把悬吊与瑞士球结合，实心球与瑞士球结合等，使上下肢都处于不稳定状态进行练习，循序渐进增加训练难度，比如逐渐增加负重。

（4）把器械与专项技术相结合

如在平衡板上做阻力性划船动作练习，背依瑞士球做投掷动作等，以增加动作的复杂性和对神经肌肉的控制能力。

（四）核心力量训练的方法与手段

1.徒手练习

徒手训练法主要适用于核心力量训练的初始阶段，主要目的是让运动员体会核心肌群的用力及对身体的控制能力。在具体的训练过程中，可根据运动员核心力量的增长情况，采用不同形式的由表及里、由浅入深、由慢及快的训练，可以有效地刺激核心区域不同层次的肌肉群。

相关练习方法如下：

（1）屈膝半蹲

锻炼部位：胫骨前肌、腓肠肌、比目鱼肌、臀大肌、股二头肌、股直肌、股内侧肌。

作用：加强小腿后肌群的力量，提高其柔韧性和平衡能力。

方法：1）身体直立，两脚平行，脚尖朝前，两臂向前水平举起，保持平衡。在保证站稳的情况下，脚尖抬起。2）收紧腹部肌肉，慢慢下蹲，足跟离开地面，背部挺直，头颈上顶，避免身体过度前倾。3）呼气的同时慢慢回到起始姿势。动作过程中体会腿部肌肉克服体重做功的感觉。

组数：每组20秒，共练习3组。

注意事项：背部挺直，头上顶，在动作过程中收紧腹部和脚尖上卷。

（2）屈膝两头起

锻炼部位：腹直肌、腹内斜肌、腹外斜肌、腹横肌、阔筋膜张肌、股中间肌、股直肌、股内侧肌、髂肌、梨状肌。

作用：增加腹肌的耐力性，加强屈髋肌力量。

方法：1）平躺在地面，头、颈部、肩部、两腿轻微抬离地面，不要弯腰，两臂抬起平行地面。2）膝屈曲向胸前移动，上体前屈，两手触碰踝关节。此时臀部着地，其他部位离开地面。3）慢慢打开身体，双腿伸直，上身后躺，回到起始姿势。重复15次为一组，共练习3组。

注意事项：动作过程中要收紧下巴，整个过程中要绷紧大腿。

（3）俄罗斯旋转

锻炼部位：腹直肌、腹内斜肌、腹外斜肌、腹横肌、股中间肌、股直肌、髂肌、髂腰肌。

作用：增加腹肌的耐力，加强屈髋肌力量。

方法：1）身体呈坐姿，双膝屈曲，两脚平放于地面。两手向前水平举起，位于膝盖上方。2）上半身向右扭转，两手触碰身体右侧的地面。3）回到起始状态，上半身向左扭转。可适当负重。每组每侧完成10次扭转，共3组。

注意事项：扭转时双脚与地面保持接触，膝关节紧紧靠在一起，颈部和肩部保持放松。

（4）髋关节旋转

锻炼部位：阔筋膜张肌、股直肌、股外侧肌、股二头肌、臀大肌、臀中肌、髂胫束、缝匠肌、股内侧肌、股中间肌、长收肌。

作用：利用自身体重练习腹肌，提高腹部肌肉的控制能力。

方法：1）坐于地面，两手放于身后支撑，两腿伸直并拢，向上抬起。2）在骨盆保持稳定的前提下，慢慢把两腿移动到最右侧、最下方以及最左侧，可适当负重。每组每侧完成5次扭转，共3组。

注意事项：两腿来回摆动时，双腿保持伸直；为了更好地支撑起体重，双臂应离身体远一些；整个动作过程中颈部保持伸直。

（5）仰卧举腿

锻炼部位：腹直肌、腹横肌、股中间肌、阔筋膜张肌、臀大肌、臀中肌、股三头肌、股直肌、髂肌、髂腰肌。

作用：加强核心区域肌肉力量，提高骨盆稳定性。

方法：1）躺于地面，两腿交叉上举，膝关节伸直，两臂伸直放于体侧。2）两腿和臀部夹紧，腹肌发力将髋关节抬离地面。3）慢慢将髋关节放回到地面。每组10次，两腿位置互换，共3组。

注意事项：整个过程两腿伸直并绷紧；向上举腿时保持颈部和肩关节放松。

2.瑞士球练习

20世纪80年代以来，瑞士球逐渐开始在理疗诊所和康复中心普及，一些运动队也把它当成提高运动员平衡稳定能力、预防运动损伤的训练工具。瑞士球具有不稳定性，在球体上练习时可以充分刺激全身尤其是核心部位的肌肉协作，维持人体的平衡和稳定。很多体育工作者已将瑞士球训练法引入田径、游泳、体操、球类等运动项目的训练中，并将其练习作为训练方案的组成部分。事实证明，瑞士球是一个增强核心力量、提高身体稳定性和增加关节柔韧性的有效训练工具。根据不同标准，瑞士球可以分为多种，直径从45~75厘米不等。瑞士球在保持身体平衡、改善身体姿势及预防运动损伤等方面发挥着重要作用。

（1）瑞士球俯卧撑

锻炼部位：腹直肌、腹外斜肌、腹内斜肌、腹横肌、阔筋膜张肌、髂腰肌、缝匠肌、短收肌、长收肌。

作用：在增强上肢力量的同时，很好地调动核心肌群并锻炼髋部屈肌，提高脊柱稳定性和核心肌群力量。

方法：1）双手双膝着地，手指朝前，瑞士球置于身下为开始姿势。2）双腿伸直，使身体呈一直线。3）保持背部挺直，同时双膝弯曲使瑞士球朝核心肌群移动。4）双腿伸直，移动瑞士球远离身体，然后做一个俯卧撑。每组12次，共计3组。

注意事项：髋部和躯干保持在同一水平面上，避免身体弯曲和拱起。

（2）瑞士球提臀平板支撑

锻炼部位：腹直肌、腹横肌、耻骨肌、股中间肌、髂腰肌、长收肌、阔筋膜张肌、背阔肌、股直肌。

作用：提高脊柱的稳定性，强化腹部肌肉和髋部屈肌的力量。

方法：1）摆出俯卧撑姿势，双臂分开与肩同宽，同时胫骨置于瑞士球上。2）在保持双腿伸直的同时使瑞士球朝向身体方向滚动，同时使髋关节尽可能抬高。3）身体下移并重复以上动作。每组20次，共计3组。

注意事项：避免背部拱起和髋部向任何一侧倾斜；动作要尽可能的缓慢，双目直视地面。

（3）瑞士球侧卷腹

锻炼部位：腹直肌、腹内斜肌、腹横肌、腹外斜肌、肋间肌。

作用：瑞士球侧卷腹是一项强化核心力量的高级运动，对强化腹肌、锻炼身体斜肌和肋间肌尤其有效。

方法：1）身体左侧卧躺在瑞士球上，左侧髋关节和躯干左侧在瑞士球上。左腿膝关节从地面抬起，右腿跨过左腿，右脚放在左大腿前侧。2）双手指尖放在双耳两侧，同时肘关节向外张开。3）利用腹肌带动身体动作，躯干抬高直至上半身几乎垂直。4）身体下压，重复以上动作，重复做15次。身体另一侧重复以上动作。身体两侧各进行3组，每组15次。

注意事项：完成动作的过程应当缓慢，切勿利用双腿带动身体动作，核心肌群始终保持紧张。

（4）瑞士球俄罗斯转体

锻炼部位：腹直肌、腹横肌、腹内斜肌、腹外斜肌、肱三头肌、背阔肌。

作用：瑞士球俄罗斯转体是一项独特的强化核心肌群的运动，同时还可以缩减腰围，使腹肌、斜肌更加紧致有力。

方法：1）坐于瑞士球上，双脚分开与肩同宽，将瑞士球朝前滚动，直至颈部撑在球体上方，双臂在胸部正上方伸直、固定。2）一侧髋关节向外转动，同时转动躯干和双臂。3）身体回到中心位置，然后身体向另一侧重复以上动作。身体两侧各重复进行15次，共计3组。

注意事项：练习时动作要缓慢克制，注意避免上半身抬离瑞士球，躯干悬空。

（5）瑞士球卷腹

锻炼部位：腹直肌、腹内斜肌、腹横肌、腹外斜肌。

作用：瑞士球卷腹是在基本卷腹运动基础上增加了一个新维度，通过使身体仰卧在瑞士球上，迫使腹肌更加有力地工作，能够达到强化腹肌、稳定核心肌群的作用。

方法：1）身体仰躺，双脚分开比肩略宽，背部撑在瑞士球上，双手贴近双耳，肘部向外张开。2）双臂双腿同时抬高，双臂贴近双脚，同时背部挺直。3）身体下压，重复以上动作。每组重复做20次，共计3组。

注意事项：双腿要始终固定在地面上，下背部始终撑在球体上，尽可能地使身体在球体上稳定不动。

3.弹力带练习

弹力带是一种由橡胶制作能够自由伸缩并且带有弹性的带子。弹力带具有弹性，根据其厚度的大小可确定阻力的大小，锻炼者克服其弹性能够使相关部位得到很好的锻炼，所以被广泛应用于大众体育、康复领域。弹力带核心力量训练的主要目的是加强核心肌肉力量的训练，通过阻力训练的方法和多个平面内的运动，增加肌肉力量、肌肉围度和肌肉爆发力，提高臀部肌肉对骨盆的控制以及对脊柱的稳定作用。

（1）弹力带伐木

锻炼部位：腹直肌、腹横肌、腹内斜肌、腹外斜肌、三角肌、背阔肌、胸大肌。

作用：弹力带伐木是一项强化斜肌的有效运动，利用弹力带阻力，强化核心肌群、双臂和肩关节，使腹肌尤其是斜肌更加紧致。

方法：1）将弹力带的一端固定在物体上，身体站直，同时双手握住弹力带的另一端，双臂伸直，躯干转向身体一侧，带动弹力带转动。2）躯干转向身体另一侧，身体转动的同时双臂抬高，腹部收紧。3）躯干转回中心位置时双臂放下。身体另一侧以同样的动作幅度重复以上动作。身体两侧各重复20次，两侧各进行3组。

注意事项：摆动动作要有力，扭转动作要缓慢，核心肌群收缩、绷紧。

（2）弹力带单腿俯身后拉

锻炼部位：腹直肌、腹横肌、阔筋膜张肌、髂腰肌、臀大肌、股中间肌、背阔肌。

作用：通过弹力带阻力，促使腹部、臀部及大腿肌肉收紧，增强大腿肌肉、核心部位力量及骨盆的稳定性。

方法：1）将弹力带固定在前方与髋同高的位置，左腿站立，俯身90°。2）右腿抬起与地面平行，双手紧握弹力带，掌心向上，直臂伸于肩前方，然后挺胸收腹，肩胛缩回下压。3）呼气时双手向两侧回拉，至上臂与右腿成一条直线；吸气时，缓慢回到起始姿势。身体两侧各重复20次，两侧各进行3组。

注意事项：腹部收紧，注意下背部不要下塌；身体保持平衡，骨盆不要侧倾。

（3）侧身平板弹力带

锻炼部位：腹直肌、腹横肌、股直肌、胸大肌、肱二头肌、三角肌、背阔肌。

作用：能够有效地强化腹部肌肉以及上背部、下背部和肩关节肌肉，强化并稳定核心肌群及强化双臂肌肉。

方法：1）将弹力带的一端固定在固定物上，身体左侧卧，双腿伸直且相互交叠，左臂弯曲呈90°，同时指关节朝前。2）右臂握住弹力带的一端，上臂在体前伸直，弹力带与地面保持平行，在前臂撑离地面的同时髋部从地面抬起，直至身体呈一条直线。3）将弹力带朝胸口拉伸时上臂弯曲，当身体朝地面方向移动时上臂伸直。身体另一侧重复动作。身体两侧各重复15次，两侧各进行2组。

注意事项：在确保弹力带拉紧的同时，用前臂和髋部带动身体向上移动，整个运动过程中双腿保持稳定不动。

（4）弹力带扭曲滑动

锻炼部位：腹直肌、腹横肌、腹内斜肌、前锯肌、腹外斜肌、肱三头肌、前三角肌。

作用：可以使整个核心肌群得到充分锻炼，是强化核心力量的重要运动。此动作幅度较小，但只要姿势正确，会对上腹部有明显的锻炼作用。

方法：1）身体呈坐姿，双腿略微弯曲，弹力带缠在双脚后跟下方，双手握住手柄并将其朝双耳方向拉伸。2）躯干收缩时，双肘贴近大腿部位，同时肩关节和上背部下压。3）躯干恢复直立姿势的同时朝右侧扭曲，右手像开始姿势一样贴近右耳，左臂在头顶上方伸直，并保持拉伸姿势不动。4）左臂放下，躯干扭转回到中心位置。用身体另一侧重复以上动作。身体两侧交替练习，每侧进行15次，共计3组。

注意事项：开始姿势时上半身要伸展拉长；弹力带的两手柄应贴近耳朵；双腿双脚保持固定不动。

（5）跪姿弹力带卷腹

锻炼部位：腹直肌、腹内斜肌、腹外斜肌、阔筋膜张肌、前锯肌、背阔肌、大圆肌、中三角肌、胸大肌、肱三头肌、股直肌。

作用：此动作利用弹力带来调动和强化核心肌群。为了获得最佳的锻炼效果，要充分利用腹肌带动身体动作，同时身体其他部位保持稳定、协调一致。

方法：1）将弹力带系在身体附近的一个稳固物体上，双手抓住弹力带的两端（背对弹力带），双膝跪于垫上，脚后跟抬起，肘关节弯曲，手柄紧贴着双耳。2）调动身体腹肌，髋关节以上部位向前弯曲，直至躯干充分收缩。3）背部抬起恢复到开始姿势，重复以上动作。每组重复25次，共计3组。

4.实心球练习

实心球利于抓握，有多种重量选择，可以因人而异、因时而异、因训练目的而异。实心球训练的主要目的是加大核心训练的强度，通过有限的训练时间使训练效果最大化，从而提高运动员发展力量所必需的身体控制能力。也可以通过增加不稳定因素来提高训练的难度。一般情况下，8~11岁用重量0.5~1kg的实心球，12~14岁用重量2~3 kg的实心球。具体练习方法如下：

（1）实心球站姿俄罗斯转体

锻炼部位：腹内斜肌、腹外斜肌、腹横肌、背阔肌。

作用：可以有效地强化核心肌群的主要肌肉群以及双臂和肩关节力量。

方法：1）双腿分开站立，比肩略宽，双膝微屈，双臂握住实心球在体前伸直。2）双臂和躯干转向身体一侧，回到中心位置，然后再转向身体另一侧。3）身体恢复到中间位置并重复以上动作。每组做20个旋转动作，共计3组。

注意事项：扭动动作应流畅克制，双臂保持伸直，避免耸肩和向前弯腰。

（2）实心球画大圆

锻炼部位：腹直肌、腹内斜肌、腹外斜肌、腹横肌、前三角肌。

作用：实心球画大圆运动对于腹部前侧的核心肌群的锻炼效果非常明显。运动过程中，身体肌肉始终保持紧张状态。

方法：1）双脚分开站立，与肩同宽或比肩稍宽，双手握住一只实心球，双手高举过头顶。2）继续画圆运动，双臂指向身体一侧，同时头部随着实心球转动，双眼盯紧球体。3）双臂保持伸展状态，继续画圈动作，双臂在体前下方伸展，同样头部随球转动，双眼紧盯球体。4）双臂指向身体另一侧。

5）双臂举过头顶，恢复开始姿势。每个方向完成15~20个大圈，每个方向各2组。

注意事项：双臂保持伸直状态，躯干保持挺直，整个动作缓慢克制。

（3）实心球仰卧起坐

锻炼部位：前锯肌、腹直肌、腹外斜肌、腹横肌、髂腰肌、阔筋膜张肌、股中间肌、股直肌。

作用：实心球仰卧起坐是一项基础锻炼的升级版，此运动过程中腹部必须特别积极地工作，进一步加强核心区域肌肉群力量及稳定性。

方法：1）面朝上仰卧在垫子上，双臂弯曲，同时双脚固定在地上，双手握住一只实心球放在胸口。2）肩部和躯干抬离地面，朝双腿方向拉伸。3）身体下压重复以上动作。每组重复20次，共计3组。

注意事项：在运动的每个阶段实心球始终保持在胸前，同时避免用力过猛。

（4）实心球对角卷腹

锻炼部位：腹直肌、腹横肌、腹外斜肌、肋间内肌、肋间外肌、腹内斜肌。

作用：实心球对角卷腹有助于强化腹肌、斜肌和肋间肌的发展。

方法：1）双手握住一个实心球，身体仰卧在垫子上，使身体呈一条直线，双脚分开与肩同宽。2）利用腹肌带动身体动作，双臂和躯干朝一侧运动。3）躯干抬起伸直，并将实心球放在双腿之间。4）背部下压恢复开始姿势，将实心球放在头顶的地板上。身体另一侧重复以上动作。每一组重复练习15次，共计3组。

注意事项：双腿和双脚保持稳定不动，动作克制而流畅，避免上肢动作过猛。

（5）两膝夹实心球两头起

锻炼部位：腹直肌、腹横肌、阔筋膜张肌、股中间肌、股外侧肌。

作用：两膝夹实心球两头起是在原两头起动作基础上的加强版，能够更好地刺激核心肌肉群，增加脊柱的活动度。

方法：1）仰卧于垫子上，双手抱头，膝关节弯曲夹实心球。2）两头起，肘关节尽量触及膝盖。每组练习15次，共计3组。

注意事项：膝盖夹紧实心球，起来快放下慢。

第六章

跳绳后的调整与突发事件处理

现代社会物质生活富裕，人们越来越关注自身的健康。饮食习惯和运动锻炼已成为促进健康的主要因素。体育锻炼可以解决缺乏运动的问题，运动过程中充满了乐趣，但高强度的运动容易导致身体疲劳。如何在运动过程中保护自己、有效恢复体能是学生应该注意的问题。本章主要介绍跳绳后的调整与突发事件处理，分别从体能恢复方法与安全健康饮食、跳绳运动常见损伤与突发事件有效预防四个部分进行讲述。

第一节 体能恢复方法与安全健康饮食

一、体能恢复

体能恢复是指为消除运动后疲劳所进行的训练。大强度跳绳后,人体由于消耗能量太多而产生疲劳,出现肌肉酸痛、运动能力下降等现象。此时可以采用科学的方法和手段,尽快消除疲劳、缓解肌肉酸痛、增加能量储备、提升运动能力,从而使跳绳运动者尽快完成体能恢复,投入新的锻炼中。

(一)训练学方法

通过适宜的肌肉活动来调节跳绳者的身体疲劳程度,如根据身体状况,合理地调整运动量,科学地组织训练与休息,变换训练环境和训练手段,安排好训练前的准备活动和训练后的整理活动等。

运动前的充分准备活动可以提高人体中枢神经系统的兴奋度、增强氧气运输系统的活动、提高机体体温等,进而可以延迟疲劳的出现。适度的准备活动还有助于延迟组织器官功能的生理惰性。运动后的整理放松对于疲劳的消除更重要,运动后不宜马上休息,应以慢跑辅助,并对肌肉、韧带进行拉伸,以加快体内代谢,促进乳酸分解,延缓酸痛,使肌肉的血流量增加,从而有助于消除疲劳。

(二)心理学方法

通过心理学的方法和手段,如积极的自我暗示、听一些舒缓的音乐等,可以使跳绳者迅速降低神经系统的紧张程度及心理抑制状况，各功能系统得以缓解和放松。

（三）医学、生物学方法

通过医学、生物学方法手段，提高机体承受负荷能力，尽快消除全身疲劳和补充能量储备。例如，通过各种按摩使肌肉高度放松，加快血液循环；通过水疗、红外线疗、蜡疗、电疗、磁疗等方法放松肌肉，加快体能恢复。

按摩推拿是消除疲劳的有效方法，通过机械刺激影响中枢神经系统，促进血液和淋巴循环，使肌肉中毛细血管扩张，加强局部血液供应，改善营养供给，增加肌肉的力量和弹性，防止肌肉萎缩，缓解疲劳时的肌肉僵硬、紧缩和酸胀感。跳绳者运动后身体极度疲劳时要先休息2~3小时再进行按摩，按摩的时间以20~30分钟为宜。

（四）睡眠

充足的睡眠是消除疲劳最根本和最有效的方法，跳绳者进行高强度训练后必须保证充足的睡眠时间和良好的睡眠环境。相关研究表明，当睡眠时间达到8小时，人体尿液中的酸碱性趋于平稳，基本恢复至运动前的状态。睡眠时大脑皮质的兴奋性降低，身体代谢处于较低水平，有利于体内能量的蓄积。

（五）温水浴

高强度运动后容易产生较多的乳酸堆积，温水浴能够有效缓解疲劳。热水的温热作用可以改善血液循环、扩张血管、促进全身血液循环，加强新陈代谢，加快肌肉中酸性代谢产物的排除，同时还可以使汗腺的分泌增加，放松肌肉。温水浴前需要补充食物，或在饭后进行温水浴，水温以38~42℃，时间以10~20分钟为宜。

此外，涡流浴、桑拿浴等各类保健浴，对消除疲劳都有一定的积极作用，但必须掌握科学的入浴方法，以适度为宜。

二、科学饮食

许多人在大强度的运动后，经常出现肌肉发胀、关节酸痛、精神疲乏的感觉，为了尽快消除疲劳而暴饮暴食，以为这样可以增加营养，满足身体需要。其实，此时食用过量不但不利于缓解疲劳，而且对身体还会产生不良影响。只有合理的膳食，才有助于机体的恢复。

（一）根据运动内容进行饮食搭配

运动后的营养能量补充，是弥补运动后疲劳机体流失的维生素、矿物质的最佳途径。经过一定强度的运动后，在饮食方面需补充富有营养和易于消化的食品，并尽量多吃新鲜蔬菜、水果等碱性食物，也可以根据不同性质的运动项目需要进行营养物质的合理搭配，这样有利于不同类型运动后的体能恢复，消除运动疲劳。

进行速度性的项目训练后，应食用含较多易吸收的糖、维生素B_1、维生素C、烟酰胺和蛋白质的食物。进行耐力性的项目训练后，要多供给糖以增加糖原储备，同时还要增加蛋白质、维生素B_2、维生素C和铁；进行力量性的项目训练后，需要增加较多的蛋白质和维生素B_2，为保证神经肌肉的正常功能要补充钾、钠、钙、镁等。在运动后适时地补充相关营养物质，既能提高身体的抗疲劳能力，又能帮助消除运动疲劳。

（二）饮食保持人体内酸碱平衡

在正常情况下，人的体液呈弱碱性，人在运动后，感到肌肉、关节酸胀和精神疲乏，其主要原因是体内的糖类、脂肪、蛋白质被大量分解，在分解过程中，产生乳酸、磷酸等酸性物质，这些酸性物质进而刺激人体组织器官。此时如果单纯食用富含酸性物质的肉、蛋、鱼等物质，会使体液更加酸性化，不利于疲劳的解除。判断食物的酸碱性，并非根据人们的味觉，也不是根据食物溶于水中的化学性，而是根据食物进入人体后所生成的最终代谢物的酸碱性而定的。有酸味的水果一般都为碱性食物而不是酸性食物，鸡、鱼、肉、蛋、糖、米等食物味道虽然不酸却是酸性食物。所以，人在运动后，应多吃些富含碱性的食物，如水果、蔬菜、豆制品等，以保持人体内酸碱度的基本平衡，尽快消除运动带来的疲劳。

（三）跳绳后不要立即饮用大量的水

许多跳绳者运动后，感到口渴，这是由运动中出汗较多引起的。口渴时，跳绳者立即拿起冷饮一口气喝个痛快，当时感到解渴、舒服，可是这样做对身体是有害的。运动后立即大量喝冷饮，是十分不符合生理规律。因运动中全身血液循环加快，所有器官的温度相对比安静时高，此时若大量饮入冷饮，肠胃遇冷会突然收缩，很容易引起腹痛。

跳绳之后，不要急于饮水。应该稍做整理活动，等到脉搏恢复正常、汗擦干之后，方可饮水。水的温度也不应过高，一般来说，较体温低5~10℃最科学，容易被肠道吸收。

中国营养学会在总结西方国家及日本饮食结构经验及教训的基础上，结合我国传统饮食结构模式，确定了我国成人合理的饮食结构指标，具体内容是：要求成人每人每月摄入粮谷类14千克、薯类3千克、豆类1千克、肉类1.5千克、鱼类500克、植物油250克、蛋类500克、奶2千克、蔬菜12千克、水果3千克。根据这一指标，要求每人每天需要摄入的总热量为10兆焦耳，方可达到饮食营养健康标准。食物的营养成分各有不同，只有合理搭配才能达到均衡饮食的目的，以满足人体的营养需求，促进身心的健康发展。因此，跳绳者要注重食物的广泛性，尤其是要多食用谷类，以补充能量及蛋白质。[1]

---

[1] 韩耀刚，刘树军.跳绳[M].北京：科学出版社，2017.

第二节　跳绳运动常见损伤与突发事件有效预防

一、跳绳运动常见损伤

（一）胫骨骨膜炎

胫骨骨膜炎是因运动不当而造成的一种局部组织损伤，此症状一般发生在初学者中，尤其青少年较为常见。在跳绳时，前脚掌落地使小腿肌肉附着点受到反复牵拉，身体重力与地面反作用力的应力集中于胫骨中下1/3处内侧缘骨膜处而形成局部骨膜血管扩张、充血、水肿或骨膜下出血，久而久之，骨膜出现血肿、机化、增生等骨膜炎性病变。

胫骨骨膜炎早期无须特殊治疗，用弹力绷带裹扎小腿，改做少用下肢活动的运动项目，减少运动量，注意局部休息，一般6周就可康复。经常疼痛或运动后疼痛较重者务必及时送医治疗。

（二）脚踝扭伤

脚踝扭伤之后要分辨伤势的轻重。一般来讲，如果活动脚踝时感到疼痛，但并不剧烈，大多是软组织损伤，可以自己医治。如果自己活动脚踝时有剧痛，不能站立和挪步，疼痛处在骨头上，扭伤时有声响、伤后迅速肿胀等，这些是骨折的表现，应立即到医院诊治。

热敷和冷敷都是物理疗法，作用却截然不同。血遇热而活，遇寒则凝，所以在受伤早期宜冷敷，以减少局部血肿；取坐位或卧位，同时可用枕头、被褥或衣物、背包等把足部垫高，以利静脉回流，从而减轻肿胀和疼痛；立即用冰袋或冷毛巾敷局部，之后可用绷带、三角巾等布料加压包扎踝关节周围。受伤后切忌推拿按摩受伤部位。切忌立即热敷，热敷需在受伤后24小时后进行，一般一两周就可康复。症状较严重时最好送入医院治疗。

（三）绳子抽伤

绳子抽伤大多都是因为绳子的长度不合适，跳绳摇绳的方法不正确，或是跳绳时节奏不当、身体不协调等而导致的绊绳或绳子抽中身体引起的抽伤。轻微的抽伤，可隐约看见一条较浅的伤痕，必要时可进行消毒包扎；较重的抽伤须要到医院进行处理，以免留疤痕。

（四）髌骨劳损

髌骨劳损是指髌骨软骨病和髌骨周缘腱止部的慢性损伤的统称，主要是膝关节（尤其半蹲位姿势）长期负担过度或反复的细微损伤积累而形成，由髌骨遭受一次外力撞击或股四头肌猛烈牵扯所致。早期症状是在大量的运动训练后感到膝关节酸软无力，休息后多可消失。随着损伤程度的加重，膝部酸软与疼痛逐渐增重，尤其半蹲时更加明显。

要预防髌骨劳损的发生，应加强股四头肌的力量，每次训练后做单足半蹲试验，以及时发现、及时治疗；运动后把汗擦干，注意保暖。若发现此类症状，可进行高位静止半蹲，须注意方法应得当；也可以采用理疗、针灸、中药外敷或直流电导入等方法进行应急处理。

（五）心率过快

当剧烈运动或体质较弱的人群运动时会产生心率加快的症状。一般情况下，剧烈运动后可能会出现心慌胸闷，从而导致心跳加速。这种状况正常人稍加休息调整即可恢复，有心脏疾病时应立即到医院进行处理，一般也不建议心脏病患者参与剧烈运动。

二、突发事件有效预防

（一）练习方法和运动量不当

跳绳者尤其是初学者在跳绳的起跳和落地时，没有控制好身体重心和脚接触地面的部位，在落地时不注意控制好下肢、膝踝、足的协调配合和缓冲速度，使下肢受到较大的反作用力，迫使踝、足屈肌不断强力收缩，局部胫骨负担过重，导致胫骨骨膜过度疲劳。

在体育锻炼中应注意锻炼者的年龄、性别、运动水平和健康状况等特点，合理安排运动量和运动强度，对那些易发生胫骨损伤的动作，要事先做好预防准备。

（二）运动场地过硬且不平整

如果在运动时，训练场地过硬（水泥地、大理石地面等），会使小腿屈伸肌肉反射性收缩加强，紧张性控制能力降低。如果这种状态持续的时间过长，最终将导致胫骨慢性劳损。

在体育运动时，应注意场地对锻炼者身体状况的影响，在水泥地或者较硬的场地，很容易造成锻炼者股四头肌的酸痛和膝关节的损伤，应选择较软的场地进行锻炼，这样在锻炼的过程中有助于落地的缓冲，以减少落地冲力对肌肉和关节的影响，防止受伤；也应要注意鞋子、衣服等运动装备，以免在锻炼途中影响训练而受伤，特别是损伤踝关节，应选择适合运动的鞋子和宽松有弹性的衣服裤子。

（三）准备活动不充分

跳绳前如果准备活动不足，外界气温又过低，易使小腿肌肉、韧带黏滞性加大、伸展性降低，从而不同程地度影响小腿部肌肉的收缩速度。此时若小腿在运动中主动或被动收缩，特别是在完成爆发性动作时，可使肌肉与骨骼内的摩擦加大，从而引起骨膜损伤。

准备活动要有针对性，与动作紧密联系，对运动中负担较重和易伤部位，特别是小腿部要有专门性的准备活动，可进行主动或被动的伸展练习，使受力部位得到充分的活动。

（四）医务监督缺乏

锻炼者需定期进行体格检查，严禁带伤病参加运动。伤病初愈者要根据医生和体育专家的意见进行活动，注意自己的主观感觉（疲劳感、下肢和足部酸痛感），特别注意小腿前部胫骨表面和骨板的疼痛反应，当有不良感觉时，须及时调整下肢负荷量，减少运动。

体育锻炼应严格遵守训练原则，采取综合性的预防和保护措施，尽量避免或减少运动中出现的伤害事故。❶

---

❶ 韩耀刚，刘树军.跳绳[M].北京：科学出版社，2017.

参考文献

[1] 曾理,曾洪林,李治.高校体能训练理论与训练教学指南[M].北京:新华出版社,2018.

[2] 段东平.当代运动与艺术潮流:拔河、跳绳和踢毽子技术指导[M].长春:吉林出版集团有限责任公司,2015.

[3] 韩耀刚,刘树军.跳绳[M].北京:科学出版社,2017.

[4] 刘吉安,左宁宁,张楠,等.校园体育:跳绳 毽球[M].长春:吉林出版集团有限责任公司,2011.

[5] 田麦久.运动训练学[M].北京:高等教育出版社,2017.

[6] 王奉涛,黄伟明,袁卫华,等.花样跳绳初级教程[M].镇江:江苏大学出版社,2015.

[7] 杨帆.教你跳绳[M].天津:天津科学技术出版社,2019.

[8] 杨小凤,韩耀刚,黄孙巍,等.花样跳绳[M].上海:上海教育出版社,2014.

[9] 臧连明.校园体育:跳绳[M].广州:广东海燕电子音像出版社,2019.

[10] 张永茂.现代高校花样跳绳理论与实践探究[M].北京:中国水利水电出版社,2019.

[11] 赵琦.体能训练实用教程[M].南京:东南大学出版社,2019.

[12] 朱越强,张小龙,尚保群,等.团队跳绳的组织方法100例[M].广州:华南理工大学出版社,2019.

[13] 李道营.花样跳绳对大学生平衡能力影响的实验研究[D].曲阜:曲阜师范大学,2019.

[14] 刘近林.中国绳文化与当代跳绳项目融合发展研究[D].济南:山东师范大学,2023.

[15] 徐张华.花样跳绳对大学生负面评价恐惧的影响——身体自尊的中介作用[D].南京：南京师范大学，2021.

[16] 胡于海，黄莉，王杰，等.我国跳绳运动研究可视化分析及启示[J].南京体育学院学报，2020，19（10）：22-30.

[17] 匡红.高校花样跳绳课程教学研究[J].当代体育科技，2023，13（31）：72-75.

[18] 雷莉莉.高校花样跳绳开展现状及发展对策研究[J].文体用品与科技，2020（1）：52-53.

[19] 李文超，李鸿江.我国优秀女子投掷项目运动员多年训练结构特征分析[J].首都体育学院学报，2013，25（1）：76-80.

[20] 刘近林.花样跳绳在高校的推广与应用研究[J].当代体育科技，2022，12（15）：68-71.

[21] 刘静.高校花样跳绳运动教学现状及影响因素分析[J].体育科技文献通报，2019，27（8）：77+124.

[22] 马瑶.花样跳绳运动融入高校公共体育课的路径探究[J].拳击与格斗，2023（7）：127-128.

[23] 马瑶.全民健身背景下花样跳绳在高校的应用研究[J].文体用品与科技，2023（10）：22-24.

[24] 王小泽.高校花样跳绳课程开设对策研究[J].体育风尚，2020（2）：271.

[25] 余容平.高校开设花样跳绳的必要性研究[J].内江科技，2019，40（12）：107-108.

[26] 袁超.花样跳绳在高校体育教学中的指导初探[J].当代体育科技，2021，11（30）：42-44.

[27] 袁守龙.现代体能训练发展趋势与对策[J].体育成人教育学刊，2014，30（1）：40-43，2.

[28] 张敏.高校花样跳绳教学问题与其发展路径的分析[J].江西电力职业技术学院学报，2022，35（11）：37-39.

[29] 张敏.花样跳绳运动对大学生体质健康培养研究[J].辽宁经济职业技术学院.辽宁经济管理干部学院学报，2019（3）：76-78.

[30] 张忠玲.花样跳绳助推学校体育文化建设有效路经[J].文体用品与科技，2020（22）：129-130.